Herausforderung Grönland

Auf Fridtjof Nansens Spuren

Gerhard Miosga
Walter Obster
Werner Schiller
Michael Vogeley

Copress

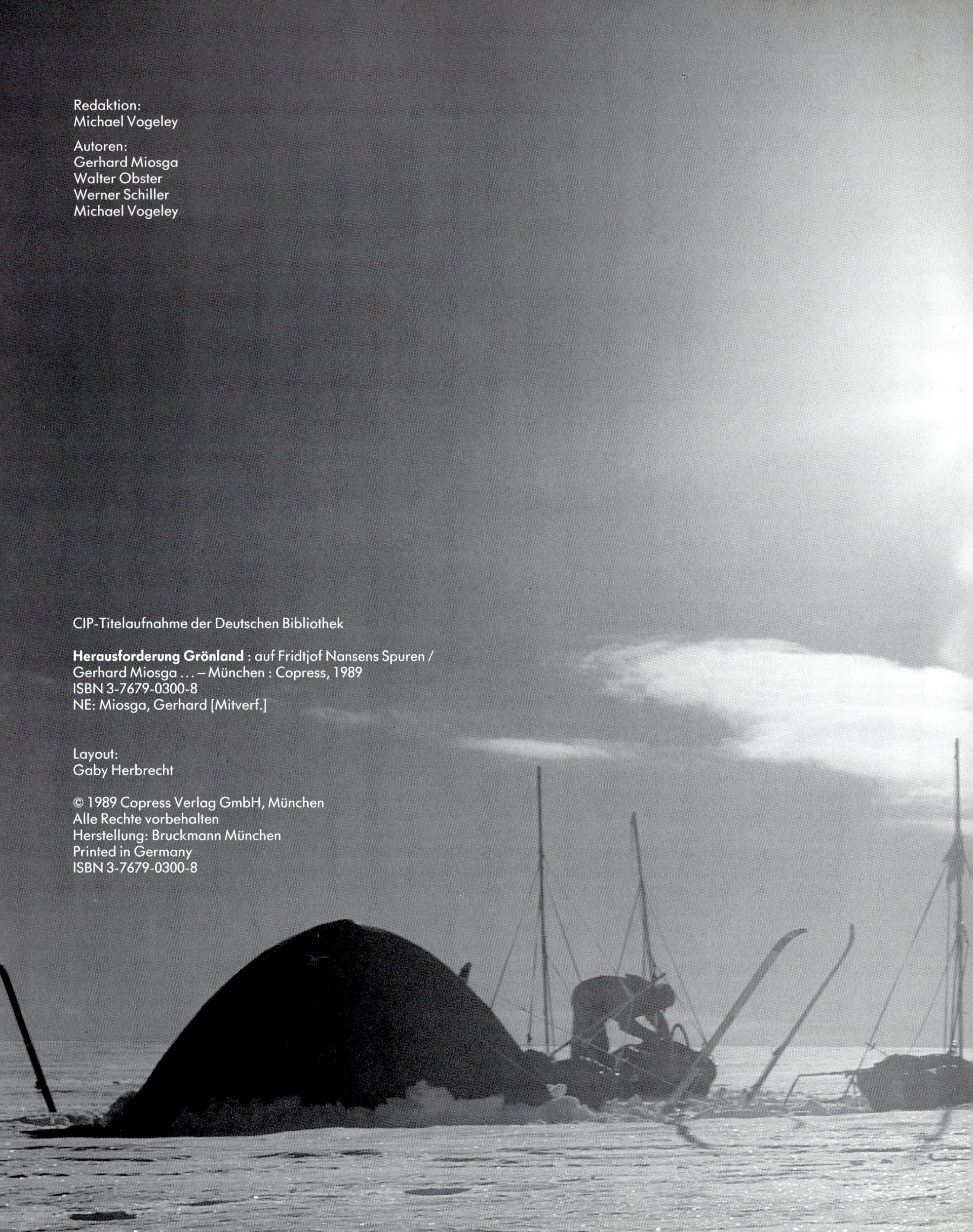

Redaktion:
Michael Vogeley

Autoren:
Gerhard Miosga
Walter Obster
Werner Schiller
Michael Vogeley

CIP-Titelaufnahme der Deutschen Bibliothek

Herausforderung Grönland : auf Fridtjof Nansens Spuren / Gerhard Miosga ... – München : Copress, 1989
ISBN 3-7679-0300-8
NE: Miosga, Gerhard [Mitverf.]

Layout:
Gaby Herbrecht

Herstellung: Bruckmann München
Printed in Germany
ISBN 3-7679-0300-8

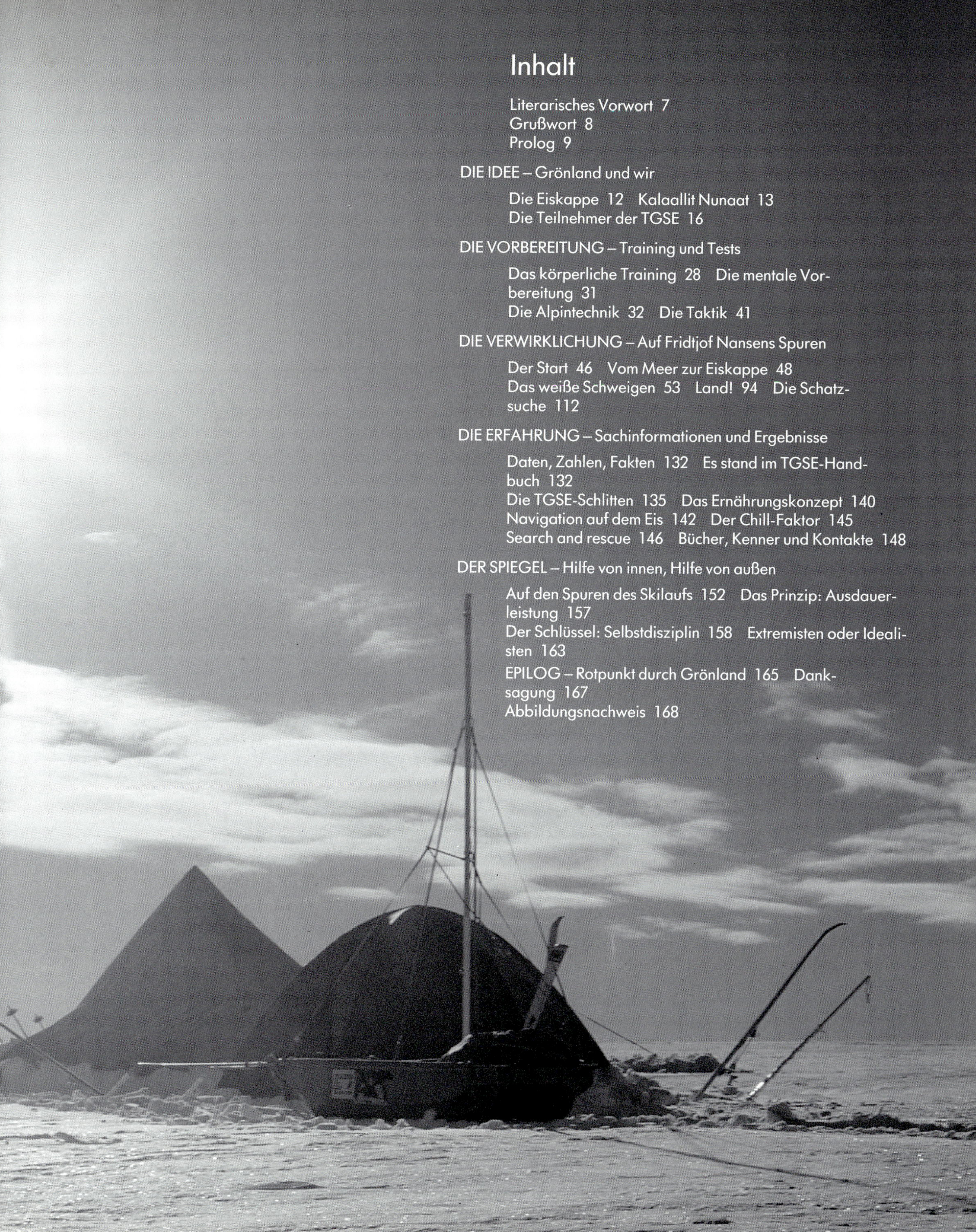

Inhalt

Meiner lieben Ulla,
deren Verständnis mir das Erlebnis
ferner Horizonte schenkte

Gerhard

Meiner Enkelin Laura,
die neun Monate nach der TGSE
das Licht dieser wunderschönen
Welt erblickte

Walter

Meinen Eltern,
für die Freiheit, nach meinem Sinn
zu leben

Werner

Meiner Mutter, deren Stärke mir
so oft das Beispiel gab, zu leben
und manchmal auch zu überleben

Micha

Literarisches Vorwort

Ich konnte indessen nur Leute gebrauchen, die mit dem Schneeschuhlaufen vertraut und die als energische, ausdauernde Menschen bekannt waren ... Ich fügte hinzu, daß es mutige Leute sein müßten, bekannt als besonders ausdauernd und geeignet, sich auf unbekanntem Terrain zurechtzufinden; auch müßten sie von vornherein völlig über die gefahrvolle Natur des Vorhabens unterrichtet sein, es müsse ihnen eingeschärft werden, daß ebensoviel Aussicht vorhanden sei, daß sie nicht zurückkehrten, als daß sie ihre Heimat glücklich wieder erreichten.

Auf Schneeschuhen durch Grönland
Fridtjof Nansen, 1891

Grußwort

Mit großer Freude beglückwünsche ich als Schirmherr der TransGrönlandSchneeschuhExpedition die gesund und unversehrt zurückgekehrten Expeditionsteilnehmer zu ihrer erfolgreich durchgeführten Grönland-Durchquerung. Eine solche Leistung, vor allem aber die Präzision der Planung und Durchführung erfüllen mich mit tiefem Respekt.

Vier Männer aus Münchens Umgebung – alle verheiratet und nicht mehr die Jüngsten – haben sich genau 100 Jahre nach Fridtjof Nansen auf den Weg gemacht, um den Spuren dieses großen Polarforschers zu folgen, der 1888 Grönland durchquerte.

Die vier engen Freunde und Bergkameraden hatten sich über zwei Jahre hinweg sehr sorgsam auf diese Expedition vorbereitet und in hartem Training auf die zu erwartenden Strapazen eingestellt. Sie unterwarfen sich bei ihrem Unternehmen exakt den Bedingungen, wie sie sich Fridtjof Nansen damals stellten. Lediglich unwesentliche Details der persönlichen Ausrüstung entsprachen modernen Verhältnissen. Unter Verzicht auf Motorkraft oder die Kraft von Schlittenhunden gelang ihnen so die Ost-West-Durchquerung Grönlands in nur 32 Tagen. Damit benötigten sie fern von jeglicher Zivilisation, nur auf sich selbst gestellt, unter Erfüllung eines anspruchsvollen wissenschaftlichen Programms zehn Tage weniger als seinerzeit Fridtjof Nansen.

Besonders bemerkenswert ist aber, daß alle vier, trotz großer Entbehrungen, nicht nur gesund und heil, sondern auch als die vier guten Freunde zurückgekehrt sind, als die sie aufgebrochen waren. Vielleicht ist das eine der wertvollsten Erfahrungen, welche die Expeditionsteilnehmer machen durften – die Bewährungsprobe für eine tiefe Freundschaft zu bestehen.

Hier ist nun ein Buch entstanden, das von einem großartigen Erlebnis Zeugnis ablegt, zu dem sich eine Gruppe wagemutiger Männer zusammengefunden hat, um sich einen Traum zu erfüllen. Es ist ihnen gelungen, ihn zu verwirklichen. Nüchternheit, Realismus, gesunder sportlicher Ehrgeiz, fundierter Sachverstand und Bescheidenheit waren ihre Ratgeber. Es ist ein Erlebnisbericht über ein modernes Abenteuer, man könnte sagen, ein kalkuliertes Abenteuer, dessen Vorbereitung und Durchführung von großem Verantwortungsbewußtsein zeugen. Es hat die Expeditionsteilnehmer sicherlich geprägt. Uns Lesern bleibt die Erkenntnis, daß es heutzutage nur wenigen von uns beschieden ist, ein Abenteuer wie dieses zu erleben.

München, im Oktober 1989

gez. Josef Ertl, Bundesminister a. D.
Präsident des Deutschen Skiverbandes
und Schirmherr der TGSE

Prolog

Im Sommer 1888 durchquerte der norwegische Polarforscher Fridtjof Nansen erstmals das grönländische Inlandeis. Unter unvorstellbaren Strapazen überschritt er zusammen mit fünf ausgewählten Männern in 42 Tagen die 500 Kilometer breite Eiskappe. Grönlands Inneres war damals »terra incognita«, unbekannt und unvermessen. Ganz bewußt ließ sich Nansen von einem Schiff vor der unbewohnten Ostküste aussetzen und brach alle rettenden Brücken hinter sich ab. Es gab nur noch ein Vorwärts zur besiedelten Westküste.

Nansen brachte mit dieser spektakulären Pionierleistung nicht nur Klarheit über die gigantische Inlandeismasse, er bewies damit auch die Funktionstüchtigkeit des Skis und legte den Grundstein für den Siegeszug der langen Latten rund um die Welt.

Zum hundertjährigen Jubiläum dieser für den Skilauf, die Arktisforschung und den Winteralpinismus epochalen Tat hat die

TransGrönlandSchneeschuhExpedition (TGSE)

auf der Originalroute Nansens und mit ähnlichen Mitteln wie dieser die größte Insel der Welt in historischer Mission durchquert. Das Gepäck wurde wie vor 100 Jahren auf selbstgezogenen Schlitten transportiert, die bei günstigem Wind besegelt wurden. Die Ausrüstung war modern, aber »by fair means«. Hilfen wie Motorkraft oder Hunde wurden nicht eingesetzt. Durch modernere Ausrüstung und bessere Ernährung bedingt, gelangte die TGSE in 32 Tagen – zehn Tage schneller als Nansen – ans Ziel.

Die Herausforderung dieser Tour, bei der wir Bergsteiger »die Vertikale der Berge mit der Horizontalen des grönländischen Eises vertauschten ...«, wie es Dr. Fritz März (Erster Vorsitzender des DAV) treffend formulierte, lag in der Bewältigung des anspruchsvollen Geländes, der langen und beschwerlichen Wegstrecke mit 400 Kilogramm Gepäck im Schlepp, der ungewohnten Navigation auf dem Inlandeis, den extremen klimatischen Bedingungen sowie der vollkommenen Isolation über viele Wochen.

Nansens Weltbestseller »Auf Schneeschuhen durch Grönland« war die Initialzündung für den Skilauf in den Alpen und rund um die Welt. Erst seine Pioniertat machte augenfällig, wie ideal Skier als Fortbewegungsmittel im verschneiten Gelände sind. Er motivierte mit seinem Buch viele Protagonisten des alpinen Skilaufs, unter anderem den »Skiprofessor« Dr. Wilhelm Paulcke, den Gründer des Deutschen Skiverbandes (DSV), dessen heutiger Präsident und Bundesminister a. D. Josef Ertl die Schirmherrschaft über die TGSE übernahm. Die Expedition wurde indes vom Deutschen Skiverband (DSV) und vom Deutschen Alpenverein (DAV) gefördert! – Das Institut für Sportwissenschaften an der Universität Würzburg besorgte die wissenschaftliche Begleitung der Expedition, um gruppendynamische Prozesse unter solch extremen Bedingungen zu analysieren. – Im Auftrag der Kommission der Europäischen Gemeinschaft in Brüssel und seines Kommissars Ripa di Meana wurde auf dem Inlandeis am höchsten Punkt der Route die europäische Fahne gehißt, um an den Friedensnobelpreisträger Fridtjof Nansen, an »das Gewissen der Welt«, zu erinnern. Ihm zu Ehren wurde überdies eine vom DSV-Generalsekretär Bernd Rubach gestiftete Bronzetafel am Ausgangspunkt der Expedition an der Ostküste angebracht.

Micha

Die Eiskappe

Grönland – Eisland

Gerhard

Bei der Betrachtung der nördlichen Hemisphäre unseres Planeten Erde bleibt das Auge unwillkürlich auf einer großen weißen Insel haften. Grönland, Kalaallit Nunaat, das Land der Menschen, ist ein Land der Superlative. Diese größte Insel der Welt trägt die größte zusammenhängende Eismasse der nördlichen Halbkugel. Würde sie abschmelzen, stiege der Wasserspiegel der Ozeane um sieben Meter, in weiten Teilen der Norddeutschen Tiefebene ragten nur noch die Kirchtürme als Zeugnis einer früheren Kultur aus dem Meere, unser nachbarliches Holland wäre fast total untergetaucht. Eine fatalistische Zukunftsvision? – Die zunehmende globale Erwärmung – bedingt durch Ozonloch und Treibhauseffekt und verursacht durch unbedachte Energiegewinnung aus fossilen Brennstoffen – verleiht dieser Vision eine bedrohliche Aktualität.

Geographisches

Grönland zählt als Insel geographisch zu Nordamerika. Mit einer Gesamtfläche von 2175600 km^2 ist sie fast neunmal so groß wie die Bundesrepublik Deutschland. Sie erstreckt sich in Nord-Süd-Richtung über eine Entfernung von 2670 km, was etwa einer Entfernung von Oslo nach Tunis entspricht.

Die größte Breite oder Ost-West-Entfernung beträgt 1050 km. In geographischen Koordinaten ausgedrückt erstreckt sich Grönland zwischen 83° 39' N (Kap Morris Jesup) im Norden und 59° 56' N (Kap Farvel; etwa auf Höhe von Oslo) im äußersten Süden und zwischen 11° 51' W (Nordostründingen) im Osten und 73° 08' W (Kap Alexander) im extremen Westen.

Der größte Teil dieser Insel liegt nördlich des Polarkreises und ist vor allem im Norden und Osten ständig von *Packeis* umgeben. Der nördliche Inselteil grenzt an das zugefrorene *Nordpolarmeer*, zwischen der Ostküste und Spitzbergen wogt die *Grönlandsee*, Island wird durch die *Dänemark-Straße* getrennt und der Süden wird vom *Atlantischen Ozean* umspült.

Klimaverhältnisse

Bei dem vor allem vom ungeheuren Kältereservoir des Inlandeises und dem kalten Ostgrönlandstrom geprägten arktischen Klima Grönlands unterscheidet man ein nordgrönländisches »hocharktisches« Kontinentalklima und ein südgrönländisches »subarktisches« Klima. Ein milderes Klima besitzen die (deshalb auch dichter besiedelten) Küstengebiete an der Disko-Bucht und im Südwesten dank eines warmen Golfstromausläufers, der gigantische Energiemengen bis hierher transportiert.

Die Durchschnittstemperatur liegt in Grönland auch im Polarsommer, mit dem von Mai bis Juli das Phänomen der *Mitternachtssonne* einhergeht, stets unter 10° C, von November bis Januar liegt sie während der winterlichen *Polarnacht* beständig unter dem Gefrierpunkt. Bei den *Tiefsttemperaturen* ist ein starkes Gefälle von Nordgrönland (um −60° C) und Südgrönland (um −25° C) zu beobachten.

Auf demselben Breitengrad nahe des Polarkreises, auf dem Nansen 1888 in Grönland nur eine extreme Eiswüste vorfand, finden sich etwa bäuerliche Milchwirtschaft in Finnland, von Wäldern umstandene Fjorde in Norwegen, weite Taiga in Rußland oder trostlose Tundra im nördlichen Kanada. In Narvik erreicht das Thermometer im Sommer Werte von 30° C, während in Grönland die Höchstwerte, wie schon erwähnt, 10° C kaum übersteigen.

Ebensogroß ist das Nord-Süd-Gefälle der durchschnittlichen jährlichen *Niederschlagsmengen*. Sie reichen von nahezu Null (Thule) über 800 mm (Nuuk) bis zu 1200 mm (Qaqortoq).

Ein gefürchtetes Naturphänomen Grönlands ist der *Piteraq*, ein Orkanwind, der durch das Aufeinanderprallen der winterlich-kalten Eiskappenluft auf wärmere Meeresluft an der Küste entsteht und mit bis zu 320 km/h daherrasenden Orkanböen z.B. 1970 Angmagssalik zerstörte, dessen Häuser heute mit Stahlseilen gesichert sind. Angenehmer ist dagegen das faszinierende *Nord-* oder *Polarlicht*, das nach starker Sonnenfleckentätigkeit zu beobachten ist, wenn elektrisch geladene Teilchen, die nur nahe der magnetischen Pole in die Atmosphäre eindringen können, dort in 100 bis 400 Kilometern Höhe Atome ionisieren und zum Leuchten in den verschiedensten Farben anregen.

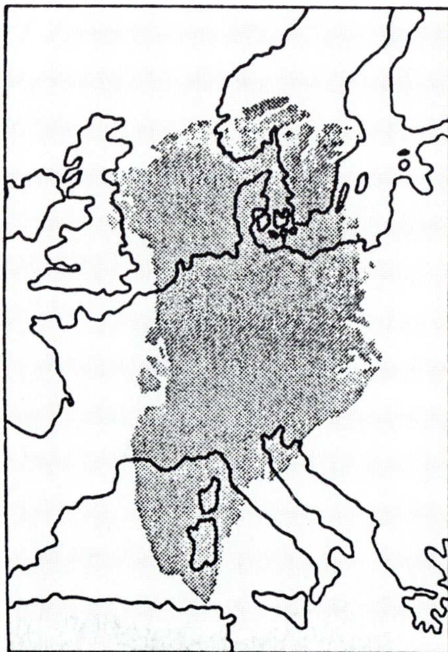

Grönland im Größenvergleich zu Europa. Seine N-S-Ausdehnung entspricht der Strecke Oslo–Tunis.

Für Expeditionen auf dem Inlandeis sind zwei Besonderheiten des Klimas von größter Bedeutung: Zum einen die ungeheuren wetterbedingten *Temperaturschwankungen*, die innerhalb eines Tages 30° C und mehr (in Nordgrönland bis zu 50° C) betragen können, und zum anderen der extrem rasche *Wetterwechsel*, der sich innerhalb einer Stunde vom schönsten Sonnenschein mit lauen Temperaturen zum eisigen Schneesturm vollziehen kann.

Das Eis

Die größten zusammenhängenden Eismassen unserer Erde findet man in der *Antarktis* und in *Grönland*. In beiden

Fällen umschließen Küstengebirge das Inlandeis, dessen Ursprung sich hauptsächlich durch den Wechsel von der Warmzeit im Tertiär zur Eiszeit des beginnenden Quartärs erklären läßt. Die als erstes vergletscherten Randgebirge verhinderten ein Abfließen des Schmelzwassers und der Niederschläge zum umgebenden Meer, sodaß es sich im zentralen Becken sammeln mußte, schließlich gefror und mit zunehmender Mächtigkeit ein geologisches Absenken des Beckens bewirkte. Das heutige *Inlandeis Grönlands* ist als geschlossene *Eiskappe* (1,83 Mio. km^2) auf über 3000 m Dicke angewachsen und bedeckt knapp 85% der Insel. Sie gipfelt in zwei Kuppen, deren nördliche eine Höhe von etwa 3200 m und deren südliche eine von etwa 2950 m ü.d. Meer erreicht. Nur dort, wo das Randgebirge mit seinen *Nunatakkern* zum Meer hin unterbrochen ist, wälzen sich Gletscher zum Meer, um zu kalben. Gigantische Eiskloben lösen sich dabei mit donnerndem Getöse vom Muttergletscher und stürzen ins Meer, wo sie zuerst eine hohe Flutwelle verursachen und dann als *Eisberge*, die nur zu einem Bruchteil (5 – 15%) über die Wasseroberfläche ragen, von den Küstenströmungen fortgetrieben und abgeschmolzen werden.

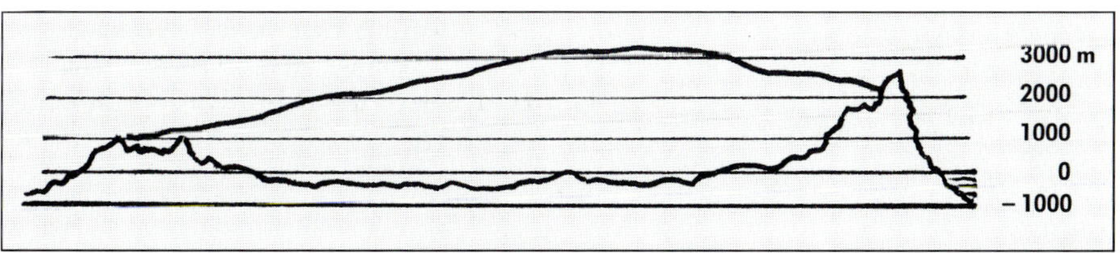

Querschnitt durch das Inlandeis von West nach Ost. Das Inlandeis erhebt sich bis zu einer Höhe von über 3000 m. Der Anstieg ist an der Ostküste wesentlich steiler als an der Westküste.

Durchschnittstemperaturen (in °C)

Monat	Thule	Angmagssalik	Nuuk	Qaqortoq
Januar	–20	–8	–5	–3
April	–15	–1	–3	2
Juli	5	8	9	7
Oktober	–15	0	2	1

Kalaallit Nunaat

Land der Menschen – ohne Menschen

Werner

Wer sich mit *Grönland* näher beschäftigt oder diese riesige Insel gar bereist, dem stellt sich die Frage nach der Besiedelungsgeschichte.

Was bringt Menschen dazu, sich in eine derart lebensfeindliche Umgebung zu wagen? Alle arktische Unbill hat das Volk der *Inuit* – das »Volk der Menschen« – wie sich die Eskimos selbst stolz nennen, vier Jahrtausende lang überlebt. Ihre asiatischen Vorväter kamen in vorgeschichtlicher Zeit über die zugefrorene Beringstraße nach Alaska. In vier großen Einwanderungswellen (Independence I und II, Dorset-Kultur, Thule-Kultur) gelangten sie um 2000 und 1000 v.Chr., um die Zeitenwende und um 1000 n.Chr. samt mitgebrachten Moschusochsen über die zugefrorene Nordwest-Passage nach Grönland. Die Evolution hat den Körper des Eskimos so geformt, daß er mit kleinerer Statur und kürzeren Gliedmaßen vor Wärmeverlust besser geschützt ist als andere Volksstämme. – Auch seine Mentalität entspricht nicht unbedingt unseren Erwartungen. Nicht harte, unnachgiebige, egoistische Züge sind für den Inuit kennzeichnend, wie man es wegen seiner rauhen Umgebung erwarten könnte, sondern ausgesprochene Heiterkeit und Fröhlichkeit.

Wie überall, wo unsere »hochentwikkelte« Kultur auf Naturvölker getroffen ist, hat die Erschließung und »Zivilisierung« Grönlands die gewachsene Kultur zerstört.

Gegen die erste europäische Einwanderung 982 n.Chr. durch die Wikinger setzt sich nach einer kurzen Blütezeit die Kultur der Thule-Eskimos durch und beendet im 15. Jahrhundert unter noch ungeklärten Umständen die Fremdherrschaft und den christlichen Einfluß der weißen Siedler. – Diese letzte, zweihundert Jahre währende Eigenständigkeit findet mit dem im 17. Jahrhundert in den nordischen Gewässern einsetzenden Walfang ein jähes Ende. – Billige Tauschware gegen wertvolle Felle, Gewinnsucht gegen unbefangene Offenheit, importierte Krankheit und Alkoholismus gegen die gewährte Gastfreundschaft haben erreicht, was die Auseinandersetzung Mann gegen Mann in den Jahrhunderten zuvor nicht zuwege brachte.

Heute ist die eigenständige Eskimo-Kultur weitgehend verschwunden und die zivilisatorischen Errungenschaften haben nicht ersetzen können, was sich in den Jahrtausenden zuvor entwickelte. – Erst in den letzten Jahrzehnten suchten Traditionalisten wieder nach der »Seele des Volkes«. Doch wird es für die Inuit schwierig werden, heute zu Werten zurückzufinden, die letztendlich durch eine Lebensart geprägt waren, die sich durch den Verzicht auf Wohlstand und Reichtum auszeichnete.

Entdeckung und Erforschung

982 gilt als das Jahr der Entdeckung Grönlands. Sie wird *Erik dem Roten* zugeschrieben, einem Wikinger, der wegen Totschlags verurteilt in die Verbannung geschickt wurde und als erster Europäer die Insel betrat. Er nannte die Insel *Grünland* und verbreitete die Sage vom »grünen Land«, die sich über Jahrhunderte hielt. Das Innere der *Eiskappe* war bis ins späte 19. Jahrhundert *»terra incognita«*. Man vermutete dort grüne, saftige Wiesen- und Weidelandschaften, ja sogar fruchtbares Ackerland, auf dem Getreide gedeihen könne. Um das Jahr *1000* betrat der Sohn Eriks des Roten, *Leif der Glückliche* (Leif Eriksson), fast 500 Jahre vor Christoph Kolumbus als erster Europäer den amerikanischen Kontinent. Von Südgrönland segelte er zu dessen Ostküste, dem heutigen Neufundland. Erst *1576* wurde Grönland wieder entdeckt. Der englische Seefahrer *Sir Martin Frobisher* und seine Landsleute *John Davis* und *William Baffin* erforschten die Westküste Grönlands auf der Suche nach einem nördlichen Seeweg um Amerika, der Nordwestpassage. *1819* gelang es dem jungen schottischen Walfänger *William Scoresby* zusammen mit seinem Vater, an die Ostküste Grönlands vorzudringen. Der mächtige Treibeisgürtel verhinderte bis dahin das Betreten dieser Küste. Sie befuhren als erste den mit 315 Kilometern längsten Fjord der Welt, der heute ihren Namen trägt. *1883* unternahm der schwedische Freiherr *Adolf Erik von Nordenskjöld* die ersten Schritte zur Erforschung des Inlandeises. Er startete an der Westküste in der Gegend von Kangatsiaq und drang etwa 200 km weit nach Osten ins Inlandeis vor. *1884* entdeckte *Gustav Holm* während seiner berühmten »Frauenbootexpedition« an der Ostküste eine Eskimogemeinschaft, die durch jahrhundertelange Isolation eine steinzeitliche Kulturstufe bewahrt hatte.

Expeditionen über die Eiskappe

1888 waren *Fridtjof Nansen* und seine fünf Gefährten die ersten Menschen, die die Eiskappe überquerten. Sie starteten am 19. August in Umivik an der Ostküste und erreichten nach 42 Tagen die Westküste am Ameragdlia-Fjord. *1892* erforschte der amerikanische Admiral *Robert Peary* den Norden Grönlands. Er durchquerte das Inlandeis von Qanaq (Thule) bis zum Independence-Fjord. Die eisfreie Nordspitze mit dem Kap Morris Jesup trägt seinen Namen. Am 6. April *1909* stand *Robert Peary* zusammen mit einigen Eskimos auf dem geographischen Nordpol, eine aufsehenerregende Tat, die ihm jedoch von *Frederik Cook* streitig gemacht wurde, der behauptete, bereits 1908 den Pol erreicht zu haben. Im *20. Jahrhundert* folgten zahlreiche Expeditionen mit meist wissenschaftlichem Charakter, aber auch solche mit dokumentarisch-sportlichem Hintergrund.

Auch zwei Nord-Süd-Durchquerungen stehen in den Annalen: 1978 gelang sie in 93 Tagen dem Japaner *Naomi Uemura* und 1988 einer Trainingsexpedition (für die internationale Transantarktis-Expedition 1990) mit Teilnehmern aus den U.S.A., Frankreich, England, Rußland und Japan.

Die meisten Expeditionen benutzen Hundegespanne. Modernere oder Großexpeditionen zur Errichtung und Versorgung von Stationen nehmen Traktoren- und Motorschlitten oder Flugzeuge zur Versorgung aus der Luft.

Vier deutsche Expeditionen waren bisher in Grönland unterwegs – drei davon zu Fuß. So auch die *TGSE* auf der Originalroute von Fridtjof Nansen.

Eine sehr ausführliche und vollständige *Dokumentation aller Grönlandexpeditionen* hat der dänische »Arctic Expeditions Adviser« *Gunnar Jensen* herausgegeben.

Grönländer heute

Diamond Jenness hat in seiner Arbeit über die ökonomische Situation der Inuit festgestellt, daß sie ebensowenig wie die Weißen zum Lebensstil ihrer Ahnen zurückkehren können und wol-

1912-1924	*Knud Rasmussen* unternimmt seine »Thule-Expeditionen« im Norden Grönlands mit Hundeschlitten.
1912-1913	Der Schweizer Geophysiker *Alfred de Quervain* durchquert als erster das Inlandeis von der Disko-Bucht im Westen bis nach Angmagssalik an der Ostküste.
1912-1913	Erste Überwinterung durch die beiden Dänen *Jens Peter Koch* und *Lars Larsen*, den berühmten deutschen Grönlandforscher *Alfred Wegener* und den Isländer *Vigfus Sigurdsson*.
1913	*Wegener* und *Koch* überqueren das Inlandeis an seiner breitesten Stelle von Nordosten nach Upernavik an der Westküste.
1930	Auf seiner letzten Grönlandexpedition stirbt *Alfred Wegener* auf dem Weg von der Forschungsstation »Eismitte« zur Westküste.
1936	Der Arktisforscher *Paul Emile Victor* durchquert als erster Franzose das Inlandeis von West nach Ost.
1949	Nach dem Zweiten Weltkrieg folgen zahlreiche *Expeditionen wissenschaftlichen Charakters.*
1965	*Myrtle Simpson* aus Schottland durchquert als erste Frau zusammen mit ihrem Mann *Hugh* das Inlandeis vom Johann-Petersen-Fjord nach Søndre Strømfjord – ohne Hundeschlitten.
1970	Die erste deutsche Nachkriegs-Expedition unternehmen *Peter Lechhart, Günther Bock, Michael Dacher* und *Franz Martin* mit Skiern und Schlitten von West nach Ost (Nansens Teltplads – Isertoq).
1983	Die »Deutsche Grönland Expedition auf den Spuren Alfred Wegeners« wird von *Arved Fuchs* und *Rainer Neuber* mit Skiern, Hunden und Schlitten von Ost nach West (Marmorilik – Eismitte – Harefjord) durchgeführt.
1983	Die drei Südtiroler *Robert Peroni, Josef Schrott* und *Wolfgang Thomaseth* durchqueren in 95 Tagen das Inlandeis mit Skiern und Schlitten. Zwischen dem Startpunkt, dem Ardencaple-Fjord im Osten, und dem kleinen Dorf Kraulshavn im Westen, legen sie 1400 km zurück, die bisher längste Strecke, die »by fair means« zu Fuß zurückgelegt wurde. Diese Expedition einer völlig neuen Dimension erregt einiges Aufsehen in der Öffentlichkeit.
1988	Zum hundertjährigen Jubiläum der ersten Durchquerung des Inlandeises durch Fridtjof Nansen folgen eine *norwegische* und eine *deutsche Expedition (TGSE)* »by fair means« exakt der Originalroute Fridtjof Nansens.

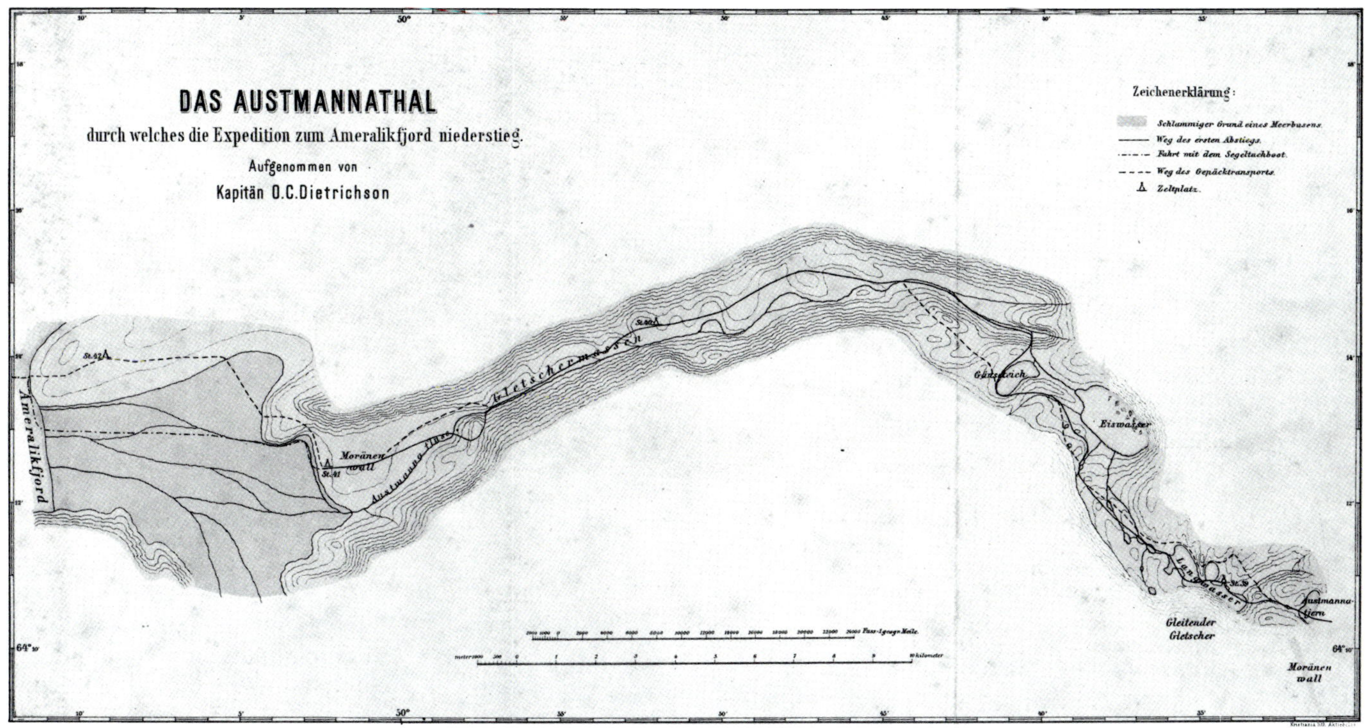

Originalkarte des Austmannadalen nach Aufzeichnungen von Kapitän Dietrichsen. Sie war einziges Orientierungsmittel für Nansen bei seiner Ankunft an der Westküste.

len. Die Entwicklung in der Arktis ist ein historischer Prozeß, der nicht rückgängig gemacht werden kann. Die dänischen, kanadischen und amerikanischen Regierungen haben eine große, sehr schwierige Aufgabe zu bewältigen, denn die schwere Krise der heutigen Inuit ist nicht zu übersehen. Die letzten zwanzig Jahre bedeuteten den größten Eingriff in das traditionelle Leben der Inuit. Und es gibt wohl kaum ein anderes Volk, das so abrupt mit solch drastischen Veränderungen konfrontiert und von der Steinzeit in die Moderne katapultiert wurde.

Wir erleben diese Gegensätze bei unserem Aufenthalt in *Kapisillit*. Abgeschieden von der Außenwelt liegt das Dorf in einem Seitenarm des *Godthåb-Fjords*, unweit des Inlandeises. 70 Kilometer sind es bis *Nuuk*, das man nur mit dem Boot erreicht. Einmal in der Woche kommt ein Schiff mit Versorgungsgütern und Neuigkeiten. Mitzunehmen hat es dagegen fast nichts. Die Fischfabrik auf der kleinen Insel im Fjord ist verfallen, denn die Produktion lohnt schon lange nicht mehr.

Die einzige Einnahmequelle ist die Rentierzucht, die aber nur im Herbst zur großen Viehscheide für einige Wochen Arbeit bringt. Den Rest des Jahres verbringen die Herden auf sich selbst gestellt in der freien Wildbahn.

Viel Zeit bleibt, die nicht jeder Dorfbewohner sinnvoll nutzen kann. Die unberührte Natur rundum zieht den verstädterten Europäer für die wenigen Urlaubstage mehr an als den, der sein Leben lang davon umgeben ist. So ziehen viele junge Leute in die wachsenden Städte, die mehr Zerstreuung bieten als das Dorf. Alkoholismus und zunehmende Kriminalität sind die traurigen Begleiter sozialer Veränderungen.

Grönland – Reiseland

Die politischen Probleme läßt man schnell hinter sich, wenn man der Stadt den Rücken kehrt. Das ist aber gar nicht so einfach, denn die Siedlungen sind untereinander nicht durch Straßen verbunden. Wer sich nicht einer strapaziösen Fußwanderung durch Gestrüpp und felsiges oder sumpfiges Gelände unterziehen will, erreicht nur durch die Luft oder über das Wasser sein Ziel.

Liebhaber der Einsamkeit in unberührter Natur kommen indes in Grönland voll auf ihre Kosten. Wochenlange Wanderungen oder Kajaktouren durch die einsamen Fjorde führen an der eisfreien Süd- und Westküste Grönlands in eine einmalige Landschaft. Stundenlang läuft man an menschenleeren, silbrig vom Bergwind gekräuselten Seen entlang, quert feuchte, blumenreiche Moorwiesen und findet »romantische« Zeltplätze zuhauf, die man für alle zivilisationsmüden und naturhungrigen Nachfolger auch wieder so »unberührt« verlassen sollte, wie man sie antraf.

Nur ein relativ kleiner Streifen Land an der Westküste kann auf diese Weise erschlossen werden. Das eisfreie Land ist selten breiter als 50 km und nimmt nur 16% der Gesamtfläche Grönlands ein. Der ganze Rest ist vom Eispanzer bedeckt.

Nicht nur eine Durchquerung des Inlandeises ist ein einmaliges Erlebnis. Weniger spektakuläre Touren in den Bergen der Randzone oder eine Hundeschlittenreise in die Region des ewigen Eises sind für erfahrene Bergsteiger oder Trekker ein durchaus realisierbares Unternehmen. Ähnliche Erlebnisse bei geringerem persönlichen Organisationsaufwand ermöglichen Tourenangebote von einschlägigen Reiseveranstaltern.

Grönlands Sorgen

»... Inuussutissarsiutit pingaarnersaraat aalisarneq piniarnerlu, aatsitassarsiornerlu. Kujataani savaateqarfeqarpoq, tunumi avannarpiaanilu puisinniarneq inuussutissarsiutaalluni.
Manna kikkunnut tamanut paaseqqunarpoq: Kalaallit-Nunaanni naasorissaanermik inuussutissarsiortoqarsinnaanngilluinnarpoq silaannaap pissusia pissuulluni.

Inussiarnersumik«
(gez. Daniel Lukassen)

In der deutschen Übersetzung lautet Daniels kleine Wirtschaftskunde und sein Plädoyer für die Seehundjagd der Grönländer:

»Die Hauptwirtschaftszweige Grönlands sind die Fischerei und der Bergbau. In Süd-Grönland kommen außerdem die Schafzucht und in Nord-Grönland die Seehundjagd hinzu.
Jeder muß dieser notwendigen Tatsache ins Auge blicken: Es ist in Grönland wegen des Klimas unmöglich, Landwirtschaft zu betreiben.

Hochachtungsvoll«
(gez. Daniel Lukassen)

Wichtigster Ausfuhrartikel sind und bleiben jedoch die Süßwasser- und Meeresfische.

Grönländische Fische
Buckellachs (Ammassak)
Forelle (Eqaluk)
Garnele (Kinguppak)
Grönland-Heilbutt (Qaleralik)
Heilbutt (Nataarnaq)
Kabeljau (Saarullik)
Lachs (Kapisilik)
Lachsforelle/ Meerforelle (Eqaluk qillertoq)
Seehase/ Lumpfisch (Nipisak/Arnarluk)
Wels (Qeeraq)

Grönland in Zahlen		
Größe:		
Gesamtfläche	Eisdecke	Küstenlinie
2175 Mio. km²	1834 Mio km²	39100 km
Maximale Erhebungen:		
Gebirge 3733 m ü. d. M.	Eis 3231 m ü. d. M.	Eisdecke 3400 m
Menschen auf dem eisfreien Land:		
Bevölkerung 52000 EW	Grönländer 42000 EW	Einwohner/km² 0,15 EW
Verteilung:		
Westküste 47700 EW	Ostküste 3500 EW	Norden 800 EW
Städte:		
Nuuk (Godthåb) 10000 EW	Sisimiut (Holsteinsborg) 4300 EW	Ilulissat (Jakobshavn) 3800 EW

Die Teilnehmer der TGSE

... aus der Sicht eines Freundes

Christian Storck

Es ist nicht gerade selbstverständlich, im Leben echte Freunde zu haben. Ich habe seit vielen Jahren mehrere, worauf ich sehr stolz bin. Diese engsten Freunde sind wiederum untereinander befreundet. Wie das möglich ist? Ja, das ist eine lange Geschichte.

Vor über 25 Jahren lernte ich Micha Vogeley kennen. Wir drückten gemeinsam die Schulbank. Lernen, Kartenspielen und die Freizeit genießen – das waren die Grundlagen einer werdenden Freundschaft.

Wir suchten »Abenteuer aller Art« und schwänzten auch gern einmal, denn die Berge hatten es uns besonders angetan. Micha kraxelte für sein Leben gern und ich war dem Skifahren verfallen.

Unbewußt legten wir auch den Grundstein zu einer Gruppe von Gleichgesinnten. Urlaub, Bergtouren, Kajakfahrten, aber auch Biergartenbesuche wurden – wo immer möglich – mit den Familien geplant und durchgeführt.

Im Vordergrund unserer Planungen steht nach wie vor das Abenteuer; unsere bevorzugten Ziele sind »weiße Flekken« auf dem Erdball. Darunter verstehen wir unerschlossene oder nur dünn besiedelte Regionen unseres Planeten, die meist noch ohne Tourismus und entweder schlecht oder gar nicht kartographiert sind.

Micha war im Auffinden von solchen »weißen Flecken« schon immer sehr erfolgreich; diesmal fand er auf der Karte einen nicht zu übersehenden, wirklichen weißen Fleck – *Grönland.*

Ein Buch von Fridtjof Nansen fesselte ihn so sehr, daß er sogleich den »Members« eine Grönland-Expedition vorschlug. Ja, mitgemacht hätten wir wohl alle gern! Aber wer hat schon sieben Wochen Urlaub, reichlich D-Mark und Dänenkronen, körperliche Fitneß und Kondition wie ein Wasserbüffel sowie Energie und Zeit, sich annähernd zwei Jahre lang intensiv vorzubereiten?

Nur Micha, Gerhard und Walter entschieden sich nach reiflicher Überlegung und nach Abstimmung mit ihren Ehehälften für das Unternehmen.

Mächtige Eisberge – Abbrüche der Polkappe und riesiger Gletscherströme – treiben an Grönlands Ostküste entlang nach Süden.

Folgende Doppelseite: Stilleben mit Möwe (oben).

Aus den Hauern des Walrosses schnitzen die Inuit elfenbeinerne »Tupilaqs«, Amulette mit furchterregenden Fratzen (unten).

Wird »Nanok«, der Polarbär, auf Schollen der Polkappe vom Ostgrönlandstrom nach Süden verfrachtet, so muß er über das Inlandeis in sein Jagdrevier zurückwandern.

Obwohl jeder
Grönländer das
ht auf Jagd und
chfang hat, ver-
orgt man sich in
Nuuk auf dem
Markt mit Fisch
l Rentierfleisch.

Bis in den ge-
chützten Hafen
on Nuuk driften
Eisberge
(links oben).

Folgende
Doppelseite:
Strahlend weiß
euchten die Blü-
tenstände des
Vollgrases, das
überall an den
Jfern der unge-
hlten Moränen-
seen Westgrön-
lands wuchert.

Noch wird der
handwerkliche
otsbau von den
lteren Grönlän-
lern beherrscht.

Drei »Members« waren gut, aber zum Gelingen des Unternehmens gehörte ein vierter Mann. Micha begeisterte seinen Geschäftskollegen Werner, der durch die inzwischen durchgeführten gemeinsamen Unternehmungen ebenfalls schon zu den »Members« gerechnet werden konnte.

Generalstabsmäßig, wie zu allen unseren Vorhaben, liefen die Vorbereitungen an, und ein über 100 Seiten dickes Handbuch entstand. Es wurde laufend ergänzt und gab Auskunft über jedes Expeditions-Detail. – All das begann vor gut zwei Jahren.

Am 19. Juli startet die Expedition. Ich habe mir einige Stunden im Betrieb frei genommen und sitze bei herrlichem Wetter im Biergarten in Riem. Die Bedienung ist freundlich, schaut mich aber tadelnd an, als sie die Bestellung meiner mit verheulten Gesichtern dasitzenden Begleiterinnen aufnimmt. Sie denkt wohl: »Muß der ekelhafte Typ gleich vier Frauen auf einmal unglücklich machen?« Aber sie weiß ja nicht, wo meine »Grönlandwitwen« in Gedanken weilen, während vom nahen Flughafen die Düsengeräusche startender und landender Maschinen herüberdröhnen ... Einige dicke Tränen kullern.

Eva Nansen harrte jungverheiratet beinahe drei Jahre der Rückkehr ihres Gatten. – Auch diese »Super-Frauen« haben, besonders in den letzten Monaten, ihre Männer kaum noch »griffbereit« gehabt. Alles drehte sich nur noch um Grönland: »Familienleben – was ist das?« Aktiv wie passiv haben sie ihre Männer unterstützt und sind in Gedanken mit »auf Tour«.

Vier Ehepaare auf Nansens Spuren

»Schnubbel« heißt eigentlich Gudrun und »reist« mit *Micha Vogeley*: Er wird im Grönlandeis seinen 44. Geburtstag feiern und ist wie die übrigen Teilnehmer sehr ehrgeizig. Beruflich wie privat versucht er, alles perfekt zu planen und durchzuführen. Sportlich gesehen ist er ein »Allrounder«. Bis auf Golf und Angeln hat er wohl schon in alle Sportarten hineingeschnuppert. Selbst vor Fallschirmspringen, Paragliding oder Tauchen schreckte er nicht zurück. Was ihn begeistert, versucht er zu vervollkommnen; so ist es nicht verwunderlich, daß er Bergführer, Skilehrer und Langlauflehrer ist.

Seine intensiv genutzte Freizeit verbringt er bevorzugt in den Gebirgen dieser Welt beim (Eis-)Klettern, Bergsteigen und Skilaufen, bei Skitouren, Wildwasserfahrten und Höhlenerforschungen, beim Radeln und beim Marathonlauf.

Mit Micha habe ich meine schönsten Touren gemacht. Unzählige Male haben wir zusammen das »letzte Bier« oder die »letzte Zigarette« brüderlich geteilt.

Nur einmal hat er mich »maßlos enttäuscht« und in Spielschulden gestürzt. Micha pflegt Punkt elf Uhr abends einzunicken. Das tat er denn auch als mein Spielpartner mitten in einem legendären Kartenspiel in einer lappländischen Schutzhütte (mit »Kontra«, »Re« und »Stoß«) – und ich durfte kräftig mit berappen ... Noch heute – gute 15 Jahre später – prüft jeder beim Kartenspielen schmunzelnd Michas Gesichtsausdruck, wenn die besagte Zeit naht und ein »Kontra« in der Luft liegt.

Ulla hat Angst um ihren *Gerhard Miosga*: Dabei weiß sie, was er kann, und brauchte sich gar keine Sorgen zu machen.

Er ist der »Senior« mit seinen 53 Lenzen, bewahrt aber Energie und Aussehen wie ein »Junger« und strahlt in jeder Situation Kompetenz und Ruhe aus. Diesem »Mann für alle Fälle« folgen unsere Damen auf Skitouren blindlings. Er legt beim Aufstieg die optimalen Spuren und hat den gleichmäßigsten Schritt, bei Bedarf in Damenschrittlänge. Beim Abfahren beweist er sein außergewöhnliches Können in schwierigstem Gelände; kein Wunder, er ist staatlich geprüfter Skilehrer.

Er ist als Hochalpinist, Kletterer und Skitourengeher seit 30 Jahren weltweit unterwegs. Seine weiteren Hobbies sind Wildwasserfahren, Segelfliegen, Höhlenforschen und besonders Hochseesegeln. Gerhard weiß auch, wo es am schönsten ist. Als Berufspilot hat er von oben aus schon manches Ziel für seine und unsere Unternehmungen aufgespürt.

Christl bangt um ihren *Walter Obster*: Walter ist 47 Jahre alt, sieht aber reichlich jünger aus. Dieses Aussehen verdankt er wahrscheinlich seiner sportlichen Figur, seiner Schonung im Haushalt und seinen ausgedehnten Aufenthalten in Wald und Flur, denn als aktiver Jäger liegt er Sommer wie Winter im Revier herum, um Füchsen und Spaziergängern aufzulauern. Das hält »taufrisch«!

Christl und sein Beruf als Sportlehrer sorgen dafür, daß kein Gramm Fett an ihm ist. Im übrigen betreibt er – wie kann es anders sein – Bergsteigen, Klettern (mit Vorliebe an gefrorenen Wasserfällen), Wildwasserfahren und Skitouring.

Walter hat einen trockenen Humor und den bayrischen Dialekt zur alleinigen Weltsprache gemacht. Ob in Asien, Afrika oder Grönland – überall versteht man ihn auf Anhieb. Seine Herzlichkeit und Hilfsbereitschaft sind umwerfend.

Walters »Schwäche« ist seine durch Hörschwierigkeiten auf einem Ohr bedingte Überlautstärke, in die er beim Reden leicht verfällt und die wir durch »Erdrosselungsandrohungen« kurzzeitig zurückschrauben.

Hanni denkt an ihren *Werner Schiller*: Er ist in jeder Beziehung der »youngster« in dieser Gruppe. Von Micha entdeckt, wurde er von den »Members« beschnüffelt und für »sehr gut« befunden. Seine zarte Jugend – er ist 39 Jahre alt – kann man ihm nicht zum Vorwurf machen; insbesondere durch seine Erfahrungen als aktiver Skifahrer, Hochalpinist, Skitourengeher, Felskletterer und Ausdauersportler paßt er glänzend zu unserem Kreis. Extrem betreibt er Ski- und Skilanglauf sowie Radrenn- und Radtourenfahren.

Auf einigen Grönlandvorbereitungs-Unternehmungen habe ich ihn als besonnenen und sehr kameradschaftlichen Typ kennengelernt, auf den man sich absolut verlassen kann.

△ Bei den Caribous tragen beide Geschlechter ein Geweih, das alljährlich abgeworfen und neu gebildet wird.

◁ Während des kurzen arktischen Sommers entwickelt sich eine herb-zähe Flora mit farbenprächtigen kleinen Blüten.

Das körperliche Training

Fitneßtests und Spezialprogramme

Walter

Die Teilnahme an einer Expedition setzt körperliche Gesundheit voraus. Jeder von uns unterzog sich einer eingehenden medizinischen Prüfung mit folgenden Schwerpunkten:

1. Allgemeiner Gesundheitszustand
2. Haltungs- und Bewegungsapparat
3. Elektrokardiogramm (EKG)
4. Laborbefunde
5. Gebißkontrolle

Jeder ließ sich bescheinigen, daß bei ihm die Voraussetzungen für die erwartete Leistung gegeben seien.

Das Trainingsziel

Eine Grönlanddurchquerung stellt theoretisch nur Anforderungen, die aus gemäßigtem Bergauf-Steigen, Skiwandern in fast ebenem Gelände und gemäßigtem Bergab-Steigen bestehen. Doch müssen das örtlich bedingte extreme Wetter mit Hitze und Regen, Schnee, Wind und Kälte sowie die Behinderung durch den Schlitten mit 100 kg Ausrüstung und Proviant als erhebliche Erschwernisse mit in Betracht gezogen werden.

Realistisch ist daher die Einstellung auf einen mühsamen Auf- und Abstieg bei einer Höhendifferenz von 3000 m, auf beschwerliches Schlittenziehen, auf gelegentliches Fels- und Eisklettern sowie auf das Überqueren von Spalten, Gletschersümpfen und Flüssen, also insgesamt auf eine physische und psychische Höchstleistung.

Bei einer Routenlänge von weit über 500 km und einer geplanten Dauer der Inlandeisüberquerung von 32 Tagen müssen wir täglich unter großen Anstrengungen eine Wegstrecke von etwa 17 km zurücklegen.

Eine Grönlanddurchquerung im Stile Nansens stellt extrem hohe Anforderungen an die Ausdauer bei gleichzeitigem großen Krafteinsatz.

Das Konditionstraining

Da wir alle seit Jahrzehnten Hochtouren in Fels, Schnee und Eis unternommen hatten, und daher ein guter Trainingsstand vorhanden war, galt es in erster Linie auf eine Verbesserung der *Ausdauer* und der *Kraft* hinzuarbeiten. Weil wir im Alter zwischen 39 und 53 Jahren (Durchschnittsalter 46 Jahre) vermutlich den Bewegungsspielraum eines jugendlichen Athleten nicht mehr voll nutzen konnten, mußte als dritte sportliche Qualität die *Beweglichkeit* gefördert werden.

Für uns vier beruflich stark engagierte TGSE-Männer war das Festlegen gemeinsamer Termine problematisch. Das Training mußte so organisiert werden, daß jeder weitgehend allein mehrmals in der Woche regelmäßig üben konnte.

Ein langweiliges Trainingsprogramm wird aller Erfahrung nach nur widerwillig angenommen. Jeder sollte daher durch Variation seines persönlichen Trainingsprogramms für Abwechslung sorgen. Da eine vielseitige körperliche Betätigung eine umfassendere physische Entwicklung ergibt, behielten wir alle unsere »Normalsportarten« wie Klettern, Radfahren, Skitouring, Schwimmen oder Kajakfahren bei.

Das Ausdauertraining

Zur Basisschulung der Ausdauer bevorzugten wir alle das *Laufen im Gelände*. Anfangs wurden Strecken von 6–10 km an drei Tagen in der Woche, später mehrmals pro Woche Strecken über 15 km und mehr gelaufen. Dabei sollte ein hügeliges Gelände in unterschiedlichen Geschwindigkeiten bei einem Puls von etwa 140 – 160 Schlägen pro Minute durchlaufen werden. Streckenlänge und Geschwindigkeit erhöhten sich individuell verschieden, aber meßbar. – Micha, unser Bergläufer, trainierte auf einer heimischen Endmoräne ergänzend nach der Intervallmethode und geriet damit regelmäßig in den anaeroben Bereich. – Werner bevorzugte als aktiver Rennfahrer zusätzlich das *Radfahrtraining* und fuhr ein- bis zweimal in der Woche Strecken von 70 – 150 km Länge, auch wenn ihn Micha zum Lauftraining motivierte: »Wir wollen doch nicht durch Grönland radeln!«

Im Winter und im Frühjahr kamen die Skier zum Einsatz. *Langlauf* und *Skitouren* waren wohl jene Belastungen, die den Anforderungen in Grönland am nächsten kamen. Schneearme Winter sind nicht gerade trainingsbegünstigend, und so verlagerte ich das *Skilanglaufen* kurzerhand auf den Asphalt von Radwegen – mit *Rollerskiern*.

Das Krafttraining

Unsere Kraft steigerten wir wöchentlich einmal mit zwei Arm- und Fußdrückmaschinen, zwei Handwickelgeräten, drei hand- bzw. stangengriffbestückten Zugapparaten, einem Liegebrett, einer Sprossenwand und diversen Hanteln im Konditionsraum einer Schule:

1. *Beinstrecken* und *Armstrecken* gegen den Widerstand der Drückmaschine.
2. *Armbeugen* gegen den Widerstand der Zugmaschine und des Körpergewichts (Klimmzüge).
3. *Hüftbeugen* gegen den Widerstand des Körpergewichts auf einem variabel geneigten *Liegebrett* (sogenannte sit-ups, zunächst ohne, später mit Gewichtsbelastung).
4. *Hüftbeugen* mit Armzug gegen den Widerstand der *Zugmaschine* im Grätschsitz bei fast gestreckten Armen.
5. Drehen der Griffe der *Handwickelgeräte* gegen den Widerstand der Maschine
6. *Bankdrücken*.
7. Seitliches Heben und Senken der *Hanteln*.

Wir absolvierten jeweils drei bis vier Durchgänge im Circuit-Verfahren. Der *Arbeits-/Erholungs-Rhythmus* umfaßte erst 20/20, dann 30/30 und schließlich 40/20 Sekunden. Nach jedem Durchgang wurde eine unvollständige Pause eingelegt, die den Puls auf etwa 120 Schläge pro Minute absenkte. Diese *intensive Kraftausdauermethode* nach Radinger et al. (vgl. Kap. Bücher, ...) ist bei 7 – 15 Wiederholungen und etwa 60 bis 80% der maximalen Reizintensität optimal.

Beweglichkeit und Gleichgewichtsgefühl trainieren wir in den glatten Felswänden der Calanques in Südfrankreich.

Natürlich wurden auch andere Trainingsmethoden praktiziert, wie z. B. Tauklettern oder »Holzhacken« oder »Schubkarrenschieben«. Ich baute meine Terrasse neu und schrieb für einen Zeitraum von einer Woche in mein Trainingsbuch: »26 Tonnen Kies 20 m weit transportiert.«

Bei einmaligem wöchentlichen Krafttraining war kein optimaler Anpassungseffekt zu erwarten. Wir konnten diesen nur durch häufige häusliche Gymnastik bis zur Superkompensation steigern. Für dieses *Gymnastikprogramm* stellte ich Vorschläge für *Übungsserien* zusammen:

Vorschlag 1:
1. »Hampelmann«
2. Armstrecken und -beugen mit einem Stuhl im Stand
3. Abwechselndes Kniebeugen im Seitgrätschstand
4. Liegestütze
5. Hände öffnen und schließen im Schwebesitz
6. Arme heben und zwischen die Beine führen im Seitgrätschstand

Vorschlag 2:
1. Klimmzüge (an einem Türstock, an einer Treppe oder einem Ast)
2. »Klappmesser«
3. Strecksprünge aus der Hocke in die Hocke
4. Liegestütze mit Händeklatschen
5. Drehen des Oberkörpers mit seitlich ausgestreckten Armen im Seitgrätschstand
6. Aufbäumen mit vorgestreckten Armen aus der Bauchlage

Natürlich sollte erst nach einer ausreichenden Aufwärmphase – z. B. nach dem »Jogging« – mit den Serien begonnen werden. Innerhalb einer Serie wurden für eine Übung zunächst 20 Sekunden, später 30 Sekunden angegeben. Zwischen den Übungen sollten 20 Sekunden, dann 30 Sekunden und schließlich 10 Sekunden für die Erholung liegen. Nach einer vollständigen Pause – wenn die Pulsfrequenz auf maximal 20 Schläge über der Ruhefrequenz abgesunken war – sollte die nächste Serie beginnen.

Anfangs bestand eine Trainingseinheit aus zwei Serien, später wurde ihre Anzahl erhöht. Die Gymnastikprogramme absolvierten wir mindestens dreimal pro Woche.

Das Beweglichkeitstraining

Eine gute *Beweglichkeit* beugt durch die Verbesserung der Qualität und Ökonomie der Bewegung einer vorzeitigen Ermüdung vor. Durch Lockerungsübungen wird der Körper geschmeidiger und elastischer mit fließenden Bewegungen. Die Beweglichkeit setzt – und das ist vielleicht das wichtigste – die Verletzungsgefahr herab. Dehnungs- und Lockerungsübungen während einer Dauer von einer knappen Viertelstunde, vor allem während der Erholungspausen, erfüllen bereits den Zweck. Schwerpunkte legte ich auf eine optimal trainierte Beweglichkeit im Bereich der Schulter-, Hüft- und Fußgelenke.

Dehnungsübungen waren z.B.:
1. Gehen auf der Innen- und Außenseite des Fußes
2. Rumpfbeugen vorwärts, rückwärts und seitwärts
3. Hängen und Pendeln an der Sprossenwand

Der Dehnung der Brustmuskulatur schenkten wir besondere Beachtung, um der schädlichen »normalen« Arbeitshaltung entgegenzuwirken.

Angesichts unseres Alters war es äußerst wichtig, daß vorher eine umfassende muskuläre Erwärmung stattgefunden hatte. Nur so können Schäden an den Muskeln, vor allem aber an den Sehnen und Bändern, vermieden werden.

Als *Lockerungsübungen* dienten z.B.:
1. Ausschütteln von Beinen und Armen
2. Schulterkreisen
3. Armkreisen vorwärts und rückwärts

Das Trainingsbuch

Bekanntlich nützen die besten Pläne nichts, wenn sie nicht in die Tat umgesetzt werden. Man kann es auch anders ausdrücken: »Der Weg zur Hölle ist mit guten Vorsätzen gepflastert.« Dieses Sprichwort hätte besondere Bedeutung bekommen, wenn auch nur einer sich vor dem regelmäßigen Training gedrückt hätte. Anlässe, eine Trainingseinheit ausfallen zu lassen, hatte jeder die Fülle: Familienfeiern, berufliche Überlastung, Geschäftsreisen, dringende Termine, unaufschiebbare Arbeiten, Einkäufe und dergleichen mehr. Damit sich keiner selbst etwas vormachen konnte und damit jeder dem anderen zeigen konnte, wie ernst er seine Verantwortung sich selbst und der Gruppe gegenüber nahm, wurde ein Trainingsbuch obligatorisch eingeführt. Die stimulierende Wirkung war beachtlich. Gerhard sagte, er habe gar nicht gewußt, daß er so viel trainiert. Micha berichtete, welche Genugtuung ihm der Eintrag mehrerer langer Laufstrecken im nachhinein verschafft hätte. Ich freute mich über die Verbesserung meiner Zeiten für das Befahren des Widdersberges bei Andechs mit einem Mountain-Bike, denn ich hatte eine Wette abgeschlossen. Werner schmunzelte darüber, daß im Trainingsbuch nicht ausreichend Platz für seine Aktivitäten gewesen sei.

Folgende Daten wurden in einen Kalender mit einer Horizontalspalte für jeden Tag eingetragen, wobei unter ›bpm‹ die Herzschläge pro Minute zu verstehen sind:

Eine typische Trainingsbuch-Seite

	FEBRUAR - NOCH 6 MON. BIS ANGMAGGS.	T-EINH	PROGR.	VOR TR	NACH TR	NACH 2-MIN	RUHE
1							
2	LAUFEN 16KM	1:20					
3	GYMNASTIK	6					
4	GYMNASTIK	5					
5				64	186	120	62
6	LAUFEN 10KM	:50					
7	LANGLAUF 44KM	ca 4STD					
8	GYMNASTIK	6					
9	LAUFEN 18KM	1:29					
10							
11	GYMNASTIK	6					
12	LANGLAUF 18KM						
13	LAUFEN 10KM	:45					
14	LANGLAUF 12KM						
15	SKITOUR 5KM ↑↓ HM 1200						
16							
17	KRAFTTRAINING	:45 STD					
18				68	182	118	64
19	LAUFEN 10KM	:48					
20							
21	GYMNASTIK						
22	KRAFTTRAINING	:45 Std					
23	SKITOUR ↑↓ HM 1450						
24							
25	LAUFEN 33KM	2:50					
26	GYMNASTIK	6					
27	SCHLITTEN ZIEHEN (50KG)	6:06 STD	/18KM				
28	GYMNASTIK	6					
29	KRAFTTRAINING (WA)	1:[illegible] STD					
30							

1. Art der Belastung (z. B. *Laufen*)
2. Reizdauer (z. B. *54 min*)
3. Reizumfang (z. B. *3 Serien*)
4. Ruhepuls (z. B. *60 bpm*)
5. Puls nach Beendigung (z. B. *150 bpm*)
6. Puls nach 2 Minuten (z. B. *80 bpm*)

Die Trainingsbücher wurden von Werner liebevoll angefertigt. Er überschrieb jede Seite mit dem Hinweis, wieviel Zeit noch zur Verfügung stand, etwa: »Noch 16 Monate bis Angmagssalik.« Vielleicht war dies der Grund, warum die Eintragungsdichte zum Expeditionsbeginn hin ständig zunahm.

Die Leistungstests

»Leistungstests«, sagt mancher, »sind überflüssig und kosten nur Kraft – Kraft, die im Ernstfall nicht zur Verfügung steht.« Wir entschlossen uns, solche Leistungstests durchzuführen. Auf diese Weise sollten rechtzeitig Schwächen erkannt werden, denn in Grönland hätte ein nicht erkanntes »Konditionsloch« fatale Folgen haben können.

Karwendellauf

Die wohl härteste Prüfung über 2000 Höhenmeter und 53 Kilometer fand im Vorjahr der Expedition am 20. September statt. Wir hatten alle für den Karwendellauf gemeldet. Während Micha mit sechs früheren Teilnahmen bereits als »alter Hase« gelten mußte und Werner mit einer Karwendeldurchquerung zumindest ein wenig Erfahrung hatte, waren Gerhard und ich noch Neulinge. Doch lassen wir Gerhard erzählen:

»Kurz nach 5.00 Uhr in der Früh sind wir am Bahnhof in Scharnitz. Es ist eine wunderschöne Sternennacht; am Start herrscht bereits emsiges Treiben. Die Laufprofis machen Lockerungsübungen. Marschierer sind schon seit 4.30 Uhr unterwegs. – Es ist schon nach 6.00 Uhr, der Startschuß kommt mit Verzögerung. Im Dunkeln rennen wir durch das Dorf, die Reihen werden lichter. Ich laufe allein unter vielen. Die Steigung zum Karwendelhaus nehme ich im Eilschritt, trinke drei Becher Elektrolytgetränk, und weiter geht es. Beim Abstieg zum Ahornboden registriere ich stechende Schmerzen in meinem Knie. Der Aufstieg zur Falkenhütte ist fast eine Erholung. Beschwerlich geht es runter in die Eng. Das Gramaijoch und 800 Höhenmeter liegen vor mir. Die Sonne steht voll auf dem Hang, durch den sich in engen Serpentinen der Weg in die Höhe des wunderschönen Gebirges windet. Ebenso mühselig wie der Anstieg ist der Abstieg vom Joch, Blasen sind auch schon da. Und dann kommt das weite Tal, das zum Ziel, nach Pertisau, führt. Lang zieht es sich während des Endspurts hin. Da künden endlich Wegweiser das nahe Ziel an und schon ertönen Musik und laute Stimmen. – Welch ein Empfang! Alle haben die 53 Kilometer und 2000 Höhenmeter geschafft und ich bin überglücklich, zu ihnen zu zählen. Der Gipfel des Glücks ist schließlich die herzliche Begrüßung durch meine Freunde.«

Nach 53 km und 2000 Höhenmetern endlich im Ziel.

Das Langlaufrennen

Wir hatten für den 65 Kilometer langen König-Ludwig-Lauf (Worldloppet) Anfang Februar in Oberammergau gemeldet, der wegen Schneemangels ausfiel. Natürlich beschlossen wir, in ein höher gelegenes Gebiet zu fahren, ins

Leutaschtal. Drei Runden wollten wir laufen, dieselbe Strecke wie beim König-Ludwig-Lauf. Wegen der ungünstigen Bedingungen mit Temperaturen um den Gefrierpunkt und Schneeregen fiel es uns leicht, mit zwei Runden zufrieden zu sein. Micha probierte seine Wachsskier und zog aber das Wachs nach wenigen Schritten wieder ab, weil es stollte. Eine neue Mischung gab dagegen keinen Abdruck. – Nach einer Stunde »Waxeln« hatte jeder genug. Wie auf Kommando stieg jeder in die Spur und hörte einfach nicht mehr auf zu laufen, obwohl eigentlich kein Wettlauf vereinbart war. Micha, der sich für No-wax-Skier entschieden hatte, führte und wurde im Blickfeld immer kleiner, Werner folgte ihm mit Riesenschritten, Gerhard schob sich in Doppelstock-Technik voran und ich tippelte hinterher. Die vor Tagen gespurte Loipe war durch angewehten Naßschnee aufgefüllt und »kippelig«. An anderen Stellen stand sogar Wasser. Wind und Schneeregen schafften hervorragende Bedingungen für ein Grönlandtraining, und jeder keuchte durch die Loipe, so schnell es eben ging. Nach der ersten Runde verfluchte Werner seine Wachsskier und stieg ebenfalls auf No-wax-Skier um. Gerhard und ich mühten uns weiter mit Wachslatten ab; wir konnten aber nicht mithalten. Am Schluß hatte Werner die »Nase vorn«. Als Letzter faßte ich meine Stimmung nach knapp fünf Stunden und fast 50 Kilometern in einem Satz zusammen: »So ein Mist! Es wird Zeit, daß der loipenunabhängige Langlaufski erfunden wird. Hätte ich bloß Steigfelle gehabt!«

Bei unseren regelmäßigen Treffen gibt es immer eine Menge über Ausrüstung und Taktik zu diskutieren.

Der Münchner Marathon

Zwei Monate vor der Expedition nahmen wir am Münchner Marathon teil. Alle waren wir gut vorbereitet und hatten gemeldet. An den Start gingen allerdings nur Gerhard und Werner. Micha hatte schon Wochen vorher Schmerzen in der Achillessehne verspürt, die sich beim Laufen ständig verstärkten, und mußte auf einen Start verzichten. Übertraining! Erst Wochen später wurde die Ursache auf dem Laufband des Sportmedizinischen Instituts in Ravensburg erkannt. Mir selbst wurde im Hinblick auf die Expedition einige Tage vorher vorsichtshalber ein Zahn extrahiert und so hatte ich ärztliches Teilnahmeverbot. Micha und ich hatten früher schon mehrmals diese längste olympische Laufstrecke (42195 m) bewältigt. – Doch wie würde es Gerhard und Werner ergehen? Ich hatte meine Trainingsvorschläge etwas großspurig charakterisiert: »Wer dieses Lauftraining durchhält, kann im Frühjahr ohne größere Schwierigkeiten einen Marathon laufen.«

Dicht beim Stadioneinlauf warteten Micha und ich leicht wehmütig. Nach knapp drei Stunden konnten wir unserer Freundin Eva zujubeln, die sich in den letzten Jahren zu einer hervorragenden Läuferin entwickelt hatte. Aber wo blieben Gerhard und Werner? Der erste Marathon ist eine schwierige Angelegenheit. Man muß sich die Strecke richtig einteilen, darf nicht zu schnell laufen, aber auch nicht trödeln. Die Glykogendepots in den Muskeln und in der Leber sind bei Menschen nur für etwa 30 bis 35 Kilometer ausgelegt. Spätestens dann schaltet der Körper auf den Fettstoffwechsel um.

Doch sie kamen an! Werner, unter vier Stunden, leistete sich bei uns noch einen kleinen Plausch, bevor er ins Stadion einlief. Gerhard trabte wenig später mit der Miene eines Siegers vorbei: Der Wille war stärker als die Mühsal.

Die mentale Vorbereitung

Literaturstudium und Trockenübungen

Walter

Nachdem der Gedanke geboren war, Fridtjof Nansens Spuren durch Grönland zu folgen, dauerte es eine Zeit, bis die Konsequenzen des Vorhabens jedem klar waren. Damals wie heute stellt eine solche Expedition ein großes *Risiko* dar. Damals war das Innere Grönlands freilich noch unerforscht.

Wir sind seit Jahren an Fels und Eis gewöhnt, haben uns mit hohen Schwierigkeitsgraden im Gebirge auseinandergesetzt und sind bestens trainiert. Die Landschaft schreckt uns nicht. Trotzdem ist es vorstellbar, daß ein Moment der Unachtsamkeit einen Unfall oder Schlimmeres zur Folge hat. Wind und Wetter werden uns mit Sicherheit zu schaffen machen. Ein Zelt kann zerrei-

Training im Eis des Taschachferners.

ßen oder mehrtägige Schneestürme können uns am Weiterkommen hindern. Aber es kann uns noch mehr passieren: Die Nahrung oder das Brennmaterial können nicht reichen oder verloren werden, notwendige Ausrüstungsgegenstände kaputtgehen, Verletzungen und Erkrankungen eintreten oder ein Eisbär kann uns bedrohen. Wir können auch uneins werden, uns zerstreiten und den anderen nicht mehr als Freund verstehen ... Mögliche Risiken gibt es viele.

Anders als Schillers Tell, der da tönt: »Der Starke ist am mächtigsten allein!«, ist es in Grönlands Inlandeis die *starke Gruppe*, welche ein größtmögliches Maß an Sicherheit bietet. In einer Gruppe können am ehesten die notwendigen Kenntnisse und Fertigkeiten für die Lösung verschiedenster Probleme vorhanden sein. Mit gleichgesinnten, verläßlichen Freunden bestehen die größten Chancen, eine mögliche Rettungsaktion erfolgreich durchzuführen, die anfallenden Schwierigkeiten zu meistern und die Isolation von der Außenwelt zu ertragen.

Voraussetzung hierfür ist, daß wir auch wirklich miteinander auskommen. Natürlich fällt es leicht, zum anderen »Ja« zu sagen, wenn es um Belanglosigkeiten oder Selbstverständlichkeiten in gewohnter Umgebung geht. Schwierig wird es, wenn Meinungsverschiedenheiten von vitaler Bedeutung auftreten oder wenn man in Streßsituationen an den Rand der Selbstbeherrschung gerät. Dann erst wird gegenseitige *Verständnisbereitschaft* existentiell.

Für die Vermittlung von hilfreichen Einsichten, die mit dem Wörtchen *Akzeptanz* nur unvollkommen ausgedrückt werden können, gebührt Dr. Siegfried Baumann (s. Kap. Der Schlüssel ...) unser tiefer Dank.

Die Alpintechnik

Probelauf auf dem Gletscher

Walter

Obschon erfahrene Alpinisten, wollten wir sicherheitshalber die für unsere Tour wichtigsten Techniken rekapitulieren.

Bei einem der zahlreichen Vorbereitungstreffen wurde daher das *Knüpfen von Knoten* wie Sackstich, Achterknoten, Spierenstich, doppelter Spierenstich, Bandknoten, Halbmastwurf, Mastwurf, Schleifknoten, Ankerstich, Prusikknoten und Gardaschlinge wiederholt.

Am Wochenende darauf trafen wir uns im *Klettergarten* und übten unter anderem die Standplatzeinrichtung im Eis, das angeseilte Gehen auf Gletschern und diverse Techniken der Spaltenbergung wie das Hochprusiken, das Steigbügelverfahren, die lose Rolle, den Schweizer Flaschenzug und das Abseilen.

Einige Wochen später probten wir den Ernstfall auf einem *Gletscherfeld*. Der Umgang mit Steigeisen, Pickel und Eisschrauben machte uns als »angewandte Theorie« unter Michas kritischen Augen viel Spaß, und es zeigte sich, daß es ein gutes Einseilprinzip für Schlitten *und* Zugpersonen offenbar noch nicht gibt. Werden nur die Personen angeseilt, so besteht zwar die Chance, den Gestürzten aus einer Gletscherspalte herauszuziehen, aber er ist vielleicht schon vom Schlitten erschlagen oder vom Geschirr erwürgt worden. Fallen Zugpersonen und Schlitten angeseilt in eine Spalte, so ist die Chance gering, daß man beide zusammen herausziehen kann.

Auch der Sicherheitskreis im Deutschen Alpenverein wußte keine sichere und praktikable Anseiltechnik für vier Personen und vier schwere Schlitten. Pit Schubert präsentierte uns die Binsenweisheit, daß es in jeder Hinsicht das beste sei, in keine Spalte zu fallen, und meinte: »Lieber Micha, bei der von Dir geschilderten Einseilmethode ist mir etwas unwohl.«

Wir beschlossen, den Ersten über seinen Klettergurt und das Ende seines Schlittens mit Karabiner und Sackstich im Seil zu sichern. Bei den Folgenden erschien eine Sicherung über den Klettergurt allein ausreichend. – Diese Anseilmethode sollte sich später in Grönland als richtig erweisen, als Michas Schlitten jäh in eine Spalte einbrach ...

Nichts soll dem Zufall überlassen werden. Ausrüstung, Kondition und Taktik erproben wir auf dem Stubai-Gletscher und im Ötztal.

Folgende Doppelseite: Die Konditionstouren im winterlichen Hochgebirge machen uns Freude, bringen sie uns doch weg von den Schreibarbeiten und dem auf die Dauer stupiden Ausdauertraining, hinaus in die Natur, die wir alle so sehr lieben.

Lagerbauen und Schlittenziehen werden geübt. So verbessern wir unsere Ausrüstung bis zur Perfektion und unsere Technik so lange, bis wir die widerspenstigen Zelte auch noch bei Windstärke 9 sicher aufstellen können.

Seit Jahrzehnten sind wir als Bergsteiger im Sommer und im Winter in den Alpen und den Gebirgen der Welt unterwegs. Im scheinbar flachen, vereisten Grönland den Spuren Nansens zu folgen, ist Herausforderung unserer alpinistischen Fähigkeiten und historische Verpflichtung zugleich.

Die Taktik

Grönlandspezifische Vorbereitungen

Walter

Zu einer guten Vorbereitung gehört ein möglichst großes Wissen über das Ziel und die exakte Erarbeitung gangbarer Wege zur Realisierung.

Persönliche Erfahrungen

Micha und ich hatten schon einmal einen Abenteuer-Urlaub in Grönland verbracht. Vor drei Jahren waren wir mit dem Flugzeug zum südgrönländischen Flughafen *Narssarssuaq* gelangt, bliesen dort unser Handgepäck – einen Trevirakanadier XR-Trekking – auf und pullten 150 Kilometer durchs Eismeer nach *Julianehåb*. Ein spannendes Abenteuer zwischen Eisbergen und mit Stürmen, bei dem wir Grönland lieben lernten. Unterwegs machten wir Abstecher in die Wildnis und bestiegen den höchsten Berg Südgrönlands, den *Redekammen*.

In *Julianehåb* trafen wir auf die Segelyacht *Freydis* und unseren Freund Erich Wilts, den Eigner und Skipper, sowie dessen Frau Heide. Wir zwei Bayern genossen den Aufenthalt auf der arktis- und antarktiserprobten *Freydis* sehr. Als Dreingabe lockte eine »alpine« Herausforderung: Die Besteigung eines Eisberges! Im *Prins-Christians-Sund* wurde ein scheinbar für die Ewigkeit bestimmter Gigant in Wohnblockgröße gefunden. Aus Sicherheitsgründen sollten zuerst Micha und dann ich den Eisberg besteigen.

Nachdem Micha gekonnt den oft senkrechten »Weg« vom Schlauchboot zum Gipfel und zurück gemeistert hatte, kam ich dran – und »ging baden«: Als ich auf einer Rampe am Fuß der steilen Eisflanke angelangt war, verlor der kolossale Eisberg das Gleichgewicht, drehte sich, und begann mit Getöse zu kentern. Nachdem ich mich von allen Kletterutensilien befreit hatte, glitt ich mit einem Hechtsprung in die eiskalten Fluten und rettete mich schwimmend aus der Sogzone. Folkmar, der geistesgegenwärtig sofort mit seinem Boot auf Distanz gegangen war, klärte damals die Lage: Sowie er eine Chance erkannte, zwischen den zerborstenen Eisbrocken hindurchzumanövrieren, preschte er mit dem Motorboot heran und brachte sich dann – mit mir längsseits – aus der Gefahrenzone.

Nansen machte weniger gefährliche Erfahrungen vor Grönlands Ostküste: »Als wir an einen leichter zugänglichen Eisberg kamen, machten wir sofort den Versuch, ihn zu erklimmen, um eine Aussicht über das Fahrwasser zu erhalten ... Der Eisberg, den wir bestiegen, war verhältnismäßig flach und bildete förmlich eine Hochebene von beträchtlichem Umfang ... Von dem Gipfel des Eisberges herab hatten wir eine herrliche Aussicht ... Die Gegend um uns her glich einer Alpenlandschaft in Eis.«

Von dieser Tour, die – nach einem stürmischen Segeltörn (über die Dänemark-Straße) mit der *Freydis* – in *Island* endete, brachten wir viele wertvolle Erkenntnisse über Grönland mit heim.

◁ **»Parawings« als effiziente Zughilfen einzusetzen, ist verlockend, aber mit unserem Motto »by fair means« nicht vereinbar.**

Kontakte mit Grönlanddurchquerern

Den Erfahrungen früherer Expeditionen wurde großer Wert beigemessen. Uns gelang es, Kontakte zu folgenden Expeditionsmitgliedern herzustellen:

1. *Peter Lechhard* und *Michel Dacher*, die mit ihren Kameraden Günther Bock und Franz Martin 1970 Grönland durchquert hatten
2. *Rainer Neuber*, der mit Arved Fuchs 1983 Grönland auf Hundeschlitten durchquert hatte
3. *Robert Peroni*; er durchquerte Grönland 1983 mit Sepp Schrott und Wolfgang Thomaseth
4. *Michael Krug* und sein Team, u.a. Martin Biock, Günther Kerber und Udo Krieger, hatten vor, Grönland drei Monate vor uns zu durchqueren.

Auch dem *Krug-Team* gelang – die letzten 20 km wie wir »auf den Spuren Nansens« – die Inlandeisüberquerung, wozu wir herzlich gratulieren!

The Arctic Expeditions Adviser

Schon bei der ersten Anfrage an das Grönland-Ministerium der dänischen Regierung um eine Erlaubnis für eine Grönlanddurchquerung wurde uns empfohlen, den Arctic Expeditons Adviser *Gunnar Jensen* zu konsultieren. Er verfügt über eine Fülle von Wissen und über die nötigen »Drähte« zu den amtlichen Stellen. Ihm verdankt die *TGSE* wertvolle Informationen, die zwar bezahlt sein wollten, sich aber auch bezahlt machten.

Literatur

Bis kurz vor dem Start wurden viele Bücher durchgearbeitet (vgl. Kap. Bücher ...).

Unsere »Kopfkissenbücher«

Fuchs	Abenteuer Arktis
Fuchs	Spuren im Eis
Lechhard	Grönlandexpedition '70
Nansen	Auf Schneeschuhen durch Grönland
Nansen	In Nacht und Eis
Peroni	Der weiße Horizont

Daneben wurden zahlreiche Artikel aus *Fachzeitschriften* ausgewertet, wie sie etwa in der Bibliothek des DAV auf der Praterinsel in München eingesehen werden können.

Weitere Informationsquellen

Fremdenverkehrsbüros und Fluggesellschaften, allen voran die LUFTHANSA, gaben uns wichtige Auskünfte (z.B. wann sich ein Flugzeug in Funkreichweite befindet).

Wöchentliches Treffen

Etwa ein halbes Jahr vor dem Abflug zeichnete sich ab, daß die gelegentlichen Treffs nicht ausreichten, um die vielen Probleme zu besprechen. Daraufhin wurde beschlossen, regelmäßig einmal in der Woche zusammenzukommen. Folgende Themenkreise kehrten dabei immer wieder:

Zelt- und Schlittentest waren ein Erfolg. Doch noch vieles gibt es zu verbessern.

Vereinbarungen, Aktionen, Ausrüstung, Packliste, Informationen, Reiseplanung, Trainingsprogramm, »vor dem Start zu Erledigendes«, »nach dem Start zu Erledigendes«, Gruppenvermögen und Buchhaltung.

Bei diesen Zusammenkünften wurden auch *allgemeine taktische Vereinbarungen* getroffen:

1. Wir achten auf Gewichtsersparnis, Sicherheit geht jedoch vor. Gewichtsersparnis geht vor Komfort.
2. Wir verteilen alle lebensnotwendigen Dinge auf möglichst viele Schlitten.
3. Wir gehen es langsam an.
4. Wir vermeiden soweit wie möglich starkes Schwitzen, damit der Wasserverlust nicht so hoch wird und die Kleidung die Wärmeisolierung nicht verliert.
5. Wir gehen nie außer Sichtweite.
6. Wer kocht, bleibt beim Kocher.
7. Der Kameramann wird von Arbeiten entlastet.
8. Wir schlafen mit wechselnden Partnern.
9. Entscheidungen werden nach dem Mehrheitsprinzip getroffen. Bei Stimmengleichheit gibt die Stimme des fachlich Kompetentesten den Ausschlag.
10. Was passiert, wenn was passiert? *Es darf nichts passieren!*
11. Was kann passieren? Außer Sichtweite geraten, Verletzung, Erkrankung. Abhilfe: Ruhe bewahren, beraten, Aktionen einleiten und entscheiden, ob Selbsthilfe möglich oder Fremdhilfe erforderlich ist.

Weitere Aktionen waren etwa das Beantragen von Genehmigungen, die Ausarbeitung eines Trainingsprogrammes, das Erarbeiten eines Segelkonzepts, das Kartenplastifizieren, das Optimieren des Zeltauf- und -abbaus oder das Anlegen eines Tagebuches.

Der Kühlhaustest
Grönland im Reagenzglas

Durch Vermittlung unseres Freundes Heinz Huber wurde ein nächtlicher Aufenthalt in einem Kühlhaus des *Münchner Schlachthofes* möglich. Eines Abends im Mai kreuzten wir, nachdem wir eine Haftungsausschlußerklärung unterzeichnet hatten, mit mehreren Kombis auf und schleppten die Ausrüstung in Waschkörben in den Kühlraum mit seinen −27° C. Bei Außentemperaturen von +30° C war der Temperaturunterschied von 57° C nur in den ersten Minuten angenehm.

Die Atmosphäre war gespenstisch. Mit Ausnahme des gelegentlichen Surrens des Ventilators und der sich selbsttätig einschaltenden Kühlung hörte man keinen Ton von draußen. Wenn man sich unterhielt, stand der Atem wie eine zur Wolke gewordene Sprechblase im Raum.

Unterwäsche, Socken, Pullover, Überkleidung, Mützen, Anoraks, Schuhe wurden schichtweise an- und ausgezogen, bis jeder sicher war, für die momentanen Verhältnisse die optimale Kombination zu tragen.

Dann wurden drei verschiedene Kocher getestet. Es dauerte bei den bisher von uns favorisierten Modellen überraschend lange, bis das Wasser kochte. Beim Benzinkocher sprudelte es zuerst. Eine wichtige Erkenntnis war, daß man aus Isolations- (und Windschutz-) Gründen unbedingt ein Kochergehäuse braucht.

Anschließend legten wir uns zwischen gefrorenen Schweinehälften auf unsere Matten und krochen in die Schlafsäcke. Die Nacht kam mir merkwürdig kurz vor. Trotzdem schliefen wir gut. Als wir das Kühlhaus am Morgen wieder verließen, erkannten wir an den verunsicherten Blicken des Schlachthofpersonals, daß wir für eine Art Space-Hobos gehalten wurden.

Orientierung mit dem Sextanten
Zauberei am Nachmittag

Uns war aufgefallen, daß so manche Expedition nur eine Person dabei hatte, die den Umgang mit dem Sextanten beherrschte. Dadurch war ein gewisses Mißtrauen der anderen Mitglieder gegen die errechneten Ergebnisse vorprogrammiert.

Wir wollten es genau wissen. Nachdem wir die Bedeutung einer exakten Zeitmessung erkannt hatten, weihte uns

Die 27 Minusgrade waren uns nur recht. Der Schlafsack vermittelt »Wohlbehagen« inmitten eisiger Frischkost.

Gewehr:	Repetierbüchse SR 850/88 »Extra leicht«
Hersteller:	Blaser
System:	Gleitschienenverschluß, Duraluminium
Spannen:	Entriegeln der Kammergriffsperre, Vordrücken des Kammergriffs
Entspannen:	Zurücknehmen des Kammergriffs, Verriegeln der Kammergriffsperre
Lauf:	60 cm, hartvernickelt, freischwingend
Abzugssystem:	Matchgeeigneter Feinabzug
Magazinkapazität:	2 Patronen
Länge:	106 cm, zerlegbar
Gewicht:	2950 g
Besonderheiten:	sicher, leicht, kurz, rostfrei

Patrone:	Kaliber .338 Win.Magnum
Hersteller:	Sako
Geschoß:	Hammerhead 16,2 g
V (∅)	815 m/sec
E (∅)	5380 Joule

Zielfernrohr:	Habicht Nova
Hersteller:	Swarovski
Vergrößerung:	2,2- bis 9fach
Objektiv:	42 mm
Länge:	34,2 mm
Gewicht:	470 g
Besonderheiten:	wasserdicht

Gerhard in die Kunst der astronomischen Navigation ein. Da diese nicht für alle so schnell zu begreifen war, wurde unser Freund, der Navigationsausbilder Folkmar Ukena, hinzugezogen. Dabei stellte sich heraus, daß Gerhard das vollste Vertrauen verdiente. Nach zwei Tagen – besonders nachdem Gerhard noch eine »Gebrauchsanweisung« erstellt hatte – konnte jeder »die Sonne schießen«, wenngleich die rechnerische Auswertung auch einmal das interessante Ergebnis lieferte, daß sich das oberbayerische Wörthsee innerhalb von Minuten nach Niederbayern verlagern kann.

Der Umgang mit dem Gewehr Die schmucke Hülse – das Abschiedsgeschenk

Um einen Eisbären abwehren zu können und aus Ernährungsgründen wurde uns zur Mitnahme eines Gewehrs geraten. Nansen schreibt: »Als zur Verproviantierung gehörig können auch zwei doppelläufige Gewehre mit Munition gerechnet werden.«

Als der Jäger in der Gruppe, machte ich meine Freunde zunächst mit einem Luftgewehr zu sicheren Schützen. Dann wurde die Handhabung der Sicherheitsrepetierbüchse erläutert und schließlich auf dem Schießstand geübt. Auf 100 Meter Entfernung war schon bald jeder in der Lage, mit der Blaser und dem Zielfernrohr in den weißen 4-cm-Kreis des Ziels zu treffen.

Micha gefielen die abgeschossenen Hülsen so gut, daß er vier davon versilbern ließ. An einem Lederband, mit eingraviertem Namen und TGSE-Emblemen, machte er jeder unserer Frauen einen dieser Talismane zum Geschenk. Sie sollten sie während der langen Zeit des Wartens an unsere sorgfältige Vorbereitung erinnern und ein bißchen Beruhigung bewirken.

Die technischen Daten der Waffe gemäß obenstehender Tabelle.

Die Schuheinlage: Wie man den Fuß bettet, so läuft man

Nicht jedem ist es gegeben, auf Idealfüßen durch die Welt zu wandeln. Die meisten Leute haben als Folge der Zivilisation Schäden am Bewegungsapparat. Die Füße sind davon besonders betroffen. Unser Freund Josef Huber, Orthopädischer Schuhmachermeister, verpaßte jedem ein warmes Einlagefußbett nach Maß und sorgte so für ein »fast ermüdungsfreies Laufen«, wie er meinte. Seine Frau Edith ergänzte: »Wenn ihr ihm noch etwas zuhört, dann laufen die Sohlen von selber.«

Die Apotheke: Lebensversicherung in der Plastikhülle

In seinem Kapitel »Die Ausrüstung« schreibt Nansen: »Ferner hatten wir eine kleine Apotheke mitgenommen, in der sich Schienen und Bandagen zum Verbinden bei Arm- und Beinbrüchen befanden, Chloroform, Kokainauflösung zur Linderung von Schmerzen bei Schnee-Erblindungen, Zahntropfen, Magenpillen, Vaseline usw. Es ist selbstverständlich, daß dies alles auf ein Minimum reduziert war.«

Unser Freund Dr. Werner Theiss stellte uns eine Apotheke mit Medikamenten gegen Infektionen, Schmerzen, Schlaflosigkeit, Durchfall und Sonnenbrand zusammen. Für Verletzungen waren Pflaster, Verbandspäckchen und elastische Binden bereitgestellt. Wäre eine größere Wunde entstanden, so hätte sie genäht werden können. Ferner waren da eine Spritze zur örtlichen Betäubung, ein Skalpell zur Erzielung glatter Wundränder, Faden, Nadel (mit Fadenhalter), sowie Pinzette und eine Schere.

Da die Materialien alleine wenig nützen, absolvierte ich bei Dr. Theiss auch noch einen »Nähkurs«. Als dies unsere Frauen erfuhren, waren die Reaktionen recht unterschiedlich. Die Bemerkungen reichten von »Fein, dann kannst du in Zukunft deine Knöpfe selbst annähen« bis »Bevor ich den Walter mit so einem Gerät an mich heranlasse, sterbe ich lieber freiwillig.«

Das Team

Sollen Mannschaftsleistungen zum Ziel führen, reicht es nicht aus, wenn die Mitglieder nur zu guten Einzelleistungen befähigt sind. Im Gegenteil – der Erfolg kann sogar deswegen ausbleiben, weil einzelne einen eher eigennützigen als mannschaftsdienlichen Einsatz praktizieren. Dennoch sind gute Einzelleistungen natürlich Voraussetzung für eine gute Mannschaftsleistung.

In der TGSE-Gruppe wurde dieses Problem schon früh erkannt. Wir wollten zu einem Team zusammenwachsen. Jeder sollte jeden mit seinen Stärken und Schwächen gründlich kennenlernen und die Gefahr von Mißverständnissen so minimiert werden. Die einfachste und zugleich wirkungsvollste Methode waren gemeinsame Touren. Dabei ergab sich als willkommener Nebeneffekt der ständige Test der Ausrüstung.

Der Start

Von München nach Umivik

Werner

Die Reise in die Kälte startet im schwülwarmen Klima des Münchner Provinzflughafens Riem. Der Lufthansa-Supervisor von Hansen ist freundlich distanziert, als er uns beim Check-in abfängt: »Herr Ertl, der Präsident des Deutschen Skiverbandes, hat sich heute früh mit Herrn Bertagnoli, dem Chef der Lufthansa, in Verbindung gesetzt. Ich werde alles tun, was in meiner Macht steht, damit sie auf Ihrem Marsch durch Grönland Kontakt zu unseren Airlinern bekommen.« – Wie wir so mitten im Trubel des Münchner Flughafens stehen, scheint uns das unheimlich wichtig und beruhigend.

Wir haben mit unseren Frauen und ein paar treuen Freunden im Flughafenrestaurant Platz genommen. Die großen Plastikbecher mit Bier nehmen rasant den Zustand trauriger Leere an und das heimliche »Plopp« unter dem Tisch signalisiert akustisch, daß die zweite Champagnerflasche geöffnet wird. Fröhlich stoßen wir mit den Plastikbechern an und trinken das lauwarme Labsal in kleinen Schlucken.

Spannung

Die Spannung am Tisch ist unverkennbar. Wir vier wollen endlich loslegen und das starten, was wir seit zwei Jahren planen. Die Frauen geben sich betont lustig. Die Reporterin trollt sich, sie kann das alles nicht verstehen, und wir trauern ihr nicht nach.

Gefühlsausbruch

18.00 Uhr MEZ. In einer halben Stunde soll unsere Maschine starten. – Mit unseren Angetrauten im Arm, schlendern wir zur Paßkontrolle. Der angestaute Gefühlsdruck entlädt sich und Abschiedstränen fließen.

»Uff!« – Wir stehen hinter der Paßkontrolle. Die Damen sind bereits außer Sichtweite und wir fühlen Erleichterung. Wir sind nicht die Männer, die sich rücksichtslos über die Gefühle ihrer Frauen hinwegsetzen.

Gedanken beim Fliegen

»Wir haben einen Plan, eine Fiktion, eine Idee, die wir verwirklichen müssen«, philosophiere ich in der Maschine. – »Wir stehen alle vier mitten in einem beruflich und familiär ausgefüllten Leben. Aber wir haben uns noch eine Ecke in unserer Seele freigehalten, die nicht zugedeckt ist mit der Kruste der Alltäglichkeiten und in der noch das Samenkorn einer guten Idee die Chance hat, aufzugehen und zu gedeihen, bis letztere nach und nach den ganzen Menschen einnimmt.« – In *Kopenhagen* regnet es. Über Bordlautsprecher wünscht man »... den Teilnehmern der Grönlandexpedition alles Gute ...« – Die Expedition ist gestartet.

Von Kopenhagen nach Søndre Strømfjord

Als wir anderntags von Kopenhagen abfliegen, lesen wir in der »Süddeutschen Zeitung« die dpa-Notiz »Vier Bayern auf Nansen Spuren«. Unser Unternehmen hat ein überraschend starkes Echo in den Medien gefunden.

Von Kopenhagen aus fliegt in den Sommermonaten täglich eine *DC-10* nach *Søndre Strømfjord*, einem amerikanischen Militärflugplatz direkt am Polarkreis, der auch zivil genutzt wird. Der Ort an der grönländischen Westküste besteht nur aus dem Flughafenkomplex, der uns wie eine riesige Käseglocke aufnimmt. Kaum jemand verläßt die Halle oder das Hotel. Der Ort hat, außer dem in exposìten Polarkreisstädten zur Mode gewordenen »Wegweiser« mit enormen Entfernungsangaben zu Weltstädten rund um den Globus, nichts Sehenswertes zu bieten. Der Flughafen ist nur Umschlagplatz. Niemand bleibt hier länger als unbedingt nötig. Wer am gleichen Tag nicht mehr weiterkommt, verbringt die Nacht im Hotel – der Zimmerpreis kann mit jedem Großstadthotel konkurrieren – oder auf einer Wiese, die als »Campground« deklariert ist.

Wir steigen auf die nahe Hügelkette, begierig, einen ersten Blick auf das Inlandeis zu erhaschen. – Langweilig zieht sich danach der erste Abend in Grönland dahin. Wir spielen »Schafkopf«, unser bayerisches Nationalspiel, und sind nicht so recht bei der Sache.

Die Gedanken sind schon weit voraus, im Eis oder an der Ostküste, wo sich bald entscheiden wird, ob die Expedition wirklich startet oder an organisatorischen Hindernissen hängenbleibt. Es wäre nicht das erste Mal, daß ein Unternehmen dadurch viel Zeit verliert oder gar scheitert. Obwohl wir unvergleichbar besser gestellt sind als

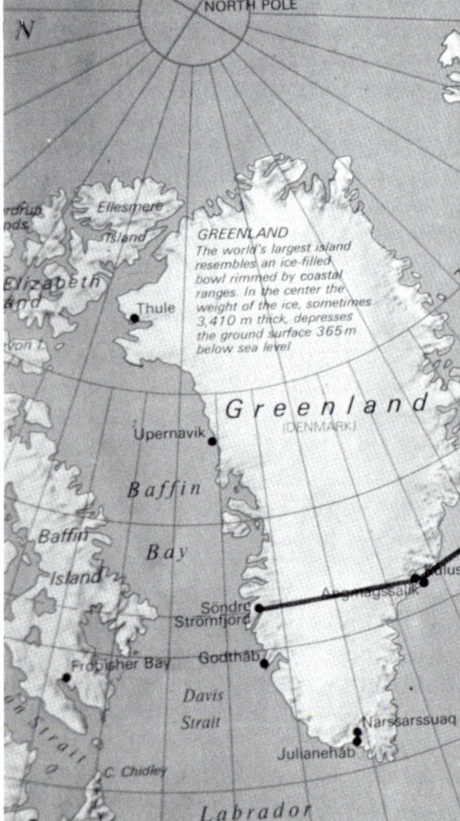

Unsere Anreise (links) und unsere Route durchs Inlandeis (rechts). Die Anreise erfolgte von München über Kopenhagen nach Søndrestrøm Fjord an der Westküste. Von dort ging es zurück nach Angmaggssalik an der Ostküste. Per Hubschrauber dann zum eigentlichen Startpunkt Umivik, wo wir vom Meer aus zur Originalroute starteten.

Nansen und seine Männer, die – von einem Walfänger im Packeis abgesetzt – das zum Greifen nahe Land nicht erreichen konnten. Nach einer Irrfahrt auf Eisschollen, mit denen sie im Ostgrönland-Strom über 380 Kilometer nach Süden trieben, konnten sie erst kurz vor der Südspitze Grönlands in die schmale eisfreie Zone am Festlandsockel vorstoßen. 13 Tage ruderten sie vor der Küste zurück, bis sie in *Umivik* an Land gingen, um ihre große Reise zu beginnen. – Solche Gedanken beschäftigen uns. Besonders Walter zeigt deutliche Konzentrationsschwächen und macht Fehler.

Von Søndre Strømfjord nach Umivik

Nachdem wir ausgeschlafen mit einem langen Frühstück das Strahlewetter in Søndre gefeiert haben, fliegen wir mit einer Turboprop-Maschine, die zur Hälfte mit Versorgungsgütern und zur Hälfte mit Passagieren angefüllt ist, Richtung Südosten.

Zerrissen blinkt das Inlandeis, eine weiße Fläche mit grünen Seen. Wir sind erstaunt über die ungeheuren Mengen von Wasser und entdecken ganze Bach- und Flußsysteme. – Das ist die weiße Hölle? Werden wir dort statt zu erfrieren, vielleicht ersaufen? Wie kommt man in der Froschperspektive jemals durch diesen Irrgarten?

Bald darauf steckt die Maschine im Dunst und wir haben keine Sicht mehr. In 5000 m Höhe geht es in einem Zwei-Stunden-Flug hinüber zur Ostküste. – Endlos erscheint uns der Weg zurück.

Die Maschine durchbricht die »Suppe«. Im schwarzen Meer unter uns driften massenweise Eisstücke. Der Treibeisgürtel ist dicht. Beim Landeanflug können wir sehen, wie die Schollen spielerisch auf dem Wasser dümpeln. Die Eisberge leuchten grün über der dunklen Wasserfläche, die von einer mit weißen Eisrinnen durchzogenen, steilen und schroffen Bergkette gerahmt wird. Jetzt sind wir froh, daß sich der Plan mit der *Freydis*, dem Segelboot unserer Freunde Heidi und Erich, von *Island* aus die Küste Grönlands zu erreichen, aus Termingründen zerschlagen hat.

Kulusuk

Die Maschine setzt krachend auf der Schotterpiste auf und rollt im trüben Licht auf die winzige Flughafenbaracke zu. Daneben ein Hubschrauber *Bell 212*, der Zubringer von der Insel *Kulusuk* nach *Angmagssalik*. Der junge Pilot weiß sofort Bescheid: »Für euren Flug nach Umivik ist alles klar.«

Doch zuerst müssen wir nach *Angmagssalik*. Die Bell – unsere Bell! – hat nur Platz für neun Personen. Es gibt auch andere Passagiere. Walter und Micha halten bei »light-beer« in der Baracke die Stellung, während Gerhard und ich vorausfliegen, um bei der *KNI* (Kalaallit Niuerfiat) unser Gepäck klar zu machen.

Bis Walter und Micha nachkommen, sind wir schon im Hafen. Silbern glänzen die in Alu verpackten Schlitten, die wir vor zwei Monaten vorausgeschickt haben.

Unbürokratisch schnell bekommen wir unsere Ausrüstung von den jungen Verwaltern ausgehändigt. Die Versand-

Der Nordpol ist näher als die nächste Großstadt.

spezialisten unserer Firma MTU haben alles optimal arrangiert, so daß wir jetzt nur noch die Übernahme bestätigen müssen. Wir bekommen sogar noch gratis einen Lastwagen, mit dem wir die Ausrüstung zum Hubschrauberlandeplatz bringen.

Abmeldung ins Abenteuer

Inzwischen hat uns Micha bei der Polizei gemeldet. Zwei Grönländer in Polizeiuniform schauen skeptisch drein, als sie die vier silbern blinkenden Pakete in der Heli-Halle stehen sehen. So etwas Futuristisches haben unsere grönländischen Ordnungshüter noch nie gesehen. Die Schlitten sind verpackt, als ob es sich um hochempfindliche Elektronik handelt. Da sind Trockenbeutel, welche die Luftfeuchtigkeit aufnehmen. Vakuumschleusen und schwer zerreißbare, mit Aluminium beschichtete Folie schützen unser Material vor der salzigen Seeluft. »We want to see your radio!« Gemeint ist unser *EPIRB*, die Funkrettungsboje. Wir kramen die zwei Geräte hervor und legen noch das VHF-Gerät von Becker dazu. Man ist beeindruckt von unserer offensichtlich vorbildlichen Organisation. Die zwei Gesetzeshüter sind zufrieden und trollen sich. Sie haben ihrer Pflicht Genüge getan und lassen die vier Spinner allein, die so einen »Schmarrn« vorhaben. Über das Inlandeis zu *gehen* – dafür hat ein Grönländer kein Verständnis.

Im Heli werden die Sitze ausgebaut. Schleierhaft ist uns, wie die vier Schlitten plus wir vier Personen darin Platz haben sollen ... und natürlich auch noch zwei Piloten. Gott sei Dank sind die Schlittenmaße so ausgelegt, daß die sperrigen Geräte quer zu verstauen sind. Als die vier Schlitten endlich hochkant drinliegen, ist kaum noch Platz übrig.

Wir regeln noch das Finanzielle. 38000 dänische Kronen zahlen wir »cash« auf den Tisch der freundlichen Dame im Büro. Schecks oder Kreditkarten werden nicht akzeptiert, weiß man doch nicht sicher, ob man uns später noch regreßpflichtig machen kann.

Vom Meer zur Eiskappe

Letztmals Fels: Die Nunatakker

Walter

Der Pilot, ein baumlanger Niederländer, läßt die Rotorblätter der *Bell 212* schneller kreisen, und dann hebt der Helikopter – von uns kurz *Heli* genannt – sanft ab. Ein kurzes Hin- und Herpendeln folgt. Der Pilot will die Flugeigenschaften testen, denn wir sind total überladen. Sogar das Survivalkit mit Schlauchboot und Notsender mußte deshalb zurückbleiben. Der Copilot nickt dem Holländer zustimmend zu, worauf sich der Helikopter wie von einer Zauberschnur gezogen schräg aufwärts schraubt, schnell an Höhe gewinnt und in etwa 300 Meter Höhe Richtung Süden fliegt.

Wir Insassen haben mehr schlecht als recht in Kauerstellung Platz gefunden. Das Schauspiel, das sich uns durch die Cockpitkuppel bietet, ist eindrucksvoll. Schroffe Felsklippen, dazwischen mächtige Gletscher, die dem Meer zustreben, ganz unten bleigrau die leicht gekräuselte See, welche mit Eisschollen förmlich übersät ist. Weiter draußen leuchtet eine weiße Phalanx von mächtigen Eisbergen in allen möglichen Formen. Wegen ihres Tiefganges können sie nicht näher an die Küste gelangen. Mit dem hier von Nord nach Süd ziehenden Ostgrönlandstrom driften sie bis zur Südspitze Grönlands.

Dabei werden gelegentlich auch Eisbären mit verfrachtet, die dann gezwungen sind, über das Inlandeis den Weg in ihr Jagdgebiet zurück zu suchen. Drei Eisbären im Wappen der südlichsten Stadt Grönlands *Nanortalik*, was »Bärenort« bedeutet, künden davon. Es gibt viele Beispiele dafür, daß hungrige Polarbären Menschen getötet und gefressen haben. – Nansen, der deshalb zwei Büchsflinten mit sich führte, notierte am 25. Juli 1888: »Am Morgen ungefähr um 4½ Uhr weckt mich der Ruf des wachhabenden Kristiansen, indem er in die Zelttür hineinruft: ›Nansen, da kommt ein Bär.‹ Ich sage ihm, er solle eine Büchse aus dem Boot holen, fahre in meine Schuhe und springe in ziemlich leichtem Kostüm heraus. Der Bär kommt in vollem Galopp direkt auf unser Zelt zu, als aber Kristiansen mit der Büchse naht, macht er plötzlich halt, betrachtet uns einen Augenblick und ergreift die Flucht. Das war sehr ärgerlich.«

Die Sicht verschlechtert sich, Wolkenbänke müssen durchflogen werden und es regnet. Der *Kiatak* gerät in unseren Gesichtskreis. Wie schon für Nansen stellt der markante, dunkle Berg auch für uns eine wertvolle Orientierungshilfe dar. Nansen hatte sich damals freilich aus der entgegengesetzten Richtung in zwei knapp 6 m langen Ruderbooten gegen Wind und Strömung herangekämpft.

Gerhard bedeutet dem Piloten, den 800 m hohen Berg auf der Westseite zu passieren, und wenig später glänzt ein Schneefeld herauf. Nach Lage und Aussehen muß dies Nansens Anstieg sein. Eine Orientierungsschleife beseitigt letzte Zweifel. Der Pilot sucht vorsichtig Kontakt mit dem Untergrund und bleibt bereit, jederzeit wieder abzuheben. Dann drückt er die Kufen mehrmals heftig in den Schnee, bis er sicher ist, daß keine unmittelbare Spaltengefahr droht. Der Bordhöhenmesser zeigt 150 m über dem Meeresspiegel an.

Langsam verebbt das Dröhnen der Turbine. Geduckt klettern wir ins Freie und sind froh, unsere Glieder wieder strecken zu können. Auch ich bin erleichtert und gestehe, daß ich an diesem 21. Juli Sorge trug, wegen Überladung des Helis abzustürzen.

Das Ausladen beansprucht wenig Zeit. Die Piloten pumpen aus zwei Fässern Treibstoff in die Tanks. »You're sure, you want to do this?« ist beim Abschied ihre eindringliche Frage. Und dann das Angebot: »You have the opportunity to return.«

Wir vier winken ab. Nach einem herzlichen Händedruck und »Good luck« verschwindet der Hubschrauber in den Wolken.

All unsere Habe für die Expedition ist auf einem winzigen Fleck angehäuft. Die nächste menschliche Siedlung liegt, fast unerreichbar, rund 200 km Luftlinie entfernt. Gleich Nansen werden wir auf der Tour bis zur Westküste keinen Kontakt mit anderen Menschen haben. Das bedrückt uns nicht. Im Gegenteil; auf diesen Augenblick haben wir voller Sehnsucht gewartet, darauf haben wir uns sorgfältig vorbereitet, und daher ist die Stimmung ausgesprochen gut. – Dazu besteht noch ein weiterer Grund: Seit dem Abflug in München-Riem sind weniger als 50 Stunden vergangen. Das bedeutet, daß für die Anreise keine wertvolle Zeit vertrödelt wurde, so daß die »Reservetage« noch zur Verfügung stehen und wir alle Chancen haben, nach diesem etwas ungewöhnlichen Urlaub wieder rechtzeitig am gewohnten Arbeitsplatz zu sein ...

Ich lade meine Sicherheitsrepetierbüchse mit zwei Patronen im Magazin und einer Patrone im Lauf. Obwohl das Gewehr geladen ist, kann sich kein Schuß versehentlich lösen, denn die Schlagfeder bleibt dabei entspannt. Erst kurz vor der Schußabgabe wird sie durch Vordrücken des Kammergriffs gespannt. – Dann stecke ich es griffbereit in eine selbstgeschneiderte Stoffhülle mit Plastik-Luftpolster-Einsatz (durch die man die Stellung des Kammerstengels von außen fühlen kann) und verteile an jeden Teilnehmer fünf Patronen. Micha unkt: »Wenn der Eisbär kommt, knackt er unsere Knochen, bevor wir die Verpackung aufgerissen haben!« »Deswegen habe ich doch das Gewehr geladen«, beruhige ich ihn. »Die Patronen müssen wasserdicht verpackt sein, damit sie funktionsfähig bleiben. Nur wenn wir sie verteilen, sind wir sicher, daß wir sie nicht alle auf einmal verlieren.«

Ein paar Meter weiter erhebt sich ein großer Felsriegel, auf dem ein markanter Block auf einer so kleinen Fläche aufliegt, daß man meint, er müsse jeden Moment wegrollen. Dorthin werden die Schlitten gezogen. Der Schnee trägt gut und eine relativ ebene Stelle bietet sich zum Zeltaufbau an. Aber zuerst muß der Schnee noch festgetrampelt werden. Schon bald stehen die beiden Kuppeln der Schlafzelte und die Pyramide des Messezeltes.

Werner bohrt an der Nordostseite des Felsblocks Löcher zur Befestigung der vom DSV gestifteten Nansen-Gedenktafel. Micha und ich errichten auf dem Block einen auffallenden Steinmann. Das »Bouldern« bereitet uns einiges Vergnügen.

Der Regen scheucht uns schließlich ins Messezelt. Gerhard hat den Benzinkocher in Betrieb genommen. Gegen Mitternacht kriechen wir in die Schlafsäcke. Es ist zwar dunkler als tagsüber, doch hell genug zum Schreiben.

Micha führt heute das offizielle Tagebuch, aber auch die anderen machen sich Notizen. Darüber hinaus gilt es, den Auftrag des Institutes für Sportwissenschaft der Universität Würzburg (s. Kapitel »Der Schlüssel ...«) exakt zu erledigen und unsere täglichen Fragebogen auszufüllen.

Der Start

Am 22. Juli 1988 wachen wir um 9 Uhr Ortszeit (11 Uhr UTC) fast gleichzeitig auf. Der Regen hat die ganze Nacht auf die Zelte geprasselt. Trotzdem ist innen alles trocken geblieben.

Die Umgebung, der Blick auf den dunklen *Kiatak* und zur *Kolberger Heide*, kommt uns bekannt vor. Wir können uns leicht orientieren: Das Karten- und Literaturstudium macht sich bezahlt.

Nach dem Frühstück, das zur Hauptsache aus in Wasser eingerührtem Pulver besteht, nieselt es nur noch. Die bronzene Gedenktafel wird eingeweiht. Zufrieden betrachten wir Werners Werk. Obwohl eine Schraube fehlt – sie war weggesprungen und wurde nicht mehr aufgefunden – ist die Befestigung solide. Die Platte hat die Maße 25x15x1 cm und wirkt mit ihrem matten Schimmer ausgesprochen edel.

Darunter deponieren wir eine Plastikflasche mit einem TGSE-Aufkleber und folgender Nachricht:

TransGrönlandSchneeschuhExpedition
TGSE

The members of the expedition were flown by helicopter from Angmagssalik to Umivik on the 21st of July 1988.
The expedition started near sealevel and bivouaced here for the first time.
Now, on 22nd of July, 1988, at 17.00 UTC, the expedition starts to cross the icecap from Umivik to Ameragdla Fjord on the original steps of Fridtjof Nansen and companions 100 years before.

The four members
Gerhard Miosga, 53
Walter Obster, 47
Werner Schiller, 39
Micha Vogeley, 43

are in good condition and sure to reach the westcoast.

The expedition is sponsored
by
Deutscher Skiverband
and by
Deutscher Alpenverein
(Gerhard Miosga) (Walter Obster)
(Werner Schiller) (Micha Vogeley)

To the friendly finder:
Please send this paper back to
Micha Vogeley, Am Steinberg 28,
D-8031 Wörthsee

Da eine vollständige Grönlanddurchquerung nur von Meer zu Meer führen kann, steht uns als nächstes eine Abfahrt zur *Landungsstelle* und zum *Startpunkt Nansens* bevor.

Aussicht gegen Osten von unserem letzten Zeltplatz an der Ostküste. Kiatak. Am Morgen des 11. August (Nansen; Auf Schneeschuhen durch Grönland).

Es wird eingeschirrt. Erst legt sich die »Zugperson« den Klettergurt mitsamt den daran befestigten Rucksacktrageriemen an, und dann wird die Verbindung zum Schlitten auf zweierlei Weise hergestellt. Zum Ziehen dienen lange Bänder, die am Schlitten und am Klettergurt angebracht sind. Zum Lenken und zum Bremsen ist ein starrer Titanbügel gedacht, der wie eine Doppeldeichsel um die Zugperson geführt ist. Dieser Bügel ist über Karabiner am Klettergurt und über Riemen am Schlitten befestigt. Er verhindert, daß einem der Schlitten in die Kniekehlen fährt, und an ihm wird auch der Kugelkompaß festgemacht.

Die Schlitten werden schon bei mäßigem Gefälle sehr schnell. Obwohl der Gedanke, mit den Schlitten ins Meer zu rodeln, wenig verlockend ist, fährt Werner, als wolle er bayerischen Hörnerschlittenfahrern Konkurrenz machen. Das Schneefeld endet unmittelbar am Meer zwischen grauen Felsen aus Urgestein. Der Höhenmesser wird auf Null gestellt. – Enten, Möwen und Eistaucher bevölkern das Eismeer. Hier hatte Nansen Boote und Ausrüstungsteile zurückgelassen.

Der Aufstieg beginnt. Gerhard filmt. Der Drang zur Aktivität ist groß und das Anfangstempo dementsprechend. Im naßglatten Firn gewinnen wir rasch an Höhe.

Wo das Gelände flacher ist und das Schmelzwasser nicht abfließen kann, treffen wir auf Gletschersümpfe, die wir respektvoll umgehen. Die Skier erleichtern das Vorwärtskommen wesentlich, und die Schlitten gleiten gut.

Es wird steiler, und das Tempo verringert sich. Kleinere Spalten behindern uns kaum. Auch hier bewähren sich Skier und Schlitten. – Doch schon werden die Spalten in einem flachen Gletscherbruch häufiger. Als Micha den Stock etwas stärker einrammt und darunter ein bodenloses Loch erscheint, beschließen wir umzukehren.

Nach kurzer Diskussion wenden wir uns – wie Nansen – in nordwestliche Richtung. Die Schlitten müssen über meterbreite Querspalten gewuchtet werden. Unter den dabei auftretenden großen Torsionskräften bricht Michas Titanzuggestänge, das Werner geschickt repariert. – Ein Steilhang erfordert unseren ganzen Einsatz. Die Zugkräfte werden über die Schuhe auf das Schienbein übertragen. Zuerst muß Gerhard verpflastert werden, dann sind meine »aperen« Schienbeine dran. Trotzdem bringt jeder seinen rund 100 kg schweren Schlitten nach oben. Inzwischen ist es Zeit (23.30 UTC), die Zelte aufzuschlagen. – Zu Hause hatten wir vereinbart: »Wir gehen es langsam an.«

Wenig später sitzen wir im trockenen Messezelt, während der Regen aufs Dach trommelt. Dieses Überzelt erweist sich als wahrer Segen. Der Bereich zwischen zwei aus dem Schnee geschaufelten parallelen Gräben dient als Tisch, und die äußeren mattenbelegten Firnränder werden zur Sitzgelegenheit, wobei die Füße im Graben Platz finden. – Hin und wieder steht jemand auf, dehnt und reckt seine Glieder. Der Kocher im Gehäuse summt und verbreitet eine häusliche, geborgene Atmosphäre. Wir diskutieren das Tagesgeschehen und schütten literweise Suppe und Mineraldrink in uns hinein, denn der Wasserverlust war enorm, und der Durst ist entsprechend groß.

Allgemeine Zufriedenheit breitet sich aus. Die Ausrüstung hat sich bewährt: Die leichten Gore-Tex-Anzüge haben uns im Regen trocken und im Wind warm gehalten. Die erreichte Höhe von 460 m und der zurückgelegte Weg von 7 km übertreffen unsere Erwartungen erheblich.

In der Nunatakker-Region

Wir haben alle gut geschlafen. Nach dem fast ausschließlich aus Pulvernahrung bestehenden Frühstück brechen wir um 11.00 Uhr UTC auf.

Dichter Nebel beschränkt die Sicht auf wenige Meter. Die Wolkenschicht kann nur dünn sein, denn das Licht ist grell. Gelegentlich reißt es etwas auf, dann kann man viele aus dem Eis ragende Felsen, die Nunatakker, erkennen. Nansen hat einige benannt, wie z. B. den *Nordenskjöld Nunatak*, einen Felssporn, dem er am 11. August 1888 bei einem Erkundungsmarsch den Namen eines Grönlandforschers gab, die *Jungfrau*, ein Nunatak, der ihn durch die Form an ein weibliches Wesen im weißen Krinolinenrock erinnerte, oder *Gamels Nunatak*, dessen Name auf einen Kaufmann und großzügigen Sponsor der Expedition zurückgeht.

Micha geht, wie schon gestern, voran. Zur Orientierung im Nebel dient ihm der an seinem Zuggestänge befestigte Kugelkompaß. Gerhard gibt den Kurs mit 305° an.

Ab und zu versperren Querspalten den Weg, die entweder überschritten oder, wenn sie gefährlich erscheinen, umgangen werden, da wir uns aus Zeitersparnisgründen bisher nicht angeseilt haben. Der Regen ist im Laufe des Tages in Schnee übergegangen. Die Temperatur bleibt tagsüber bei etwa 4°C.

Nach exakt fünf Etappen beschließen wir, für heute aufzuhören. Ein Blick auf den Höhenmesser verrät, daß wir eine Höhe von 920 m erreicht haben. Das Odometer an Werners Schlitten gibt nach der mechanischen wie der elektromagnetischen Meßmethode die heute zurückgelegte Strecke mit 10,4 km an.

Die Zelte stehen bald. Schwere Flokken legen sich auf das gemütlich temperierte Messezelt, und wir genießen es, nach Herzenslust zu trinken und zu essen.

Werners Atemwege sind ernsthaft erkrankt. Sein noch aus Europa importierter Husten hat sich verschlimmert, seine Stimme klingt wie ein Reibeisen und seine Zunge ist belegt. Ich verordne ihm für eine Woche Megacillin. Er kriecht als erster in das Schlafzelt, das er heute Nacht mit Micha teilen wird. Gerhard und ich legen uns als nächstes nieder. Während wir noch geraume Zeit lachen und flachsen, bleibt Micha im Messezelt, bis er mit dem Eintrag ins Tagebuch fertig ist und mit den Worten schließt: »Was für eine unvergleichliche Stimmung.«

Der Busen

In der Nacht zum 24. Juli hat es geschneit. Während wir schliefen, ist ein Vogel um das Lager marschiert. Seine Fußabdrücke messen etwa 3 cm im Durchmesser. Schade, daß wir ihn nicht zu Gesicht bekommen haben.

Erstmals kein Regen! Im Laufe des Tages klart es immer mehr auf, bis tatsächlich die Sonne scheint. Sie lacht uns den ganzen Tag. Der Himmel bekommt ein helles Blau. Lediglich dünne Wolkenschleier ziehen auf.

Wir nutzen das schöne Wetter zum Trocknen der Ausrüstung. Handschuhe, Socken, Hemden und Schlafsäcke werden an die Schlitten gebunden und flattern im Wind.

Bei diesem Terrain ruckeln und bokken die Schlitten. Im unebenen Gelände zieht man sie mit aller Gewalt über eine kleine Schneewehe und »dann plumpst das Schiff in die nächste Kuhle« (Originalton Gerhard).

Der Neuschnee ist naß und tief. Ohne Skier sinken wir bis zu den Waden ein. Unsere Schlitten laufen auf dem »Busen« hervorragend. Sie sind eine technische Meisterleistung von Werner und mit Sicherheit die leichtesten, die jemals durch Grönland gezogen wurden. Sie wiegen leer ganze 5,8 kg. Nansens Schlitten wog ohne Stahlschienen 11,5 kg, mit Stahlschienen 13,75 kg. Erreicht wird dies durch im Vergleich zur Stabilität leichte, aber teuere Materialien. »Keflarwanne und Titanrahmen« lautet die Zauberformel. Die Kufen sind ein Teil der Wanne. Sie sorgen für genügend Steifigkeit, sind aber innen hohl, so daß sie den Laderaum vergrößern und den Schwerpunkt nach unten verlagern. Betrachtet man die Konstruktion im Aufriß, so erinnert sie unweigerlich in der Form an einen schönen Busen.

Diese Busenform bewirkt, daß die Schlitten bei Eis oder sehr hartem Schnee auf einer in die Kufe eingelegten Kante gleiten. Wird der Schnee weicher, so sinkt der Schlitten nur so weit ein, bis die Auflagefläche der Kufe ausreicht, den Schlitten zu tragen.

Die Sonne erwärmt den Schnee. Die Spur, die Micha als erster zieht, wird tiefer. Da sich das Gelände abflacht, geht es dennoch zügig voran. Die Freunde würden den spurenden Micha gerne ablösen, seine Kräfte schonen, aber er meint: »Meinem Temperament tut es wohler vorauszugehen«, worüber ihm wir anderen nicht böse sind.

»Höhe 1250 Meter«, verkünde ich nachmittags stolz. Wir stehen auf einer sanften Anhöhe. Der Blick nach Südwesten zu den vergletscherten Kämmen der Kolberger Heide ist atemberaubend. »Heide«! – Welch ein unpassender Name für ein vereistes Gebirge.

Einige Nunatakker können nicht identifiziert werden. Sie sind in keiner Karte verzeichnet. Hier könnte man noch Berge benennen und Erstbesteigungen machen!

Nach fünf Gehstunden, das sind knapp sieben Tourenstunden, reicht es uns für heute. Der Mund ist trocken, wir haben viel Flüssigkeit verloren und müssen dringend Wasser aufnehmen. Sobald wir stehenbleiben, frieren wir, denn der Wind weht ständig. Dagegen hilft nur die warme Überkleidung.

Micha und ich schlagen im flachen Sonnenlicht die Zelte auf. Werner kocht, und Gerhard mißt die Temperatur mit dem Schleuderthermometer.

Blick nach Osten auf den Kiatak. Die Gedenktafel wird montiert.

»Immer noch 4 Grad Celsius plus«, kommentiert er lakonisch. – Endlich ist genügend Schnee geschmolzen. Wir freuen uns irrsinnig auf ein paar Liter Suppe und Mineraldrink. Nach dem Essen ist die Welt wieder in Ordnung.

Heute haben wir alle gleichzeitig das Bedürfnis, noch einen Blick nach draußen zu werfen. Die Spur zieht ziemlich gerade zum Lager. Auf der anderen Seite sehen wir weit vor uns *Gamels Nunatak*, den wir morgen oder übermorgen passieren wollen, um nicht in die Spalten zu geraten, die von der *Kolberger Heide* herabziehen.

Ein schöner Tag geht zu Ende. Wir haben 12,7 km zurückgelegt und befinden uns jetzt auf 1200 m Höhe.

Reicht das Lebenselixier?

Eine unruhige Nacht ist vorüber. Der Wind frischte auf und wurde stärker und stärker. Die Weite Grönlands bietet ihm keinen Widerstand. Unsere Zelte werden hin- und hergebeutelt. Aber sie halten. Die Zeltstäbe biegen sich zusammen und schnellen bei nachlassender Bö wieder in die Ausgangslage zurück. Gut, daß die als Zeltheringe dienenden Ski, Skistöcke, Mastteile etc. ordentlich verankert sind.

Wir sind in dieser vielleicht lebensfeindlichsten Region der Welt den Naturgewalten völlig ausgeliefert. Unsere Chance besteht einzig darin, uns anzupassen und als Gruppe zu überleben. Alle Handlungen müssen sorgfältig bedacht und pedantisch exakt ausgeführt werden. Fehler müssen unter allen Umständen vermieden werden, denn diese Landschaft verzeiht sie kaum.

Gegen 9.00 UTC wünschen sich Werner und Gerhard am 25. Juli im anderen Schlafzelt gegenseitig einen »Guten Morgen«. Micha schläft noch tief, kein Wunder, er hat gestern den ganzen Tag gespurt.

Bald darauf sitzen wir beim Frühstück. Der Kocher entwickelt so viel Hitze, daß der Schnee im Nu geschmolzen ist. Das nach Berechnungen von OStRat Wolfgang Hanke (Lehrer für Mathematik und Physik am Gymnasium Gilching) und des TÜV München am Vorbild des Nansen-Kochers entstandene Kochergehäuse gibt nach außen wenig Wärme ab und spart damit Brennstoff.

Heute ist der Zeitpunkt gekommen, an dem man den bisherigen Brennstoffverbrauch in Relation zum noch zu erwartenden Verbrauch setzen kann. Ein spannender Moment steht uns bevor. Die Bilanzierung ergibt eine volle Bestätigung unserer Versuche: Das Benzin wird selbst dann reichen, wenn wir länger als geplant in der Eiswüste ausharren müßten. Micha und ich lachen befreit auf, während Gerhard und Werner sich zufrieden die Hände reiben.

Um 12.00 Uhr UTC sind wir mit Frühstück, Lagerabbau und Toilette fertig. Der Kugelkompaß wird auf 315° eingepeilt, und dann legen wir uns wieder ins Zeug. Ein fester Harsch verhindert jegliches Einsinken von Skiern und Kufen. Wir kommen schnell voran. Nach genau einer Stunde zeigt der Entfernungsmesser 3,7 zurückgelegte Kilometer an.

Es ist ziemlich windstill und dadurch kommt die Strahlungswärme der Sonne richtig zur Geltung. Gerhard und ich legen unsere winddichten Anzüge ab und marschieren in der Unterwäsche, er »weiß« und ich – wie anders – in Jagdgrün.

Das Wetter zeigt sich heute von seiner freundlichsten Seite. Die Wolken sind fast alle verschwunden. Nur zwei hohe Berge, *Gamels Nunatak* und *Holms Nunatak*, sind oben durch eine weiße Wolkenhaube verhüllt.

Die Sonne bringt die orangeroten Persennings zum Leuchten. Je nach Einstrahlungswinkel bekommt der Schnee feine Nuancen von Reinweiß bis Hellgrau. Manchmal funkelt er an tausend Stellen gleichzeitig auf, als lägen da Brillanten verstreut, dann wieder schlägt er gleich makelloser weißer Seide sanfte Falten. Die Schneedecke hier hat überhaupt viele Gesichter: Gerade noch glatt wie Glas, kann sie nach wenigen Metern wellenartig oder auch schuppig bis dachziegelförmig durch kleinere oder größere Windgangeln strukturiert sein. Darüber wölbt sich der Himmel in einem bisher nie gesehenen fahlen Blau.

Der Tag ist herrlich. Wir spulen die Kilometer mühelos ab, und der obligatorische Blick auf den Kilometerzähler während der Rastzeiten beflügelt uns förmlich. Freilich, das ist nur möglich, weil wir streng trainiert haben. Bei der nächsten Pause erzähle ich, daß ich während der letzten, ziemlich flachen Etappe bei mehreren Pulskontrollen immer auf etwa 130 Schläge pro Minute gekommen bin. Das ist etwas mehr als das Doppelte meines Ruhepulses.

Selbst im entferntesten Winkel der Welt kann man der Zivilisation nicht ganz entrinnen: Ein Düsenflugzeug taucht am Horizont auf und verschwindet wieder. Seine Insassen werden in kurzer Zeit an der Westküste sein, während wir noch einen Monat voller Risiken vor uns haben. Trotzdem würde keiner von uns tauschen wollen.

Nach sechs Einheiten von je einer Stunde reiner Gehzeit haben wir einen neuen Tagesrekord von 19,2 km erreicht. Die Höhe unseres Lagerplatzes beträgt 1350 Meter ü. d. Meer. Weil die Sonne immer noch so schön scheint, bestimmt Gerhard mit dem Sextanten unsere Position. Sein Ergebnis: »Wir sind der Planung um zwei volle Tage voraus!« versetzt uns für den Rest des Abends in Hochstimmung.

An der Pforte zum Inlandeis

In der Nacht war es wieder unruhig. Der Wind lärmte in den Zeltwänden, aber wir haben uns schon so sehr daran gewöhnt, daß es dem Schlaf keinen Abbruch tat. Am Morgen des 26. Juli liegt auf den Zelten und auf den Persennings frischer Reif.

Das Frühstück wird heute von Werner und mir zubereitet. Der Grund dafür ist schlicht und einfach, daß wir als erste erwachten. Gerhard beginnt soeben, seine Wunden zu bepflastern. Hoffentlich reicht das Verbandmaterial. Lediglich Werners Füße sind noch blasenfrei. Ist dies der Lohn seiner akribischen Fußpflege? Es mag so kalt sein, wie es will, es mag regnen oder schneien: Werner legt täglich seine Zehen frei und fummelt mit diversen Salben und Ölen so lange an ihnen herum, bis sie bei jeder Mister-Wahl vorgezeigt werden könnten.

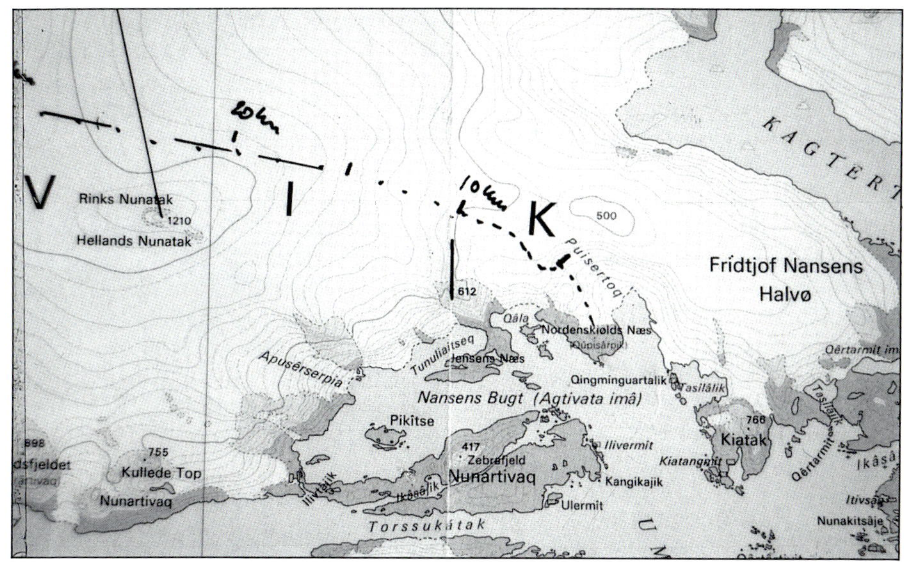

Unsere Aufstiegsroute. Noch können wir uns an den Nunatakkern orientieren.

Bei strahlendem Wetter setzen wir unseren Weg nach Westen fort. *Holms Nunatak* taucht mit seiner Felsenspitze am Horizont auf. Diese »Pforte zum Inlandeis« wird unser letzter Wegweiser über das Eismeer sein.

Spaltenzonen zwingen uns zu schlangenförmigen Umwegen. Micha findet einen guten Weg über die nur teilweise verschneiten Spalten und dort, wo sie am schmalsten sind und die Schneebrücken am haltbarsten erscheinen, wagen wir ihre Überschreitung.

In dieser Gegend unterscheidet sich unsere Route geringfügig von der Nansens, denn dieser wollte ja ursprünglich nach *Christianshåb*, bevor er sich entschloß, zum südlicher gelegenen Ort *Godthåb* zu marschieren. Gründe dafür waren die größere Aussicht auf eine Rückkehr in die Heimat per Schiff im gleichen Jahr, neue geographische Erkenntnisse (durch Nordenskjölds Untersuchungen waren die Eisverhältnisse bei *Christianshåb* schon weitgehend bekannt) und die Hoffnung, der kommenden scharfen Kälte entgehen zu können, indem er die kürzere Route wählte. – Schon morgen oder übermorgen werden wir wieder auf Nansens exakte Route treffen.

Auf festem Firn laufen wir der Sonne entgegen. Der Nordwind übertönt das leisere Schleifen der Schlitten, nur das monotone Schlurfen der fellbestückten Skier und das gleichmäßige Ticken der Skistöcke ist zu hören. Ja, und dann vernehme ich noch ein Geräusch. Mit gespielter Gleichmut erzähle ich bei der folgenden Rast: »Ich habe plötzlich Motorgeknatter von rechts vernommen und mir schon überlegt, ob ich nicht ein Stück trampen soll, aber leider ist nichts daraus geworden, weil der Wind umgesprungen ist und meine Kapuze aufgehört hat zu flattern.«

Nach sechs Etappen und insgesamt acht Stunden Tourenzeit haben wir bei optimalen Schneeverhältnissen 19,1 km zurückgelegt und gehen jetzt daran, in 1600 m ü. d. Meer und landschaftlich reizvoller Lage unser Biwak am Fuße des *Holms Nunatak* zu beziehen. Endlich können die Augen wieder auf einer größeren dunklen Fläche ausruhen: Diesen Luxus werden wir in den kommenden Wochen auf dem eisgepanzerten Hochplateau entbehren müssen.

In den Schlitten steht Wasser. Der Wind hat tagsüber feinsten Schnee- und Eisstaub unter die Persenning geweht und die strahlende Sonne hat den Staub in Wasser verwandelt. Also werden sie ausgepackt und anschließend geleert. Mit einem Inbusschlüssel zerlege ich prophylaktisch das Gewehr in seine Bestandteile und wische den Lauf, das System, den Schaft und die wasserdichte Optik trocken. Wieder zusammengebaut, stecke ich es in die Hülle mit »Dampfsperre« und trage es wie jeden Abend zuerst ins Messezelt.

Vorsichtshalber legen wir nach dem Abendessen unser Messezelt nieder, indem wir den Mittelstab herausziehen. Das Risiko, daß die Zeltplane reißt, können wir so vermeiden. – Ein Schluck »Lumumba«, bestehend aus Kakaopulver, Ethanol und Wasser, krönt den Tag.

Das weiße Schweigen

Über das Inlandeis

Micha

Wir sind irgendwo am Anfang des Inlandeises, die Zelte flattern im Wind. Werner leckt bedächtig sein »Haferl« aus, während Walter im Topf an den Resten des gefriergetrockneten Menüs von gestern herumkratzt: »Mehr bring i net raus!« Gerhard schnippelt Scheiben von einer »Kaminwurzn« und schiebt zwischendurch eine Cashewnuß nach. Ich schüttele meine Thermosflasche mit Formuladiät und Kakao.

Insgesamt ist unsere Nahrung optimal. Zum Frühstück gibt es das Wunderpulver. Dann wird die Eineinhalb-Liter-Flasche mit »Nutrisport« – Geschmacksrichtung Banane – für den Tag fertig gemacht. Auf der Tour verweigert der Körper festes Essen und nimmt nur Flüssignahrung an. Bei jeder Pause trinken wir ein paar Schlucke und füllen sofort wieder mit Schnee nach. Der dikke, kälter werdende Brei wird gestreckt und muß den ganzen Tag reichen.

Draußen ist es windstill. Unser »Messezelt«, das Überdach eines Expeditionszeltes, ist Windschutz, Küche und gemütliches Kommunikationszentrum. Still geworden sitzen wir auf unseren Schlafmatten; die Füße ruhen in Gräben, die wir in den Schnee geschaufelt haben. Nach vielen Litern Flüssigkeit und mit vollem Bauch kann nun jeder für sich resümieren.

Was für ein Tag! Wir haben unser bisher bestes Etmal – eine Tagesetappe von 21,5 Kilometer – gemacht und 400 Höhenmeter als Dreingabe bewältigt; und das nach achteinhalb Tourenstunden mit sechs Geheinheiten à 1:10 Stunden. Der Sturm mit Böen bis Windstärke acht ist schon vergessen ...

Nun sitzen wir hier auf der zermürbend endlosen weißen Ebene und vertrauen auf die eigene Kraft und unsere Segel. Wie sagte Walter in bestem »Filser-Englisch«, als er gefragt wurde, warum wir die in der Arktis üblichen Schlittenhunde nicht mitnähmen? – »We are ourself dogs.«

Am Ende der Welt

Einsame Menschen in einer harten Landschaft sind wir, nur noch uns verantwortlich, abgenabelt von der Zivilisation. Lohn oder Preis dafür sind vier schwere Schlitten, die all das enthalten, was man zum Überleben in der arktischen Wildnis braucht. Der Wind hier oben frißt einem die letzte Wärme, das bißchen Kraft aus den Knochen und fegt winzige Schneekristalle über die glatte Schneebahn. Man hört nichts als das Schlurren des eigenen Schlittens, das schabende Geräusch der Skier und das »Tick-tick« der Skistöcke. Ab und zu hustet jemand, geredet wird nichts. Jeder ist mit sich selbst beschäftigt und lugt aus dem engen Gesichtsfeld seiner Kapuze in Richtung Westen. Seit heute heißt der Kurs 300 Grad – »... oder einen Tick tiefer«. Diese magische Zahl wird uns die nächsten Tage, Wochen begleiten – über die Eiskappe hinweg bis zum *Austmannadalen*.

Hoch oben zerreißt der Jetstream die Abgase eines Airliners zu weißen Fetzen. Hundert, vielleicht zweihundert gelangweilte Passagiere sitzen in dem silbernen Vogel, bekommen vielleicht gerade ein Menü serviert, bestellen die zweite Flasche »Rötel« und schauen mäßig interessiert auf die weiße Fläche, die nicht aufzuhören scheint.

Vor sieben Tagen saßen wir auch in so einem Ding. Ich machte die zweite Flasche Champagner auf, drehte den Knopf des Bordradios auf und hörte einen Hill-Billy-Kanal über den Kopfhörer: »When it's springtime in Alaska ...« – Eines meiner Lieblingslieder aus der Country- und Westernszene brachte mir zum Bewußtsein, wohin wir wollten: in den Norden, nach Grönland, aufs Inlandeis.

Der erste Teil unseres Plans ist verwirklicht. Kalt ist es heute, und wir tragen fünf Schichten Kleidung – von der Faserpelzwäsche bis zum Thermoüberanzug. Trotzdem schlüpft der Sturmwind durch jede kleine Lücke. Über uns steht eine strahlende Sonne am wolkenlosen Himmel und verbrennt uns die Gesichter. Wenn nur nicht dieser nervenzerfetzende Sturm wäre!

We go west!

Endlich haben wir die Eiswüste erreicht. Noch sind es 430 Kilometer bis zum Ziel. Wieder einmal hat Fridtjof Nansen exakt beschrieben: »Wie ein weißer, diamantbesäter Teppich, fein und weich wie Daunen, breitet sich die Schneefläche in schwachen, fast unsichtbaren Wellen aus.« Von Nansen wissen wir auch, daß die vermeintlich milde Sonne trügt. Werner stellt fest: »Man zieht bei diesem Strahlewetter die Handschuhe aus, weil man glaubt, es sei schön warm. Und ein paar Minuten später ist die Hand weißgefroren.«

Verantwortlich dafür ist der Wind. Mit Sturmstärke fegt er hindernislos über die endlose Hochebene, steht uns mitten ins Gesicht und peitscht rundgeschliffene Schneekristalle gegen Wange und Nase. Wir registrieren ihn mit der Zeit kaum noch. Raum und Zeit verschwimmen, die Augen heften sich auf den Vordermann und suchen längst nicht mehr nach dem Horizont. Es ist, als bewege man sich auf einem Ozean. Die Schlittenkufen zerteilen den Preßschnee wie Eisbrecher das Packeis. Stumm stapfen wir mit unseren Skiern durch eine Landschaft, die keine Dimensionen zu kennen scheint.

Die Stoppuhr zeigt 5:50 Stunden. Wir sind fünf Etappen gegangen. Wieder ist es Zeit für eine Pause und es heißt: »Raus aus den Skiern, Ausklinken der Zuggeschirre, rein in den Überanorak!« Dann sitzen wir zusammengekauert auf unseren Schlitten, den Rükken dem Wind zugewandt. Jeder nukkelt an seiner Thermosflasche und versucht, Kraft zu schöpfen.

Die »Winchester«, eine Blaser-Büchse mit Zielfernrohr, ist unser Schutz vor Nanok.

Die letzte Etappe hinein in das unwirkliche Licht der niedrig stehenden arktischen Sonne ist selbstauferlegte Disziplin. Wir gehen nach der Stoppuhr, lassen pünktlich wie die Maurer die Skistöcke zur nächsten Rast fallen, gehen aber auch – wie mechanisch aufgezogen – nach einigen Minuten weiter. Nur so schaffen wir unser Pensum, unsere brutalen, selbstgewählten Arbeitseinheiten.

Am Abend im Biwak ein Blick in Nansens Tagebuch: *»Wenn man einen Höhenrücken erreicht hat«*, schildert er den Aufstieg, *»liegt stets noch einer dahinter, der höher ist und die Aussicht versperrt.«*

Die Blasen schmerzen abends besonders. Werner kann uns da nur auslachen, ihm fehlt an den Füßen nichts. Sein Husten der ersten Tage wurde durch Antibiotika in die tiefsten Tiefen des Brustkorbs vertrieben. Gerhard und ich leiden besonders an unseren wunden Füßen. Ich ignoriere die Schmerzen einfach. Nach 25 Jahren scharfen Bergsteigens ist die Leidensfähigkeit so stark ausgeprägt, daß solche Pein als Normalität weggesteckt wird. Wenn man sich einredet, daß nichts weh tut, dann tut auch nichts weh. Morgens beginnt unser Tag stets damit, Blasen aufzustechen, das Gewebewasser herauslaufen zu lassen, Antibiotikacreme in die Wunde zu drücken und die geschädigte Stelle zu verpflastern. Walter hat seine Fußprobleme seit einigen

Tagen in den Griff bekommen. Ein Reizhusten beutelt ihn und mich. So sind wir – besonders in den Pausen – ein nettes Duett.

Respekt vor Nanok

Noch etwas plagt uns: »Was passiert, wenn ein Eisbär kommt?« Tatsache ist, daß in Grönland viele Schauergeschichten erzählt werden, in denen einsame Eiswanderer meist kein gutes Ende nehmen. »Tatsache ist«, erzählt Walter, »daß Bären auf Eisschollen mit dem Ostgrönlandstrom vom polaren Packeis nach Süden getrieben werden. Und dann haben sie kräftigen Hunger.« Nanok nennen die Eskimos diesen »Herrscher der Arktis«. Vor Jahren wurde der Wissenschaftler einer französischen Expedition gefressen – 300 Kilometer von der Küste entfernt. Anders Hansen berichtete uns von einem Foto, das Nanok hunderte Kilometer von der Küste entfernt, bei einer Frühwarnstation der Amerikaner mitten im Eis, zeigt. Nansen erlegte – als notwendigerweise erfolgreicher Jäger – ein paar Dutzend Bären, um bei einer arktischen Überwinterung auf *Franz-Josefs-Land* zu überleben.

Walter hat vorgesorgt: »Wir haben das beste Gewehr der Welt!« Seine Blaser-Büchse, Kaliber .338 Winchester Magnum, ist immer in der Nähe. Nachts liegt seine »Braut« direkt neben dem Schlafsack. Daheim in Bayern haben wir das Schießen geübt. Jeder von uns ist trainiert, auf 100 Meter ein Ziel von der Größe eines Fünfmarkstückes zu treffen. Jetzt tragen unsere Strohwitwen bis zur Rückkehr versilberte Patronenhülsen um den Hals. Das Kürzel »TGSE« und der Name der Angetrauten sind eingraviert. In unseren Hosentaschen stecken je vier wasserdicht verpackte, scharfe Patronen.

Alles in allem geht es uns gut. Die Bewunderung während dieser Tour gilt wieder einmal Nansen, der diese Expedition ins Unerforschte mit einer nach heutigen Maßstäben äußerst primitiven Ausrüstung und einem eisernen Willen machte. Er hatte keinen »point of return«, keinen EPIRB – dafür war er von ungeheurer Willenskraft und beispielhafter Härte.

Im Messezelt frönen wir als schönstem Augenblick des Tages dem »Lumumba«: Kakao, Milchpulver, Süßstoff und ein Schuß pur ungenießbaren Rums von sage und schreibe 95% Alkohol. Hoch lebe Walter, unser Chemiker. Wir prosten uns zu und trinken auf einen erfolgreichen Tag. Endlich stehen unsere Zelte auf dem Inlandeis. Die letzten Spalten haben wir gestern überschritten. Land werden wir – wenn alles gutgeht – in etwa drei Wochen wiedersehen. – Wir tauchen für Wochen ein in das weiße Schweigen. Das Ziel: 64° 12.3' Nord, 50° 07' West, immer nahe am 64. Breitengrad entlang.

Es ist kalt hier oben auf 2000 Metern über dem Meeresspiegel, auf dieser kilometerdicken Eisschicht, einem gigantischen Kältereservoir, ja, diesem »Riesenkühlschrank«. Walter kuschelt sich in seinen Schlafsack, zieht den Reißverschluß bis zur Nase hoch und brüllt mit dem ihm eigenen urbayrischen Organ: »Jetzt kennt's kemma, ihr Minusgrade!«

Jeder hat einen eigenen Schreibstil und persönliche Schwerpunkte seiner Empfindungen. Und nichts kann dies besser deutlich machen als die Wiedergabe der unter Streß geschriebenen Tagebucheinträge jedes einzelnen.

Im Backofen

Walter notiert am 28.07. im Tagebuch:

»Ausgemacht war: ›9.00 UTC aufstehen!‹ Aber was heißt hier aufstehen. Verbinden, das war gefragt. Oberhalb des Rists der Füße sind wir wund. Die beiden etwa drei Zentimeter langen und eineinhalb Zentimeter breiten offenen Hautpartien nässen. Wundsalbe, Pflaster und Tape sollen helfen.

Wir haben heute erstmals Rückenwind und riggen die Schlitten auf. Tatsächlich, die Spinnaker, die wir kurz ›Spis‹ nennen, stehen.

Die schwarzen Vertikal- und Horizontalstreifen heben sich vom roten Grund ab; zusammen bilden sie einen kraftvollen Kontrast zum weißen Schneemeer. So, wie wir jetzt in einer Linie vorwärtsgleiten, drängt sich der Eindruck einer phantastischen Regatta auf. Viel Unterstützung durch den Wind haben wir nicht, aber zumindest ist eine moralische Aufrüstung der Nebeneffekt.

Dann schläft der Wind ein. Der Schnee wird pappig und tief. Die Skier von Werner, der vorausgeht, stollen. So beenden wir die dritte Etappe gegen 18:00 UTC vorzeitig und kochen Mineraldrinklösung. Es ist schrecklich heiß. Wir schlagen die Zelte auf und legen uns hin. Das war ein Traumtag. Ich bin sehr froh, daß wir das Handling der Se-

Wochenlang arbeiteten wir uns durch eine unendliche flache Schneefläche dahin (Nansen).

gel bei Schwachwind üben durften. Vielleicht ist uns morgen der Wind schon hold.«

Stoizismus in einer kargen Szenerie

Werner zieht am Abend des 29.07. Bilanz:

»So ein Tag mußte folgen! Nachdem wir gestern frühzeitig abbrechen mußten, was mich sehr demotiviert hat, wollten wir nur bis 5:00 UTC schlafen, um bei möglichst niedrigen Temperaturen weiterzugehen. Nach einem warmen Abend – Gerhard und Walter wollten fast ihre Innenschuhe zum Trocknen am Mast hängen lassen – kam in der Nacht starker Wind auf. Am Morgen spüren wir starken Druck auf den Zelten. Der Wind bläst ständig Schnee gegen die Wände. Jeder erwartet schlechtes Wetter und Neuschnee und bleibt vorsichtshalber liegen. Als Micha endlich gegen 10:30 UTC den Schnee von Walters und meinem Zelt schaufelt und das Vorzelt öffnet, fällt helles Sonnenlicht herein. Bestes Wetter empfängt uns. Allerdings weht starker Wind aus NW, also schräg gegen unsere Marschrichtung. Schnell wird gefrühstückt, werden die Zelte ausgegraben und wird gepackt. Die Schlittenmasten bauen wir ab, da sie dem Wind zu viel Widerstand bieten und wir heute keinen Segelwind erwarten.

12:15 UTC marschieren wir los. Wir sind dick vermummt, um uns gegen den beißenden Wind zu schützen. Micha geht wie immer voran. Er schlägt ein strenges Tempo auf der ersten Etappe an. Ich bin später gestartet und schaffe es bis zum ersten Halt nicht, die anderen einzuholen.

Der kalte Schnee unter den Schlittenkufen ist wie Sand und außerdem ist eine Welle zu bezwingen.

Ab der zweiten Etappe wird es besser. Man geht sich ein und gewöhnt sich an das Gewicht des Schlittens. Über eine weite Ebene zieht sich die Spur. Ich gehe als letzter. Von hinten sieht unser Zug aus wie eine Szene aus einem futuristischen Film: Eine Karawane von Männern in Schutzanzügen zieht stoisch durch eine wie zerstörte, karge Szenerie. Keiner spricht, jeder wankt mit schwerem Schritt ins scheinbare Nichts.

Doch wir haben ein Ziel, und wir kommen ihm deutlich näher. Es geht schwer vorwärts – insgesamt sind drei Wellen zu bezwingen – doch wir schaffen 17,7 Kilometer in 6:50 Stunden Gehzeit. Insgesamt haben wir bisher 113 Kilometer zurückgelegt. 2 420 Meter sind wir hoch, als wir nach den letzten beiden, fast windstillen Etappen unser Lager aufschlagen.

Der allabendliche ›Lumumba‹ und die Aussicht, in vier Tagen den höchsten Punkt des Eises zu erreichen, verschönen den Tag. ›Es ist bitterkalt‹, sind die letzten Worte.«

White-Out

Gerhard schreibt beim letzten Tageslicht am 30. Juli:

»Es war wieder einmal eine windige Nacht, die erste richtig kalte. Am Abend herrlicher Sonnenuntergang – am anderen Morgen tiefe Wolken, Nebel und feiner Schneefall. Der Wind ist kaum definierbar, hat jedoch eine kleine Rückenkomponente von ca. 110 Grad Windwinkel. Es wird zum Segeln geblasen. Das Anemometer zeigt 10 m/s. Da muß der kleine Spinnaker rauf, denn der läßt sich verkleinern und bis ›Raumschots‹ trimmen. Wir brauchen viel zu lange, bis das Tuch endlich steht und der Troß sich in Bewegung setzt. Der Wind hilft schieben. Micha steuert die erste Etappe. Der Wind nimmt zu und dreht nach querab. Die Segel müssen nachgetrimmt werden. Bald fällt der eine oder andere Schlitten um: Wir verlagern Ballast auf die linke Seite, oder richtiger, auf Backbord. Das Segel wird eine Etage tiefer eingerastet. So geht es ganz passabel.

Die Sicht nach vorne ist so gut wie ›null‹, da es schneit. Weiß oben und unten, vorne und hinten, einfach in allen Richtungen. Man verliert jegliches Orientierungsvermögen: ›White-Out‹. Wir tasten uns mit flatternden Segeln durch das weite absolute Weiß.

Die zweite Etappe übernehme ich. Es ist das erste Mal, daß ich das Gehen nach Kompaß versuche. Es klappt ganz gut, denn die Schlingerbewegungen halten sich in Grenzen. Es ist ein ganz neues Gefühl, so ins Nichts hineinzulaufen, wohl wissend, da ist weit und breit kein Hindernis.

Werner führt während der dritten Etappe. Der Wind dreht weiter nach rechts und schralt: Segel knattern, Schlitten fallen um. Aus der Spaß mit dem Segeln! Da uns beim Fotografieren

Wind und Wellen formen die Eiskolosse zu bizarren Skulpturen.

Folgende Doppelseite: Noch Ende Juli bedecken unzählige Eisschollen die Bucht vor Angmagssalik und der Schnee reicht von den Bergen bis ans Meer.

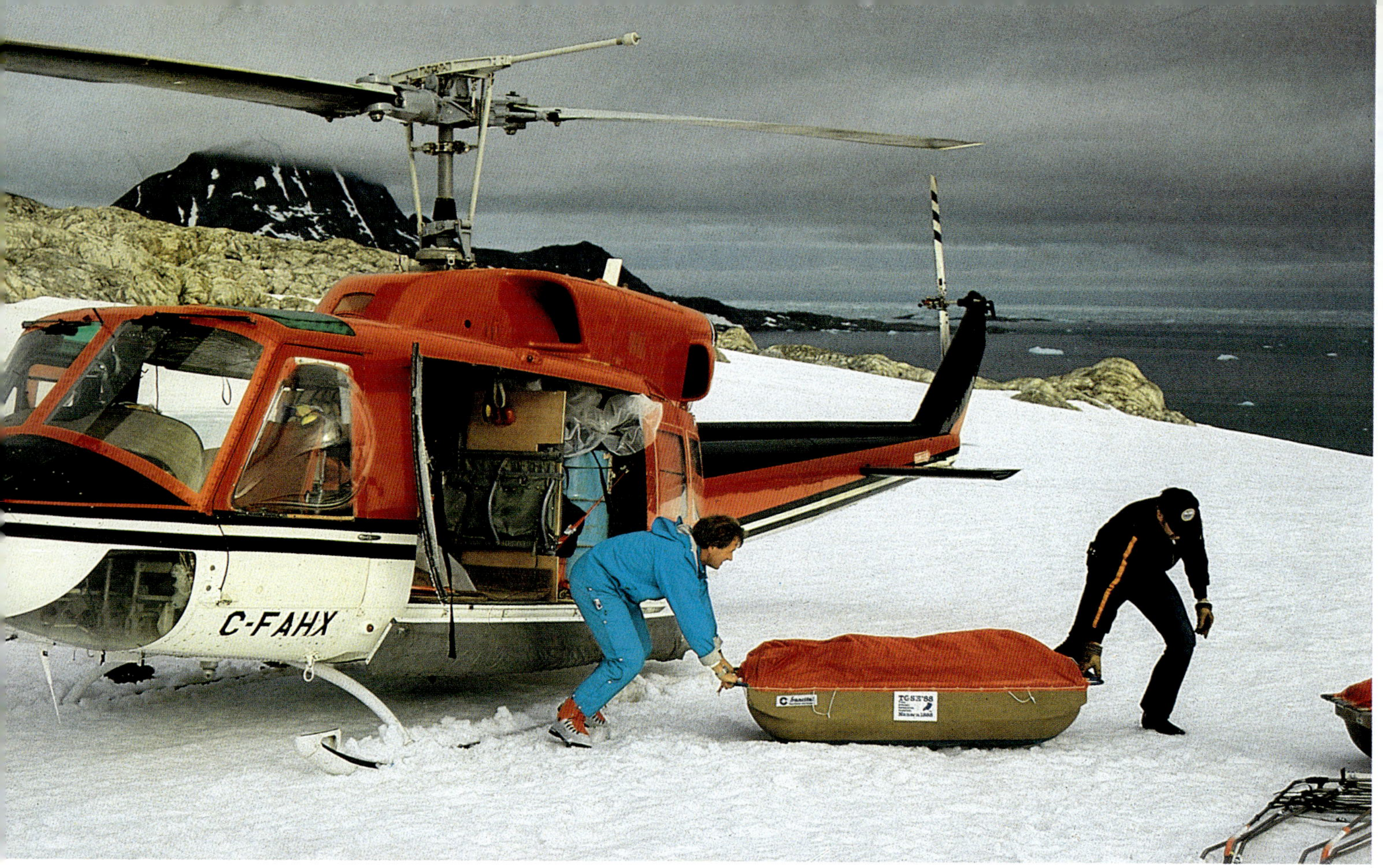
C-FAHX
TGSE'88
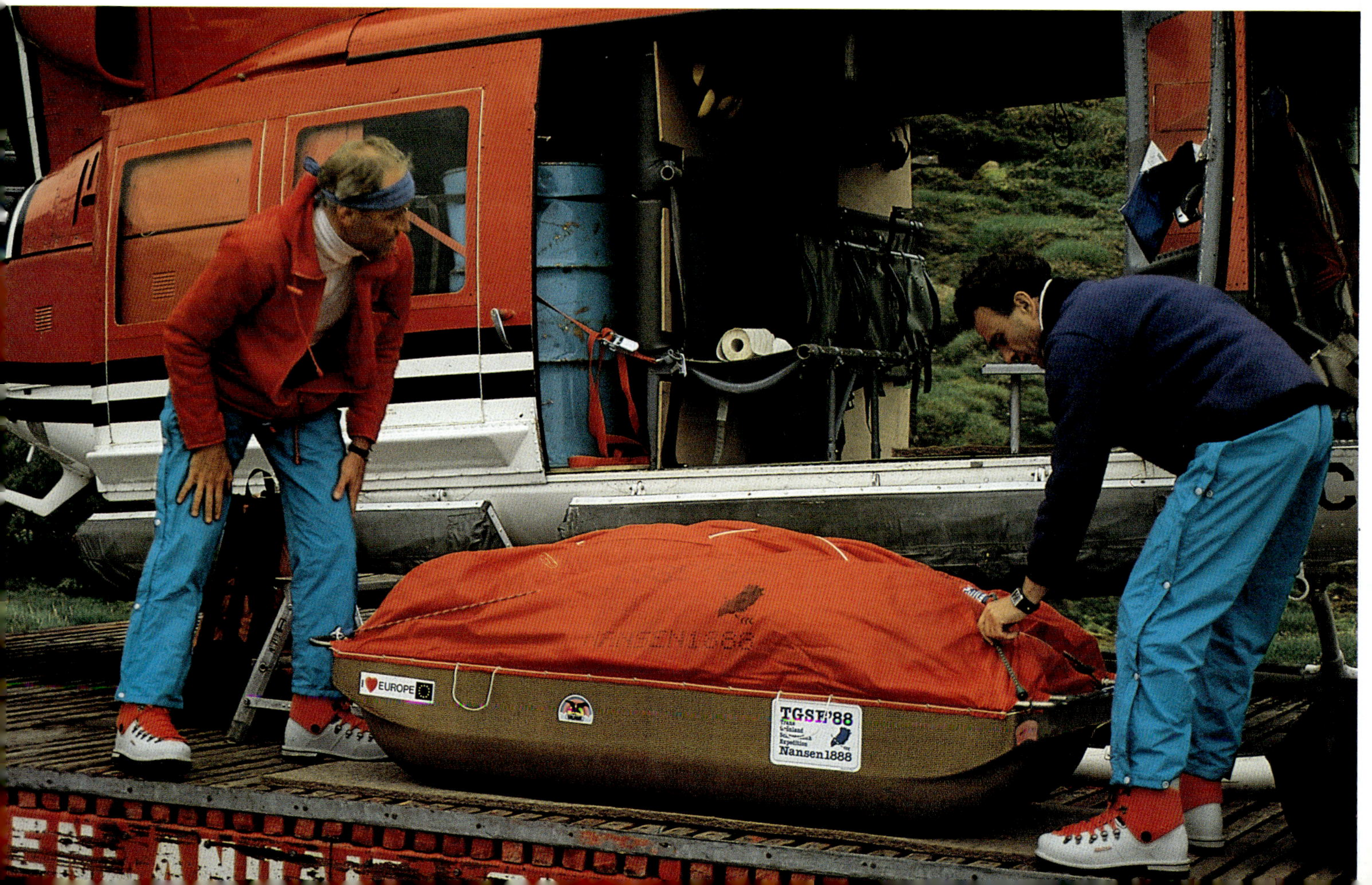
EUROPE
TGSE'88
Nansen1888

Auf der Halbinsel Umivik startete Nansen 1888 zur ersten Durchquerung Grönlands. Nach der einfacheren Anreise beginnen wir mit demselben strapaziösen Weg...

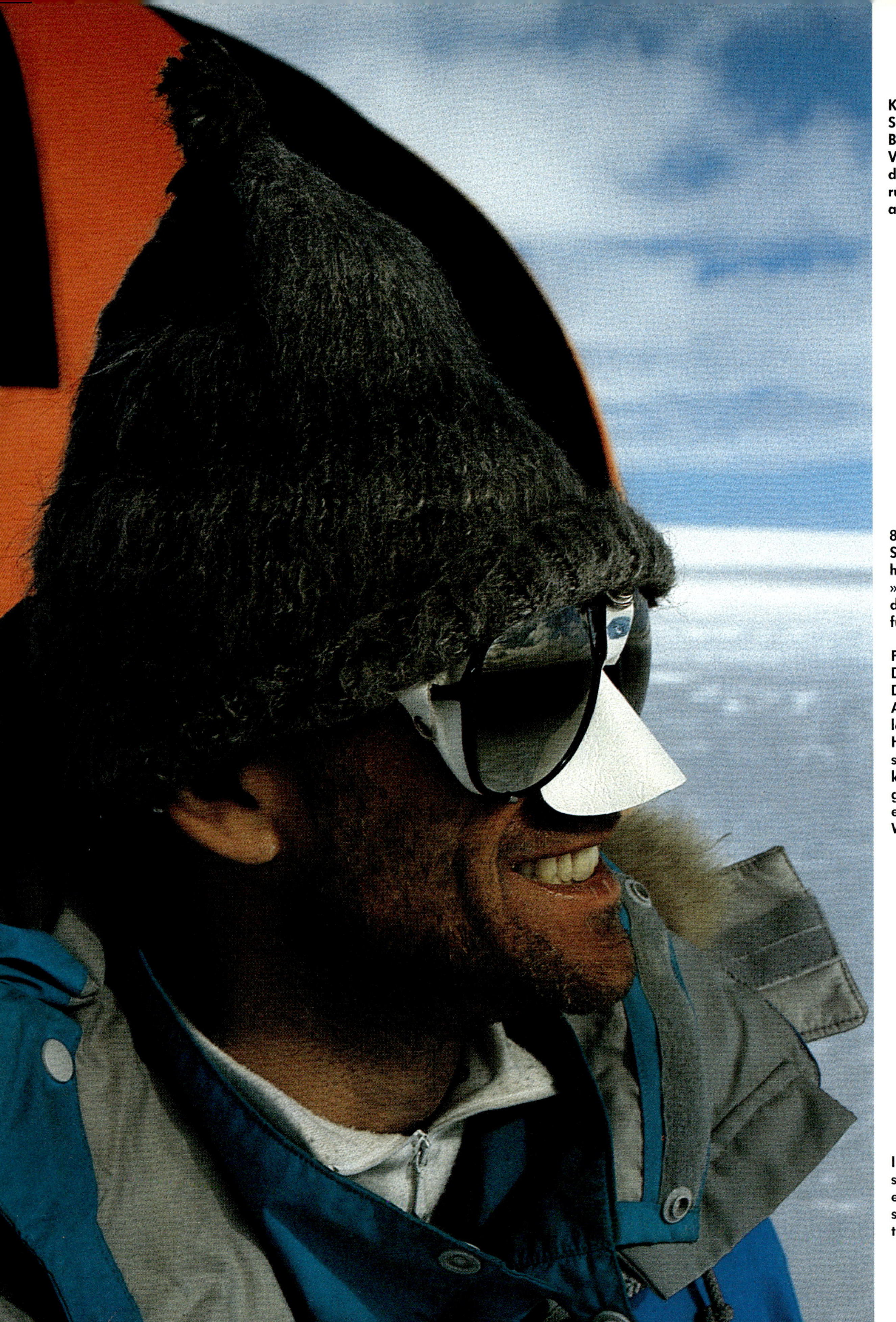

Kälte, Sonne, Sturm...
Beste Ausrüstung ist Voraussetzung für die extremen Witterungsverhältnisse auf der Eiskappe.

80 Kilometer ▷ Spaltenzone liegen hinter uns. Die »Nunatakker« sind das letzte »Land« für Wochen.

Folgende Doppelseite:
Der Anschein trügt. Angesichts der endlosen Weite von Horizont zu Horizont sind unsere Spinnaker verlorene, winzige Farbtupfer in einem einzigen Weiß.

In Wasser gelöstes Elektrolytpulver ▷ ergibt ein von allen sehnlichst erwartetes Getränk.

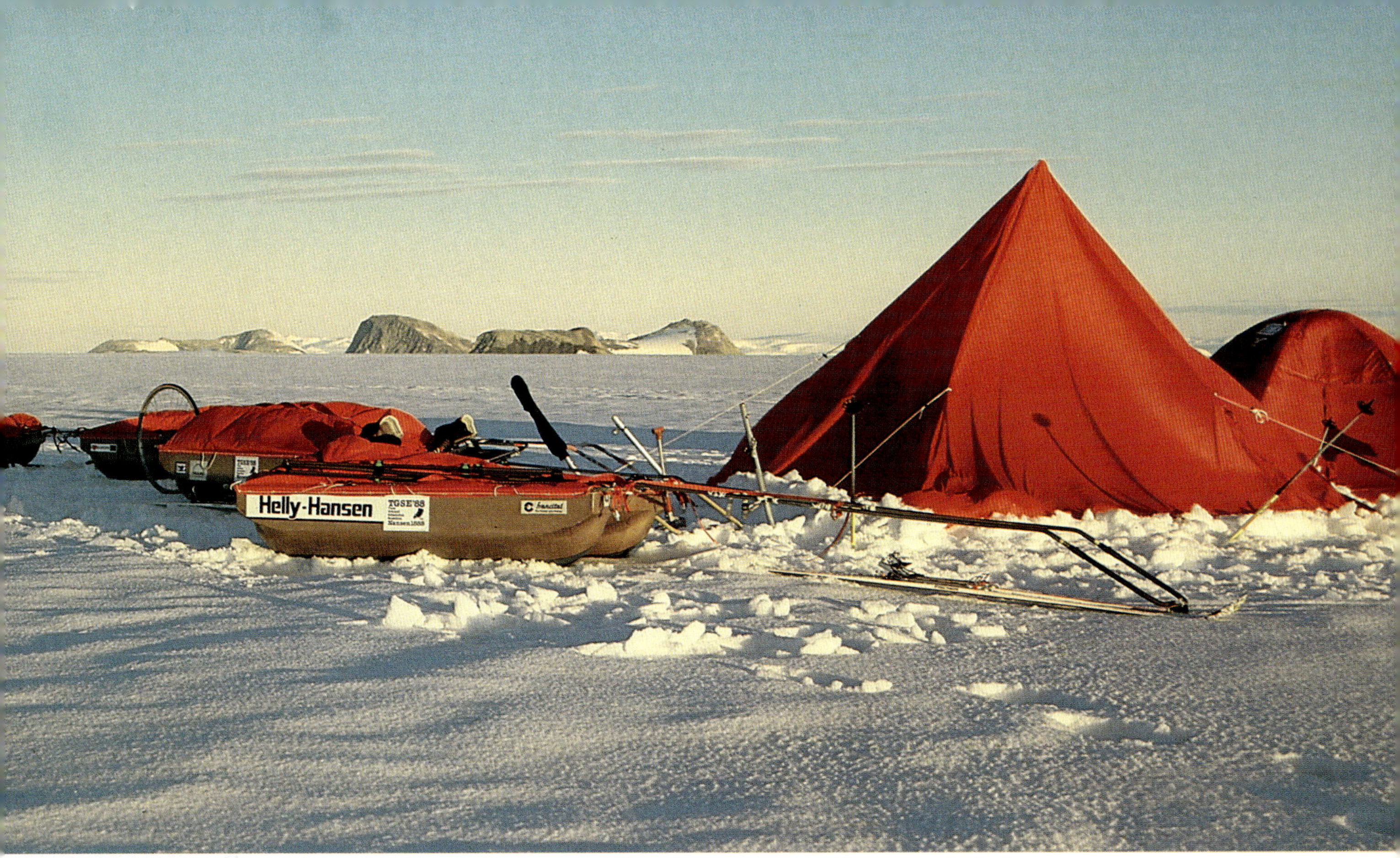

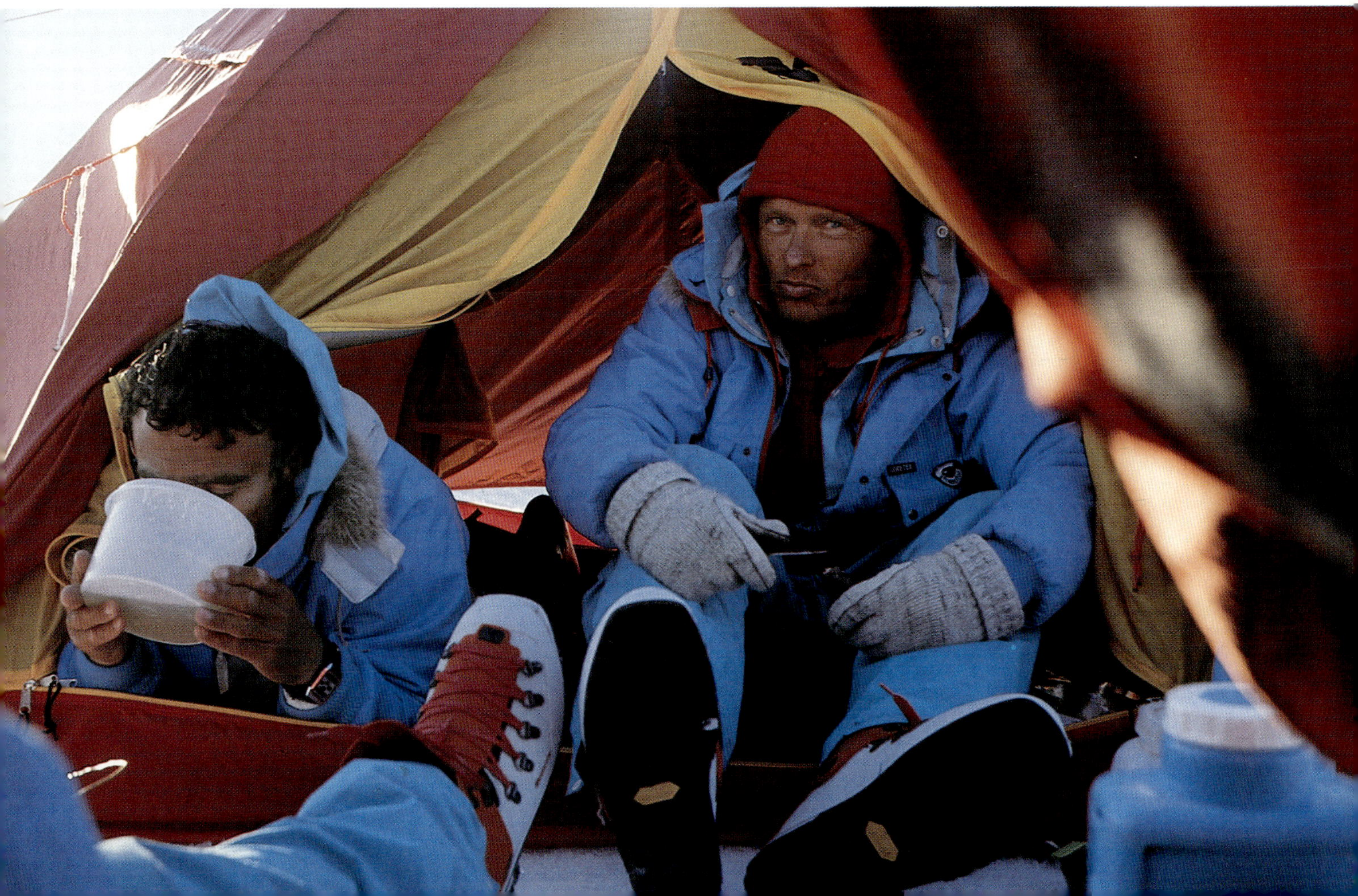

EDELRID

Bei schönem Wetter macht die Arbeit mit Sextant, künstlichem Horizont und Rechentafeln Spaß, bestätigen die Messungen doch unseren angenommenen Standort.

TGSE'88

Grenzenlose Einsamkeit und grenzenlose Schinderei in der schier unendlichen Weite des Inlandeises.

**Schlechte Sicht, Neuschnee und flauer Wind…
Es gibt Tage, an denen man nicht voranzukommen glaubt.**

TGSE'88
Nansen1888

TGSE'88

aufgefallen war, daß noch nicht jeder seine Wimpel gesetzt hat, sucht Walter bei dieser Gelegenheit im Schlitten danach, fischt sie zuunterst hervor und befestigt sie am Mast. Nun müssen wir die Kufenreibung wieder selbst überwinden. Die Schlittenkufen fräsen sich bald tief in den Pulverschnee, bald zerbrechen sie harten Preßschnee wie Eisbrecher das Packeis, bald quietschen sie über gefrorene ›Windgangeln‹ (wellenförmige Schneeverwehungen). Wir müssen uns recht plagen. Die Sicht rückwärts ist besser als nach vorne. Jedenfalls sehe ich, als ich mich einmal umblicke, Walter etwa 500 Meter hinter uns. Kurz bevor er uns erreicht, macht er eine gekonnte Spitzkehre und will wieder zu seinem Gefährt zurück. Wir winken ihn zu uns heran, denn wir wissen nicht, was los ist und Micha ruft: ›Mein Gott, Walter! Es darf einfach nicht passieren, daß einer so weit zurückbleibt!‹«

Walter vollzieht die »Beinahe-Katastrophe« im Tagebuch unterkühlt nach:

»Es schneit, der Wind bläst heftig und die Spur ist kaum mehr zu erkennen. Weit vorn pflügen die Freunde durch den Schnee. Wie verlorene Spielzeugfiguren in einer Welt aus weißen und grauen Schleiern sehen sie aus.

Ich bemühe mich, aufzuholen: Tatsächlich, die Figuren sind etwas größer geworden, die Konturen haben aber jetzt an Schärfe abgenommen und die Sicht verschlechtert sich zusehends. Ich verdopple meine Anstrengungen, während mir der Wind direkt ins Gesicht bläst.

Plötzlich kommt mir einer unser ehernen Grundsätze in den Sinn: ›Wir gehen niemals außer Sicht!‹ Gerade diese Situation droht mir innerhalb der nächsten Minuten, wenn die Sicht sich weiter verschlechtert. Rufen hat keinen Sinn, denn der Wind trägt jeden Ton nach hinten. Eigentlich kann nichts passieren, denn die Zeit für diese Etappe muß bald um sein und spätestens dann werden die anderen bemerken, daß ich zurückgeblieben bin. Selbst wenn es ganz zuziehen sollte, kann ich notfalls mit meiner kleinen Bussole weitergehen. Dagegen steht freilich die Abmachung, daß der außer Sicht Geratene stehen bleibt und wartet. Erfrieren würde ich in keinem Fall, denn eines der beiden Zelte ist in meinem Schlitten verstaut.

In der Wildnis darf man kein Risiko eingehen. Noch kann ich die Situation entschärfen: Ich schlüpfe aus dem Zuggeschirr und laufe leichteren Schrittes meinen Freunden nach. Es kommt mir wie eine kleine Ewigkeit vor, bis ich sie endlich klar vor mir sehe. Als ich kurz hinter ihnen bin, bemerkt mich Micha endlich und ruft: ›Schaut, der Walter!‹

Ich drehe um und will zurück, um meinen Schlitten zu holen. Aber die Freunde möchten erst wissen, was los ist. In kurzen Worten erkläre ich die Situation, dann wende ich und laufe zu meinem Schlitten zurück, während die Freunde eine Rast einlegen.

Beim Rückweg brauche ich die Stökke kaum, so kräftig ist der Wind. In wenigen Minuten bin ich beim Schlitten angelangt, hinter dem sich schon viel Schnee abgelagert hat. Dennoch hat das ganze Unterfangen geraume Zeit gekostet, und als ich mit dem Schlitten wieder zu meinen Freunden stoße, machen mir Werner, Gerhard und Micha einen fröstelnden Eindruck. Also stecke ich den Kugelkompaß auf meine Zugdeichsel und gehe ohne Pause als erster in die vierte Etappe. Danach folgt noch eine fünfte Etappe, die wir nach etwa einer Stunde abbrechen. Wir hatten nur noch Gegenwind. Trotzdem haben wir 15 km geschafft. Ich fühle mich hundemüde, lege mich bäuchlings auf meinen Schlitten und pumpe meine Erschöpfung in die Persenning. Es war ein großer Fehler, nicht zu rasten und nichts zu essen. Mir geht es nicht besonders. Einer nach dem anderen kommt zu mir und hat ein Trost- oder Scherzwort für mich. – Wenn das nicht wieder aufbaut!

Am darauffolgenden Tag nehmen mir meine Freunde einen Teil meines Gruppengepäcks ab, nämlich das Zelt, fünf Liter Benzin und die Filmkassetten. So angenehm das ist, so sehr bedauere ich es gleichzeitig, denn ich möchte gerne meinen Teil zum Gelingen beitragen. Aber Gruppenbeschluß ist Gruppenbeschluß. – Dennoch habe ich mir zwei Tage später, am 2. August, mit Ausnahme des Benzins mein Gruppengepäck wieder zurückgeholt, und in der Zwischenzeit war ja auch Benzin verbraucht worden, so daß ich diese Neuverteilung akzeptieren kann.«

Segelfahrt auf dem Inlandeise am 19. September (Nansen).

Unsere NASA-erprobten Armbanduhren und der Silva-Halbkugelkompaß bewähren sich in härtestem Einsatz (oben).

Als wir die Schlitten zurücklassen müssen, gelingt es Gerhard, mit dem Becker-Funkgerät den Kontakt zu einem Linienflugzeug herzustellen (unten links).

Die in heißes Schmelzwasser eingerührte Astronautennahrung aus der Thermosflasche sorgt in den Pausen rasch für neue Energie.

Rast mit Erfrischungen (Nansen).

Siebzehn Kilometer und der Sturm

Der Starkwind steht uns mitten ins Gesicht. Seit zwei Etappen hat sich unsere Geschwindigkeit auf dramatische zwei Stundenkilometer verringert. Wir stemmen uns in die Zugseile und nehmen manchmal die Haltung von Skispringern im Flug an. Oft steht man wie ein Storch auf einem Bein, wenn der Schlitten wieder einmal mit vollem Körpereinsatz über eine Schneewehe gewuchtet werden muß.

Der mühsame Anstieg verzehrt die Stunden. Brutal ziehen die Schultergurte nach hinten, denn 100 Kilogramm Gepäck und Verpflegung schleppt jeder in seinem geschenkten, zehntausend Mark teuren Schlitten aus der Kunststoffschmiede eines Münchner Raumfahrtunternehmens durch das schroffe Gelände. Werner hat sie – fast genial – entworfen. Zwar mäkelt er, sie seien zu kurz: »Länge läuft!«; länger freilich durften sie nicht sein, sonst hätten wir sie nicht in den Helikopter bekommen. Die Geometrie ist auf die enge Kabine abgestimmt, die Busenform der Kufen sorgt für progressiv abnehmenden Druck: Je weicher der Schnee ist, desto größer ist auch die Auflagefläche.

Wir sind auf ca. 2600 Metern ü.d.M. und nähern uns immer mehr dem höchsten Punkt der Route. Von da ab muß es, wenn auch sanft, permanent bergab gehen. Der Schnee ist naß, da die Temperatur auf +1°C gestiegen ist. – Auf alles waren wir gefaßt, nur nicht, daß es hier oben so warm werden würde! Gott sei's gedankt, denn bei Minusgraden könnten wir bei diesem Gegenwind nicht gehen. Der Chill-Faktor würde uns sofort dramatisch auskühlen, denn der Wind orgelt mit 80 Stundenkilometern, was etwa Sturmstärke 8 entspricht.

Keuchend wuchten wir die »Schiffe« wieder einige Meter nach vorne. Es ist mehr der Schnee als die kaum spürbare geringe Steigung, der hier eine sandähnliche Reibung erzeugt, die uns Mühe macht. Die letzte Welle des Eispanzers haben wir vorgestern hinter uns gelassen.

Der heutige Tag hatte durchaus positiv – mit Windstille und Sonne – begonnen. Später kam eine leichte Brise von schräg hinten auf, so daß wir eine Stunde lang mit den kleinen Segeln gehen konnten. Ein Bild war das, wenn ich mich umdrehte! Wie eine gut organisierte Armada kamen meine Freunde im Gleichschritt daher – mit ihren rotbedeckten Schlitten und den bunten Sturmspinnakern vor einem endlosen Horizont.

Wie am Tag zuvor änderte sich die Richtung des Windes, und die Segel flatterten, killten und aus war der Traum. Wann endlich haben wir für längere Zeit den ersehnten Rückenwind, um unsere Kilometerleistungen erheblich zu verbessern?

Seit zwei Stunden haben wir wieder »White-Out«, für den ersten eine »Suppe«, bei der man die Hand nicht vor Augen sieht. Nur der brave Kugelkompaß zeigt den Kurs: 298°. Ohne das Gerät hat man keine Chance, die Richtung auf dem orientierungslosen Inlandeis zu bestimmen.

Das Gepäck haben wir gerecht verteilt; jeder zieht das gleiche Gewicht und hat seine Überlebenseinheiten in der Kunststoffwanne. Falls wir uns verlieren, kommt jeder von uns eine Zeitlang auch allein durch.

Wir sind die einzigen Menschen in diesem gefrorenen Universum, als wir nach exakt 17 Kilometern dem höllischen Sturm nachgeben. Das Aufbauen der Zelte mit den knatternden Wänden, das Aufschichten von Mauern aus bröseligem Schnee und das Vergraben der »Heringe« – es sind dies unsere Skier, Stöcke, Pickel und Mastteile – kostet uns drei Stunden und macht uns kaputt bis zur Erschöpfung. Taumelnd arbeiten wir bis spät abends, bis die lebensnotwendigen Zelte endlich stehen und von einem riesigen Schneewall geschützt werden. Dahinter sind wir einigermaßen sicher.

Die Belohnung gibt es dann im Messezelt: Unendliche Mengen Wasser und zum Schluß »Lumumba« – eine Tasse voll für jeden von uns.

Monotonie

Die Tage vergehen im Gleichklang und werden zur Routine. Das fast stündlich wechselnde Wetter gehört dazu. In den vergangenen Tagen war oft die letzte Gehstunde die schönste: das Spuren in eine maßlos eintönige Landschaft, in das arktische Licht der tiefstehenden Sonne von nahezu unwirklicher Schönheit. Ein wohlverdienter Ausgleich für alle Strapazen.

Ähnliche Widrigkeiten wie wir erlebte auch Nansen: *»Bei der starken Kälte, die wir bekamen, war dies ganz ungewöhnlich schlimm, es war, als arbeiteten wir uns durch Sand hindurch, und je weiter wir kamen, desto schlimmer wurde es. Oft fiel auch feiner, frischer Schnee, der die Sache wenn möglich noch verschlimmerte. Es war so schwer, vorwärts zu kommen, daß wir uns nur mit Aufbietung aller Kräfte durcharbeiteten ... Der Weg ist unglaublich beschwerlich, schlimmer denn je, obwohl er hart ist; dieser Schnee ist widerspenstig wie Sand. Wir arbeiten gegen den Wind und Schneetreiben an ... Wenn ich sage, daß es war, als wenn wir die Schlitten über ein Lehmfeld zögen, so ist das keine Übertreibung.«*

Der Durst ist ständiger Begleiter bei den Tagesetappen. Nansen erging es ähnlich. Er und seine Begleiter hatten eigene Methoden, um dagegen anzukämpfen: »Mehrere Kameraden kauten stattdessen große Stücke geteerten Tauwerks ... Weit angenehmer fand ich es, während des Marsches an Holzsplittern zu saugen.« – Spätestens nach der dritten Etappe sind die Thermosflaschen leer und wir träumen nur noch davon, die letzte der insgesamt sechs Marschperioden hinter uns zu bringen, daß endlich das Messezelt steht und Gerhard den Kocher zum Fauchen bringt. Oft schwimmen noch Schneestücke im Wasser, während der erste Mineraldrink gemixt wird.

Die Arktis und vor allem das Inlandeis sind kein Platz für Traumtänzer. Über eine solche Landschaft kann man nicht siegen, man paßt sich ihr an. Und manchmal muß man sich auch beugen.

Nieselregen und schlechte Sicht

Am 1. August schildert Walter knapp die Ereignisse des Tages:

»›Aufstehen, Frühstück machen‹, tönt es vom Nachbarzelt. Langsam schäle ich mich aus meinen Hüllen. Die Socken sind im Schlafsack trocken geworden, der eine Innenschuh fühlt sich dagegen noch immer feucht an und in der Schale hat sich Eis gebildet, obwohl ich gestern abend beim Ausziehen das Wasser ausgegossen habe. Draußen hat es +3°C, aber Wind mit 10 m/sec. Ich trage: Bergschuhe, zwei Paar Socken, zwei lange Unterhosen, zwei Unterhemden, den Gore-Tex-Anzug und Wollhandschuhe. Die Augen schütze ich durch Gletscher- und Skibrille.

Der Pappschnee ist fest und verhindert ein tieferes Einsinken der Kufen. Wir schaffen bei jeder Etappe gute Marschleistungen. Die vierte Etappe darf ich führen. Das Spuren finde ich nur unwesentlich schwieriger als das Nachgehen. Problematischer ist das Kurshalten. 300° sollen es sein; der Kugelkompaß bringt es auf eine Amplitude von 5°. Eine Orientierungsmöglichkeit wie eine markante Geländestelle gibt es nicht. Es herrschen abwechselnd Nieselregen und schlechteste Sicht. Trotzdem verläuft die Spur relativ gerade. Dann ertönt das erlösende: ›Pause.‹ Wir ziehen uns warme Sachen über (Anorak, Mütze), nehmen einen Schluck aus der Flasche und ruhen uns zehn Minuten aus. Danach geht's wieder weiter.

Mit sechs Etappen schaffen wir heute 20 Kilometer und erreichen 2850 m Höhe, wo wir unser Lager errichten.«

Unser erster Versuch in der Segelfahrt am 19. September (Nansen).

Einmal nicht auf Schneeschuhen

Werner hält am 2. August eine außergewöhnliche Etappe im Tagebuch fest:

»Die ganze Nacht weht starker Wind aus NW und fegt feinen Schneestaub über das flache Eis, so daß am Morgen die Zelte und Schlitten fast ganz unter Schneewehen begraben sind. Auf dem flachgelegten Küchenzelt haben sich Preßschneeplatten gebildet, die erst weggeschaufelt werden müssen, bevor das Zelt aufgestellt werden kann. Wir verlängern das Frühstück um eine halbe Stunde, da keiner recht Lust hat, in den beißenden Wind hinauszugehen. Als wir um 13:15 UTC aufbrechen, ist die Sicht wieder schlecht, dafür laufen die Schlitten über den harten, freigeblasenen Grund leicht dahin. Die 4,2 Kilometer der ersten Etappe beweisen uns, daß wir trotz starken Windes gut vorankommen.

Auf der zweiten Etappe gehen wir zu Fuß, also ohne Skier, weiter. Der Grund trägt allerdings nicht so gut wie erhofft. Walter, Gerhard und ich ziehen danach die langen Latten wieder an. Nur Micha geht zu Fuß weiter und behauptet, daß dies seinen Blasen besser bekomme.

Der Wind hält den ganzen Tag an. Bei Windstärken um 30 km/h und Temperaturen um −8°C packen wir die warmen Überhandschuhe aus. So eingehüllt, daß nur die Nasenspitzen herausschauen, kommen wir trotz flotten Tempos nicht ins Schwitzen.

Nach der fünften Etappe haben wir 18,2 Kilometer hinter uns! Das Gelände steigt noch immer an. Wir messen 2900 Meter ü.d.M. und sind damit höher als geplant. Ungenauigkeiten der Karte oder gefallener Luftdruck dürften der Grund sein. Sobald klares Wetter herrscht, werden wir die Sonne schießen, um unseren Standort zu überprüfen.

Nach fünfeinhalb Etappen haben wir 20 Kilometer, unser Tagesziel, erreicht (Schnitt: 3,1 km/h). – Insgesamt liegen jetzt 185 Kilometer hinter uns.

Als wir schlafen gehen, sinkt das Thermometer auf nur −11°C.«

Fahnenweihe und Salut: Der höchste Punkt

Der 3. August ist ein Tag wie aus Glas geblasen. Nur die 15 Minusgrade halten uns davon ab, aus dem warmen, feuchten Schlafsack zu kriechen. Es hat kaum Wind, die Sonne steht an einem wolkenlosen Himmel. Welcher Kontrast zum gestrigen Tag, an dem uns der Sturm das Hirn aus dem Schädel zu blasen drohte.

Nach dem Höhenmesser haben wir den Kulminationspunkt unserer Route mit 2 960 Metern (!) ü.d.M. erreicht.

Walter fragt bei geschlossenem Zelt vorsichtig an, wie das Wetter sei, und hofft wohl, noch im warmen Schlafsack bleiben zu können. Gerhard versucht ihn aus den Federn zu treiben: »Sind wir ein Pennclub oder auf Expedition?« Die lakonische Antwort: »Ein Pennclub auf Expedition!«

Emsiges Treiben beginnt in der wärmer werdenden Sonne. Zuerst werden die Urinflaschen ausgeleert, die jeder von uns im Stiefel neben seinem Schlafsack hat und die eine Riesenerleichterung bedeuten. Bei »Minus irgendwas«, Schneetreiben und Sturm nachts den Schlafsack verlassen zu müssen, ist kein Vergnügen.

Nansen ein Europäer! Wir sind am höchsten Punkt des Inlandeises.

Danach folgt die übliche Frühstückszeremonie im Messezelt, das sich angenehm durch die Sonne erwärmt. Dann putzen wir im Zelt, noch im Sitzen, die Zähne (nicht jeden Tag!) und verrichten anschließend im Windschutz des roten Daches unsere Notdurft. Mit Öl säubern wir unsere Genitalien. Zum Schluß werden die Sitzgruben für Abfall und Exkremente mit Schnee zugeschüttet und das Messezelt abgebaut. So geht das Tag für Tag, auch heute.

Bald steht die Fahne der Europäischen Gemeinschaft mit den gelben Sternen auf blauem Grund und dem aufgeklebten TGSE-Emblem in der Mitte. Der »Lappen« weht sanft im Wind. Gerhard hat zu Hause einen Mast konstruiert, den wir mitgenommen haben. Doch dieser gibt, seiner Leichtbauweise wegen, bald den Geist auf. Werner findet mit dem ihm eigenen Improvisationsgeschick eine Notlösung: Mit einer 6-mm-Reepschnur verspannen wir das dünne Standrohr, und bald darauf »steht« die Fahne. Statt Heringen nehmen wir Essensbeutel, die wir mit Schnee füllen und vergraben. Der zwei Meter hohe Fahnenmast mit diesem Riesenlappen muß weit zu sehen sein. Gerhard baut seine Filmkamera auf, und wir drei posieren vor der Fahne.

Walter opfert eine Patrone und schießt Salut. Der Aufforderung zu einer Rede für die Kamera – ohne Ton – komme ich nach, indem ich rezitiere: »Frau Wirtin hatte auch einen ...«

Flaschenpost

In einer am Fahnenmast festgebundenen Plastikflasche hinterlassen wir auf einem TGSE-Briefbogen die nebenstehende Nachricht.

Der Wind bläst aus Ost. Wir setzen die großen Spinnaker und hoffen auf Vortrieb, der uns schneller über die hart verblasene Schneefläche bringt. Rund um uns der »weiße Horizont«. Wohin man blickt: keine Struktur, keine Erhebung. Nur das Weiß des Schnees und das Blau des Himmels.

Die Segel hängen bald schlaff herunter. Bisher waren die Dinger eher Gag als echte Hilfe. Meist stand uns sowieso der Sturm ins Gesicht. Und wenn wir einmal Rückenwind hatten, schlief er regelmäßig nach einer Stunde ein.

Wieder nimmt die Monotonie des Gehens, des Schiebens der Skier und des Schlittenziehens von uns Besitz. Enervierend langsam »spulen« wir unsere 70-Minuten-Etappen ab. Kaum jemand spricht ein Wort. Wieder sind nur das Scharren der Skier, das Schlurren der Schlitten, unser rhythmisches Atmen und ab und zu ein Husten zu hören. Stupide zieht jeder seine Last. Das ist das wirklich Grausame an dieser Tour: Um diese Monotonie zu brechen, versucht man bewußt, sich an irgend etwas zu erinnern und kaut es durch. Ein Liebesabenteuer, ein geschäftliches Problem, einen Film, ein Buch, einen Urlaub. Ich denke über mich und meine Familie nach. Wer hat schon je wochenlang Zeit, Probleme so gründlich zu überdenken? Walter behauptet, einen Roman entworfen zu haben: »Die Gliederung steht schon.« Die Grönlandfahrt vor zwei Jahren mit Walter denke ich in allen Details durch und erlebe sie so wieder. Als ich auf die Uhr schaue, sind gerade fünfzehn Minuten vergangen. Wir stolpern hintereinander her und Gerhard behauptet, an garnichts zu denken. Nansen zitierte seinen Begleiter Kristiansen: »Großer Gott, daß die Menschen es so schlecht mit sich selbst meinen, daß sie sich auf so etwas einlassen können!« Ich singe: »Stumpfsinn, Stumpfsinn, Du mein Vergnügen ...« und Werner stichelt: »Du ersetzt einen Weltempfänger.«

To the finder,
on behalf of the COMMISSION OF THE EUROPEAN COMMUNITY and his commissary Ripa de Meana, BRUXELLES, the members of the TGSE set here, at the highest altitude (2,960 meters), the flag of the EC.
This is done in remembrance of a great polar explorer, ski pioneer and one of the first men, who thought in the European idea:

FRIDTJOF NANSEN

In 1888 he and his companions were the first men to cross the icecap of Greenland. The TGSE follows the original steps of this great expedition.
The TGSE left Umivik at 22nd of July and reached this point at 2nd of August. All members are in good condition and confident to reach the westcoast at Ameragdla Fjord (Austmannadalen).
Please return this message to our address, so that we can publish this fact and inform EC.
On the Greenland icecap, altitude 2,960 meters, approximate position
64° 23′ N, 44° 30′ W, 3rd of August 1988.

Gerhard Miosga Walter Obster
Werner Schiller Michael Vogeley

Grönland ist eine Offenbarung

»Wißt ihr noch?« Ich sitze auf dem Schlittenrand und komme ins Schwärmen. »Könnt ihr euch noch an den Kühlraumtest erinnern?« Alle lachen. Wir hatten uns akribisch vorbereitet, immer an der familiären und beruflichen Toleranzschwelle. Wir wollten nichts dem Zufall überlassen. Dazu gehörten das Gymnastikprogramm, das Lauftraining, die vielen Skitouren, die Biwaks im Ötztal und in den Gletschern des Stubai, der mörderische Berglauf über 53 Kilometer und 2000 Höhenmeter im Karwendel, das Langlaufrennen in der Leutasch, der Marathon ... aber eben auch der Lausbubenstreich im Münchner Schlachthof, zwischen tiefgefrorenen Kalbssteaks und Schweinehälften eine Nacht unter »realistischen Bedingungen« zu verbringen. Den getesteten Kocher warfen wir danach weg: untauglich.

Dazu gehörte aber auch die mentale Vorbereitung: Information, Lektüre und Diskussion, Abschätzen des Voraussehbaren, Festlegungen und Regelungen aller Art. Wieviele Expeditionsmannschaften kamen zerstritten zurück, bekämpften sich bis aufs Messer oder ergaben sich einer durch diese wochenlange Einsamkeit hervorgerufenen Paranoia?

Trotz all dieser Vorbereitung ist Grönland für uns eine Offenbarung. Hier finden wir zu uns selbst und besinnen uns auf die wirklich wichtigen Dinge des Lebens, auf unsere paar Grundbedürfnisse hier oben: Die warme Tasse Mineraldrink, der Schluck aus der Pulverflasche, der wärmende Schlafsack, die Sicherheit des sturmfesten Zeltes und die Gemeinschaft unter uns Freunden ... Sind wir dem Polarfieber verfallen? – Ich sicher. Es gibt keine Abhärtung dagegen, keine Resistenz. Die Sehnsucht nach den arktischen Breiten kann unstillbar werden. Ich selbst bin nun das siebte Mal im Norden. Das Samenkorn für mein nordisches Fernzerren wurde schon früh gelegt. Mein Lehrer in der Volksschule zu Münster war der damals bekannte Arktisreisende Dr. Dege. Seine Bücher wurden bei Taschenlampenlicht unter der Steppdecke gelesen, und tags darauf »diskutierte« ich offenen Mundes mit ihm über Lappendolche und das Trinkwasser auf Eisschollen. Der Keim für das Prädikat »arctic bitten« (von der Arktis gebissen), für diese meine Besessenheit, war gelegt.

Bei der nächsten Pause »schießt« Gerhard die Sonne. Bisher haben wir uns nur nach dem Kugelkompaß und dem Streckenmeßrad orientiert und das vermutete Ergebnis jeden Tag in die Karte eingetragen. Wir sind irgendwo in Grönlands konturloser Weite. Aber wo? Morgen wollen Gerhard und Werner die Messungen auswerten, denn sie sind für die Navigation verantwortlich.

Es wird heiß, die Sonne jagt die Temperatur auf 20°C hoch. An der Südseite des Schlittens tropft Schmelzwasser, während die Nordflanke einen Eispanzer behält. Der Wind schläft ein. Walter rüstet sich mit der ihm eigenen umständlichen Gründlichkeit und komplizierten Technik für den nächsten Gang: Die blauen Hosen des Überanzugs werden aufgerollt, rote Socken und weiße Unterhosen erscheinen. Die Kapuze des Überanoraks formt er zu einem turbanähnlichen Gebilde, und dann sieht man den Grönlanderoberer wie eine Witzfigur durchs Weiß ziehen: Don Quichotte auf dem Inlandeis. Die Segel hängen schlaff herunter, die Sonnenbrille mit dem weißen Nasenschutz verdeckt das Gesicht. Werner und ich schauen uns an und blicken dann wieder zu Walter, der sein »Schiff« über den Harsch zieht. Wir bleiben stehen und lachen, lachen, lachen ... So hat Nansen garantiert nie ausgeschaut!

Die Verhältnisse sind geradezu ideal: Eine harte Schneebahn, Sonne, kein Wind. Obwohl wir wegen unserer Fahnenweihe sehr spät aufgebrochen sind, beschließen wir abends, noch ein Stück weiterzugehen. Dieses Wetter müssen wir nutzen.

Beim traumhaft schönen Farbenspiel der untergehenden Sonne bauen wir unsere Zelte für eine kalt hereinbrechende Nacht auf.

Nansen empfand offenbar wie wir: »Wenn also unsere Arbeit auch oft recht hart war, so hatten wir doch auch einen Ersatz in diesen Nächten mit Nordlicht und Mondschein – denn auch dieser Teil der Erde besitzt seine Schönheit. Wenn das ewig wechselnde Nordlicht seinen märchenhaften Tanz an dem südlichen Himmel in strahlenderer Pracht als sonst irgendwo antrat, so konnten wir alle Mühseligkeiten und alle Anstrengungen vergessen, oder wenn der Mond aufging und seine schweigsame Bahn über dem sternbesäten Himmel zurücklegte, auf den Gipfeln der Eiskämme spielend und die ganze tote, erstarrte Eiswelt in seinem Silberglanz badend, da senkte sich ein tiefer Friede über uns.«

Müde und vor Kälte zitternd resümieren wir die heutige Kilometerleistung: 20 000 Meter haben wir zurückgelegt und dabei die 200-Kilometer-Marke überschritten.

Standortbestimmung: 64° 26′ N, 43° 19′ W

Walter schreibt am nächsten Tag, dem 4. August:

»Die Nacht ist bitterkalt. Bei einem kurzen Ausflug aus dem Zelt friere ich

Datum	Zeit UTC	Wind (m/s) Richt.	Wind (m/s) Stärke	Sicht (km)	Bewölkung Bed.	Bewölkung Art	Nieder-schlag	Temp. Grad C	Bar. Höhe (m)	Tages-weg (km)	Σ-Weg (km)	Position Breite	Position Länge	Bemerkungen
21.7.														Søndrestrøm Fjord–Kulusuk
														Mit Heli nach Umivik
	21.00	330	10	10	8	sc	Regen	+5	150	0	0	64-22N	40-39W	1. Biwak in 150 m Höhe
22.7.	11.00								0	0	0	64-21N	40-39W	Abstieg zum Meer, Start
	17.15	330	5	10	8	sc	Regen	+4						nasser Altschnee
									460	7	7			2. Biwak
23.7.	11.00							+4						Aufstehen
	14.00							+4						fester Altschnee
									920	10,4	17,4			3. Biwak
24.7.	09.00				3	sc		+4						Aufstehen
	11.30													Start, Firn
									1200	12,7	30,1			4. Biwak
25.7.														
	12.00													Start, 6 Etappen
									1350	19,2	49,3			5. Biwak
26.7.	10.00													Aufstehen
	15.00	340	10	>10	1	ci		+4						
	18.00	340	8	>10	1	ci			1600	19,1	68,4			6. Biwak
27.7.	10.00	340	18	>10	2	ci								Aufstehen
	12.30													Start
									2050	21,2	89,6			7. Biwak
28.7.	10.00	300	5	5	6	sc	Schnee	0						Windgepreßter Naßschnee
														3 Etappen
	19.00	300	15	6	8	sc	Schnee	−2	2190	9,6	99,2			8. Biwak
29.7.														Windgepreßter Neuschnee
	15.00	330	10	6	6	st/ci	–	−3						Halo
									2420	17,7	116,9			9. Biwak
30.7.	10.00				8	sc	Schnee	−3						Aufstehen
														Windgepreßter Neuschnee
									2580	15,0	131,9			10. Biwak, 5 Etappen
31.7.	12.45	190	2	6	8	sc	–	−4						Start; Neuschnee
	16.00	280	22	2	8	sc	Schnee	−3						starker Gegenwind
	18.00	280	10	5	8	sc	Schnee	−3	2700	17	148,9			11. Biwak

erbärmlich, obwohl ich doppelte Unterkleidung und den dicken Faserpelzoverall, das ›Bärenfell‹, anhabe. Diese Nacht ist klar, die Abstrahlung groß und der Himmel mit durchscheinenden goldgelben Wölkchen bedeckt, deren Farbe im Nordwesten intensiver wird. Die Augustnächte sind nicht taghell, sie sind aber auch nicht dunkel. Das Licht ist fahl.

Um 10:30 UTC wache ich auf. Die Sonne scheint. Es ist ein strahlender Tag mit wenig Wind. Der Schnee ist fest und bleibt es bei Temperaturen um −5° C den ganzen Tag.

Wir kochen, bauen das Lager ab und starten gegen 14:30 UTC. 20 Minuten später schießt Gerhard die Sonne und ermittelt die Mittagsbreite (das heißt den Winkel Sonne–Betrachter–Horizont während des Durchganges der Sonne durch den Zenit zu bestimmen) mit 14 Messungen.

Wir schaffen in vier Etappen 16 Kilometer. Das Gelände fällt. Heute, am Biwakplatz, messen wir eine Höhe von 2840 Metern. Sofort nach der Ankunft filmt Gerhard und schießt erneut die Sonne. Werner stellt das Messezelt auf, während Micha und ich je ein Schlafzelt aufbauen. Dann vertiefen sich Gerhard und Werner in die Mathematik. Am Schluß steht fest, daß wir ziemlich genau da sind, wo wir sein wollen: 64° 26' N, 43° 19' W. Von *Umivik* haben wir bis jetzt 221 km zurückgelegt. Unsere Wegstrecke stimmt mit dem Zeitplan hervorragend überein.

Wir stehen auf einem Meer aus glitzerndem Quecksilber. Die Welt, in der wir leben, scheint aus einer kreisrunden, ebenen Fläche zu bestehen, über die sich ein leuchtend blauer Himmel wölbt. – Meine Freunde gehen mir immer zu schnell, aber wenn ich selber ins faszinierende Weiß vorausgehe, bin ich wie entfesselt und erreiche dieselbe Geschwindigkeit.

Die Arktis verzeiht keine Fehler

Die ungewöhnlichen physischen und psychischen Belastungen einer solchen Tour interessieren die Wissenschaft. Für das Sportmedizinische Institut der Universität Würzburg sind wir Versuchskaninchen, um »die gruppendyna-

◁ **In die Spalten der Tagesrubrik (Datum) wurden zwölf Größen eingetragen, wobei die meteorologischen Beobachtungen nach Möglichkeit dreimal täglich vorgenommen wurden.**
1. *Die Uhrzeit* ist in Universal Time Coordinated (UTC = Weltzeit) angegeben, auf die wir unsere »Speedmasters« eingestellt hatten. Die Ortszeit ergibt sich aus UTC minus 3 Stunden
2. Die *Windrichtung* ermittelten wir mit der Taschenbussole in Grad (magnetisch)
3. Die *Windgeschwindigkeit* maßen wir mit dem Schalen-Anemometer
4. Die *Sicht* wurde nach geschätzten Kilometern bemessen
5. Der *Bewölkungsgrad* beruht ebenfalls auf Schätzung
6. Bei den *Wolkenarten* unterschieden wir:
- *sc* = stratocumulus (Hohe Wolken)
- *st* = stratus (Schichtwolken)
- *ci* = cirrus (hohe Eiswolken)
7. Bei den *Niederschlägen* unterschieden wir:
- keine Niederschläge
- Regen und
- Schnee
8. Die *Lufttemperatur* maßen wir mit dem Schleuderthermometer
9. Die barometrische *Höhe* ermittelten wir mit dem Taschenbarometer (eingestellt auf 1013 hPa)
10. Die *Tagesstrecke* bestimmten wir mit dem Meßrad (Odometer)
11. Die *gesamte Wegstrecke* gibt die Distanz zum Startpunkt (Nansens Landeplatz) an
12. Die berechnete *Position* berichtigten wir durch Koppelnavigation und durch astronomische Navigation.

Anmerkung: Die Daten stammen aus handschriftlichen Aufzeichnungen während der Expedition. Fehlende oder unvollständige Eintragungen resultieren aus einem Mißgeschick während der Expedition: Ein kräftiger unerwarteter Windstoß wehte ein Blatt der Aufzeichnungen fort.

Die entstandenen Lücken wurden durch redundante Tagebuchnotizen soweit wie möglich geschlossen.

mischen Prozesse unter Berücksichtigung der geografischen und sozialen Isoliertheit sowie der besonderen Altersstruktur« zu untersuchen. Täglich wechseln wir die Zeltpartnerschaften, um Gruppenbildungen vorzubeugen. Der Altersdurchschnitt unseres Teams liegt bei 46 Jahren. Gerhard, der älteste, ist 53, also knapp doppelt so alt wie damals Nansen. Werner, der »youngster«, steht kurz vor dem 40. Walter und ich haben die Mitte des vierten Lebensjahrzehnts erreicht – aber auch in Grönland gilt: »Man ist so alt, wie man sich fühlt!«

Todmüde machen wir abends Kreuze auf wasserfestem Papier und formulieren Eindrücke: Die vorbereiteten Fragebögen, die jeder für sich und intim beantwortet, sind Grundlage für das Forschungsprogramm. Die »blackbox« – der Sack aus Rip-Stop-Nylon mit dem Kunststoffschlitz – von uns auch »Psychobeutel« genannt – erinnert an ein Sparschwein. Bald ist er prall gefüllt und wird die Basis für die Auswertung der Psychologen. Dr. Baumann, unser wissenschaftlicher »Begleiter«, schwor uns ein: »Ihr müßt euch gegenüber tolerant sein. Jeder muß jeden akzeptieren.«

»Disziplin«, beschwor auch ich, »ist oberstes Prinzip dieser Tour, sonst schaffen wir es nicht.« Disziplin heißt auch, daß alle Entscheidungen demokratisch fallen. Steht es zwei zu zwei, gibt der den Ausschlag, der am meisten Erfahrung hat. Doch noch besteht kein Grund für eine Kampfabstimmung.

Ein Segeltag mit gruppendynamischer Einlage

Am 5. August äußern sich die ersten Konflikte, die Gerhard folgendermaßen verarbeitet:

»Strahlender Sonnenschein und klirrende Kälte wecken uns. Jeder bemerkt, daß die morgendliche Brise aus Osten weht und kräftiger ist als an den sonnigen Vortagen. Heute geht alles flotter: Das Kochen, das Abbauen der Zelte, das Bepacken der Schlitten sowie das Setzen von Riggs und Segeln. Wir schaffen es, uns gegen 12:00 UTC in Bewegung zu setzen.

Der Wind ist schwach, 2 – 3 m/s zeigt das Anemometer. Ein bißchen schiebt er die Schlitten trotzdem. Rostbraun und Schwarz sind die Farben der bauchig geschnittenen, großen Vorwind-Segel. Vergnügt legen wir los. Micha mit Kompaß voran – und wir drei anderen versetzt dahinter – ziehen in einen neuen Tag, dem weißen Horizont entgegen, beschirmt von einer blauen Hülle, die im Zenit fast schwarz erscheint und in einem fahlen Blau am Horizont das weiße ›Meer‹ trifft. Der Schnee ist hart, gelegentlich bricht der Schlitten ein, oder der Triebschnee verlangsamt die Fahrt. Hin und wieder brist es auf, und Schlitten und Mann kommen kurz ins Gleiten. Die erste 70minütige Etappe liegt bald hinter uns und es herrscht frohe Laune. Die Blasen und sonstige Weh-Wehchen sind vergessen.

Walter übernimmt als nächster die Führung und lenkt die Gruppe nach W. Er will es etwas weniger rasant und geht dabei übertrieben kräftesparend. Zumal seine Füße arg mitgenommen sind, da er als Kleinster immer ein paar Schritte mehr machen muß. Nach einer halben Stunde reißt Michas Geduld, der hinter Walters Schlitten tagträumend beinahe eingeschlafen war und wohl fast über diesen stolperte. Er treibt Walter an, schneller zu gehen und übernimmt Kompaß und Führung. Worte werden gewechselt:

›Wir sind auf einer Expedition, in einer der unwirklichsten Gegenden der Welt und haben keine überschüssige Zeit. Wir dürfen unser bisheriges Glück mit dem Wetter nicht versuchen.‹ Walter kontert mit Zahlen und daß er ja nur 20 Prozent langsamer gegangen sei. So gibt es noch einiges Autoritäres und Entgegnungen von Walter zu hören: Die erste gruppendynamische Einlage!

Der Wind frischt auf, und das Schlittengewicht ist dank Wind und Segel kaum zu spüren. Die zurückgelegten Strecken pro Etappe werden länger und unsere Stimmung ist fast euphorisch. Es paßt einfach alles: Sonne und Wind, ebenes Schneemeer, blauer Himmel und der weiß-blaue Horizont.

Die Windstärke nimmt zu. Ein Schlitten fällt um, dann ein zweiter, ein dritter. Der große Spinnaker muß runter und der kleine kommt rauf. Werner und ich entfernen die Felle von den Skiern und probieren das, wovon wir schon seit Beginn dieser Expedition geträumt haben: *Segeln*! Es funktioniert! Doch Schlittengewicht und Schneeverhältnisse lassen dieses Schneesegeln nur über kleine Strecken zu.

Micha und Walter kommen mit ihren Fellen fast genauso schnell voran. Wir beide retten uns mit Doppelstockschüben über die Runden. Nach 27 phantastischen Kilometern, die wir mit brennenden Sohlen mehr geglitten als gegangen sind, ist das Tagesziel erreicht.

Der Kocher summt, und wir reden über den schönen Tag, sprechen uns aus, bereinigen die gruppendynamische Einlage und beenden diesen ›Super-Tag‹ mit einem ›Lumumba‹.«

Marginalie ohne Datum: Routine auf dem Eis – ein ganz normaler Tag

Im Messezelt werkelt Gerhard, läßt den Kocher summen und schmilzt Schnee. Neben mir liegt Walter. Er hat den Schlafsack über den Kopf gezogen. Nur die Nase lugt aus dem Atemloch der Gore-Tex-Hülle. Das Geräusch von Reißverschlüssen signalisiert, daß Werner im Nebenzelt in seine Überkleidung schlüpft. Besonders morgens braucht der Körper Schutz, um die durchs Schlafen gespeicherte Wärme zu halten und den niedrigen Kreislauf zu entlasten. Werner ist heute spät dran. Normalerweise ist auch er einer der ersten, die den Arbeitstag einläuten. Ich bin den Freunden dankbar, daß sie auf meinen faulen Biorhythmus Rücksicht nehmen, räkle mich noch einmal, versinke für fünf Minuten nochmals in Halbschlaf und kuschele mich in die magere Intimität des Schlafsackes.

Draußen läßt der Wind die Wände des Messezeltes flattern. Eine unserer besten Entscheidungen war, ein Überzelt als Koch-, Messe- und Sanitärschutz mitzunehmen. Das Kochen in den Schlafzelten wäre problematisch geworden. Daß ein Kocher samt Inhalt umfällt, scheint beim Biwakieren Naturgesetz zu sein, und den Wasserdampf von den Daunensachen fernzuhalten, ist ein unschätzbarer Vorteil.

»Water ist ready!« ruft Gerhard. Eigenartigerweise benutzen wir sehr oft Englisch. Vor allem wenn wir blödeln oder entspannt Standardsätze von uns geben. Ich stoße Walter an, der neben mir aufschreckt und sofort »da« ist. Wenn's ums Essen geht, ist er stets hellwach.

Ich schäle mich unmutig aus dem warmen Daunenbett und ziehe es aus

Wasser ist zum Waschen da... Erst an der Westküste trafen wir auf kleine Gletscherseen.

der Gore-Tex-Hülle, die doch nicht allen Wasserdampf des Körpers weitergeleitet hat und innen feucht ist. Die Spezialfüllung aus silikonisierten Daunen und Federn im Mischungsverhältnis 80:20 war sehr reichlich. Die erwarteten –40°C blieben uns erspart und die zwanzig bis fünfundzwanzig Grad unter dem Gefrierpunkt waren in der trockenen Kälte bisher absolut erträglich. Nansen hatte nur zwei Rentierfell-Schlafsäcke für jeweils drei Personen dabei. Uns geht es da viel besser.

Ich schlüpfe mit der Faserpelz-Unterwäsche in die dünne Windüberbekleidung. Die Kunstfasern haben sich bisher ausgezeichnet bewährt. Es ist schön, sofort nach dem Schwitzen und der Anstrengung des Tages trocken zu sein. Besonders stark »muffeln« wir nach 20 Tagen in denselben Klamotten noch immer nicht. Vor allem das »Bärenfell«, der einteilige dicke Faserpelzoverall, erfreut sich großer Beliebtheit. Die leichten, blauen Gore-Tex-Anzüge sind »Allzweckanzüge«, die wir den Großteil der Zeit tragen. Mühsam ist es, sich mit den Innenschuhen in die hartgefrorenen Schalen der Kunststoff-Bergschuhe zu werkeln. Dann schlüpfe ich in den dicken Überanzug aus Gore-Tex und Thinsulate, der bei den Rasten heiß geliebt ist, aber bei den Gehetappen überhaupt nicht zum Einsatz kommt.

Wasser ist zum Waschen da ...

Fünf Wochen lang werden wir uns nicht waschen. Wir sind froh, die täglichen 20 bis 25 Liter Trinkwasser aus Eis und Schnee gewinnen zu können und denken nicht daran, weiteres Benzin einem »sinnlosen Reinlichkeitswahn« zu opfern. Auch Nansen berichtet ehrlich: *»Es würde vielleicht einen guten Eindruck machen, wenn wir anstandshalber sagen wollten, daß es uns sehr schwer geworden sei, uns während einer so langen Zeit nicht waschen und unsere Kleider nicht wechseln zu können, leider aber schulden wir es der Wahrheit, zu gestehen, daß wir uns ganz außerordentlich wohl dabei fühlten.«*

Als ich ins Messezelt krieche, empfängt mich Dampf. Gerhard sitzt auf seiner Liegematte; der große Topf über dem Benzinkocher im selbstgebauten

Kochergehäuse ist randvoll mit heißem Wasser. Gerhards unvermeidliches Nasentröpferl schwankt, als er mit einem Guten Morgen die silbrige Tüte mit Nutrisport in seinen Becher klopft. Unsere Formuladiät hat sich hervorragend bewährt und spendet bei jeder Rast, jedem Frühstück, jedem Nachtmahl blitzschnell Energie. Die Geschmacksrichtung Banane ist heiß begehrt. Werner löffelt sie, dick angerührt, mit der Hingabe, die man sonst nur Eiscreme entgegenbringt. Ich streue sparsam Elektrolyt-Pulver ins Haferl und schöpfe vorsichtig Wasser aus dem Sechs-Liter-Topf.

Walter kriecht herein, die große blaue Eineinhalb-Liter-Thermosflasche vor sich herschiebend. Sie wird tagtäglich mit Wasser und Formuladiät aufgefüllt und liefert für die sechs bis zehn Tourenstunden die notwendige Energie. Er ist als Fleischliebhaber besonderer Freund unserer Südtiroler »Kaminwurzn«. Eine steht jedem pro Tag zu. Die steinhart getrocknete Delikatesse gibt uns neben dem »Pulverbaatz« das Gefühl, etwas »Richtiges« zwischen die Zähne zu bekommen.

Werner schippt aus der Zeltecke das für die Sitzbänke herausgepickelte Grieseis in den Topf. Unser Flüssigkeitsbedarf ist groß. Besonders abends, nach der Tagesleistung, nach Stunden des Schwitzens, nach dem enormen Flüssigkeitsverlust durch die wasserdampflose kalte Luft, trinken wir das oft noch eiskalte Wasser des gerade geschmolzenen Schnees.

Sehr gesprächig ist keiner von uns Morgenmuffeln, obwohl wir – nach mindestens neun bis zehn Stunden Schlaf – reichlich ausgeschlafen sind. Lediglich Walter macht mit dem ihm eigenen lauten Sprechorgan seiner Freude auf den neuen Tag Luft.

Ich nehme das Tagebuch zur Hand und begleiche Schulden vom Vortag. Meistens bin ich am Tagesende zu müde, um noch zu schreiben, und oft ist es auch schon zu dunkel, so daß wir diese täglich wechselnde Aufarbeitung der Tageserlebnisse anderntags nachholen.

12:00 UTC. Es wird Zeit für den Aufbruch. Wir verstauen das bißchen Ausrüstung im Schlitten, bauen die Zelte ab und verteilen sie auf drei von uns. Alles ist festgelegt, und die Handgriffe sind inzwischen Routine. Eine kalte Sonne steht über dem Horizont. Der Wind fegt dicht am Boden Schnee über die Endlosigkeit des Hochplateaus.

Segelwind!

»In unseren bunten Schirmmützen sehen wir immer ein bißchen lächerlich aus«, denke ich. – »Segelwind!« brüllt Gerhard und beginnt mitten im Schneefegen nach dem Mast zu kramen. Wir folgen seinem Beispiel, wühlen unter den orangeroten Persennings der Schlitten nach Spinnakerbaum, Schot, Karabinern, Mastteilen und Stagleinen und fügen ungelenk mit den behandschuhten Händen die scheinbar wirren Teile zu einem geordneten System zusammen. Inzwischen sind wir routiniert, setzen gekonnt die Zwei-Meter-Masten in die am Schlittenboden vorgesehenen Aussparungen und spannen die Leinen stramm. Als Werner oben den großen Spinnaker einhakt, packt der Wind den bunten Lappen und läßt ihn mit einem Höllengeräusch knattern. Voll bläht sich das bauchige Segel, als der Karabiner im Spinnakerbaum eingehakt ist und die Schot in der Klemme am Mast fixiert wird. Seitlich von hinten fällt der Wind in den Kunststoff, läßt eine bildschöne Blase entstehen und ruckt am gewichtigen Schlitten.

Wir schlüpfen in die Zuggeschirre, klappen den Titanbügel auf und picken die Leinen ein. Jeder von uns hat da sein eigenes System. Walter steckt den Kugelkompaß auf, beäugt ihn und dreht dann seinen Schlitten exakt in die Kursrichtung 295 Grad. Heute beginnt er

Datum	Zeit UTC	Wind (m/s) Richt.	Stärke	Sicht (km)	Bewölkung Bed.	Art	Niederschlag	Temp. Grad C	Bar. Höhe (m)	Tagesweg (km)	Σ-Weg (km)	Position Breite	Länge	Bemerkungen
1.8.	12.50	230	10	1	8	sc	–	–4						Start
														feuchter Neuschnee
									2840	20	168,9			12. Biwak
2.8.	12.00	330	10	2	8	sc	Schnee	–4	2850					Schneefegen
	16.00	330	10	2	8	sc	Schnee	–7						Schnee hart
	24.00	0	0	>10	6	sc	–	–12	2900	20	188,9	64-23N	44-30W	13. Biwak
3.8.	10.00	0	0	>10	3	ci	–	–13	2950					Schnee hart, Europafahne!
	17.00	090	1	>10	3	ci	–	–3						Höchster Punkt!
	23.00	0	0	>10	4	ci/sc	–	–12	2920	20	208,9	64-22N	44-55W	14. Biwak
4.8.	11.00	0	0	>10	0	–	–	–13	2900					harter Schnee
	18.00	0	0	>10	0	–	–	–4	2860			64-25N	45-00W	Mittagsposition
	24.00	0	0	>10	0	–	–	–18	2840	16	224,9	64-25N	45-19W	15. Biwak
5.8.	10.00	0	0	>10	0	–	–	–18	2880					Schnee hart
	16.00	120	4	>10	1	ci	–	–2	2840					Segeln
	23.00	0	0	>10	6	sc	–	–12	2760	27,1	252,0	64-22N	45-45W	16. Biwak
6.8.	09.00	0	0	>10	8	sc	–	–8	2710					Schnee hart
	12.00	090	4	>10	6	sc	–	–3	2680					Segeln
	22.00	0	0	>10	4	sc	–	–13	2600	25,2	277,2	64-20N	46-20W	17. Biwak

damit, als erster zu gehen, den Kurs und das Tempo zu bestimmen. Bei jeder Etappe wechselt die Führung.

Sanft schiebt der Wind mit drei Beaufort die Schlitten an, nachdem man mit einem Ruck am Zuggeschirr die festgefrorenen Kufen gelöst hat. Wir starten, reihen uns in der festgelegten Reihenfolge Walter – Werner – Gerhard – Micha ein und werden im Rotationsverfahren der Radrennfahrer nach exakt einer Stunde und zehn Minuten wechseln, indem der erste ausschert und sich nach der Rast als letzter einreiht.

Nansen berichtet über die Skepsis seiner Begleiter, als er den Vorschlag machte, die Schlitten zu besegeln: *»Hier stieß ich jedoch auf ziemlich starken Widerspruch, besonders von seiten der Lappen. Ravna setzte ein ganz jämmerliches Gesicht auf, und Balto schimpfte unbeschreiblich. ›Nun ja, zum Teufel auch! So verrückte Leute sind mir noch niemals vorgekommen. Sie wollen auf Schnee segeln!‹«*

»Trimmen!« Die schweren Benzinkanister und die restlichen Nahrungskits werden auf der Luvseite verstaut. Fauchend fährt der Wind in die zum Zerreißen gespannten Tücher. Nansen hatte da mehr Probleme: »Wir ziehen an und machen unser Fahrzeug flott. Kaum aber ist es losgekommen, als der Wind es uns auf die Hacken treibt und wir zu Boden stürzen. Wir stehen auf und machen einen neuen Versuch, aber es geht uns nicht besser.«

Die erste Etappe vergeht meist wie im Fluge. Jeder von uns hängt seinen Gedanken nach, hat noch genügend »Stoff« und wird langsam wach. Der Schnee ist nicht sehr tief, der Schlitten läßt sich gut ziehen, vor allem, da der Wind mithilft. Walter fixiert seinen Kompaß, geht ohne Blick für das Gelände stur nach der Nadel. Es wird trotzdem ein Schlangenkurs, das kann man nicht vermeiden. Die Nachfolgenden haben es da besser, hängen weiter ihren Gedanken nach, lassen den Blick über das Eis schweifen und suchen am Horizont nach etwas anderem als Schnee und Wolken.

Pünktlich wie die Maurer bleiben wir nach 70 Minuten stehen, haken die Karabiner aus den Geschirren, lösen die Bindung aus und treten aus dem Rahmen der Zugstangen. Die kurze Sitz-Rast auf dem Schlitten ertragen wir nur mit dem Überanorak. Werner holt eine Tüte mit Nüssen aus der Tasche und schüttet jedem etwas in die Hände. Wir kauen, nehmen einen Schluck aus der Thermosflasche und unterdrücken die Gier, gleich alles auszutrinken. Disziplin ist wichtig. Das Kraftgetränk muß noch fünf Etappen halten.

Werner kontrolliert am Laufrad den Kilometerstand: 3 800 Meter haben wir bei dieser Etappe gemacht. Eine gute Leistung, die wir auch unseren Segeln zu verdanken haben. Innerlich rechne ich hoch und freue mich, daß es heute wahrscheinlich 20 bis 22 Kilometer werden könnten.

Subjektive Temperaturen

Gerhard holt das Schleuderthermometer aus der Anoraktasche und mißt die objektive Temperatur: »15 Grad Minus!« Anschließend wirbeln die Schaufeln des Anemometers: »48 Kilometer pro Stunde Windgeschwindigkeit. Das ergibt unter Berücksichtigung des Chill-Faktors Minus 42 Grad Celsius!«

Bei der von Gerhard verkündeten Temperatur gefriert Fleisch innerhalb von einer Minute. Wir ziehen die Kapuzen enger über die Ohren, reiben die Nasen und schlüpfen mit unseren Schladminger Walkhandschuhen in winddichte Überhüllen.

Nach 15 Minuten dränge ich – wie immer – zum Aufbruch. Werner startet zur nächsten Etappe und legt wie üblich ein flottes Tempo vor. Walter protestiert von hinten, ebenfalls wie üblich: »Wernerle, nicht so schnell. Meine Fußis.« Am Ende der reichlichen Stunde wirft Walter sein Geschirr in den Schnee, eilt vor zum Laufrad und will Werner beweisen, daß er zu schnell gegangen ist. Aber da hat das Log nur 200 Meter mehr als vorher aufzuweisen ...

Nach der dritten Etappe ist die Pause länger. Eine halbe Stunde lang widmen wir uns selbst, grübeln über die Blasen nach, recken die schmerzenden Schultern, reiben die tauben Finger, sitzen maulfaul auf dem Schlittenrand im Windschutz des Spinnakers. Welch eine Schinderei! Diese Tour ist weniger eine Frage der Kondition als der Leidensfähigkeit ...

Der Wind flaut ab. Schlaff hängt der Spinnaker von der Mastspitze und schleift im Schnee, kommt ab und zu

Mehrmals täglich wurden meteorologische Beobachtungen gemacht und aufgezeichnet. Windstärke und -richtung waren interessant: wollten wir doch segeln.

unter die Kufen, bremst den Schlitten und läßt uns aus der Lethargie des Gehens aufwachen. Pause. Wir stopfen die Segel unter die Persennings und sind bereit, sie beim leisestem Hauch wieder aufzuziehen; dann hängen wir uns erneut ins Geschirr: Wieder die übliche Schinderei, die auf 80 Kilo geschrumpfte Masse in Bewegung zu halten, ihnen mit einem Ruck der Hüften eine Vorwärtsbeschleunigung zu geben und dafür einige Schritte zu gleiten.

Auf den Spuren des Skilaufs

Unsere modernen, eleganten Telemark-Skier mit Kunststoff-Steigfellen sind leicht und breit. Ohne sie würden wir schon bald versagen und uns im häufig knietiefen Schnee vollständig verausgaben. Für zwei Meter Länge haben wir uns entschieden. Schon Nansen hatte die Notwendigkeit von Skiern erkannt und anläßlich seiner Inlandeisüberquerung deren Eignung im verschneiten Gelände bewiesen: »Wir hatten im ganzen neun Paar bei uns; zwei waren von Eichenholz, während die übrigen aus Birkenholz verfertigt waren. Die Eichenskier hatten eine Länge von 2,30 m. Die Breite betrug vorn bei der Biegung 9,2 cm, von der Mitte bis nach hinten dagegen 8 cm ... Auf der unteren Fläche hatten sie drei schmale Längsrillen. Ungefähr dieselbe Form und dieselben Dimensionen hatten auch die sieben Paar Birkenskier ... Diese Birkenskier waren auf der unteren Fläche mit ganz dünnen Stahlplatten belegt, die unter dem Fuß eine Öffnung hatten (88 cm lang und 5,3 cm breit), in welche ein Stück Fell von einem Rentierlauf eingefügt war.«

Nansens »wahnsinnige Tat« mit Skiern mußte wie eine Offenbarung auf die zeitgenössischen europäischen Alpinisten wirken. Sie, die gerade die Erschließung der Alpen als erledigt betrachtet hatten, konnten nun in einem neuerlichen Anlauf die – winterlich verschneiten – Alpen erobern. Nansen war bei seiner Grönlanddurchquerung ja auch nahe an 3 000 Meter ü.d.M. herangekommen. Der Siegeszug des Ski war vorprogrammiert. Die bekannten Namen alpiner Skipioniere klingen gut, allen voran der des »Schneeprofessors« Wilhelm Paulcke, der als Gründer des Deutschen Skiverbandes und als Bergführerausbilder für den Alpenverein in Sachen Ski berühmt wurde.

Gerhard flucht auf seine schmerzenden Überbeine. Wir diskutieren, ob wir es bei sechs Geh- und siebeneinhalb Tourenstunden für heute bewenden lassen sollen. »Wir gehen noch, bis wir 20 Kilometer haben!« Werner und ich sind uns da meist einig, Walter läßt sich schnell überreden und Gerhard folgt der Disziplin.

Leben am Limit

Irgendwo bleiben wir dann stehen. Am »Größten Campingplatz der Welt« ist es egal, wo man die Zelte aufschlägt. Jeder Fleck ist hier oben auf dem Eis gleich. Müde schlüpfen wir aus den Zuggeschirren, holen die Zelte und die Schaufeln aus den Schlitten. Die Sonne steht noch hoch; sie wird erst in zwei Stunden hinter dem Horizont verschwinden. Lange Schatten fordern zum Fotografieren heraus.

Eine Bö bläst das aufgespannte Innenzelt wie einen Kinderdrachen hoch. Unsere Horrorvision ist, daß uns eines der lebenswichtigen »Häuser« davonfliegt. Der aufgewirbelte Schnee ist wie Mehlstaub. Eiskristalle brechen sich im Gegenlicht und zaubern regenbogenartig alle Spektralfarben gegen den Himmel. Licht und Gegenlicht bekommen in der Arktis eine zauberhafte, fast kitschige Dimension.

Gerhard und Werner verankern das Messezelt. Die Mastteile sind optimale Heringe, auch wenn sie mit Mühe in den gefrorenen Untergrund gehauen werden müssen. Gerhards Gesicht ist kantig geworden, er schaut müde aus. Werner werkelt wie ein Besessener, um mit Eispickel und Schaufel zwei große Gräben auszuheben, die als »Fußkuhlen« im Messezelt dienen sollen. Sein blonder Vollbart ist vereist. Als einziger hat er lediglich die dünne Überkleidung an. Er scheint selten zu frieren. Bald ist das Fauchen des Benzinkochers zu hören, während Werner kraftvoll die Lükken des Zeltes zwischen Stoffbahn und Schnee zuschaufelt.

Walter und ich haben inzwischen die Sechsecke der Schlafzelte aufgestellt, die Überzelte darübergezogen und die langen Schnüre mit Mastteilen, Skistökken, Schlitten und Pickeln verankert. Um dem Schneestaub das Eindringen schwer zu machen, schaufeln wir den Spalt zwischen Über- und Innenzelt völlig zu und machen damit die Behausungen sturmfester. Gesegnet sei uns ein ungestörter Schlaf! Während die Freunde ihre Schlafsäcke im Zelt ausbreiten, schlüpfe ich in meine Moon-Boots und entledige mich der Bergschuhe, die wahrhaftig nicht immer unsere Freunde waren. In die Überkleidung verpackt, krieche ich mit einem Sack mit der wichtigsten Habe ins Messezelt, setze mich auf die Matte und räkele den schmerzenden Rücken. Gerhard und ich haben stark unter Muskelverspannungen zu leiden.

Walter robbt nach und schiebt seine Liegematte, die ihm als Sitzkissen dient, vor sich her. Auch sein Gesicht ist hager geworden, aber wie üblich lacht er, flachst und brüllt irgendein Bonmot, über das wir drei Ernsteren lachen. – Werner kommt als letzter, er hat nochmals einen prüfenden Blick auf alles geworfen, hier etwas gerichtet und da einiges korrigiert. Täglich pflegt er seine Füße. Barfüßig bei −20°C auf dem Schlitten sitzend, kümmert er sich intensiv um die derzeit wichtigsten Körperteile.

Es wird gemütlich; der Kocher hat das Zelt auf erträgliche Temperaturen aufgeheizt. Ich zupfe am Bart, der lang und länger geworden ist. Der Spiegel des Kompasses ist »Toilettengerät Nr. 1«. Ich erkenne mich kaum wieder mit den grauen Stoppeln, dem stark gebräunten Gesicht und der jetzt scharf vorspringenden Nase, aber eigentlich sehen wir ganz gut aus und ich kommentiere: »Das ist wie eine Kur. Lange schlafen, Bewegung, frische Luft, gesundes Essen und keinen Alkohol.« Wir flachsen öfter über unseren Eisalltag. »Und da war doch noch etwas ...«

Ich schüttle 200 Gramm Formulapulver zurecht, würze sie mit Mineraldrink und trinke tassenweise das heiße Gebräu, gierig – wir haben ständig Durst. Die Freunde stehen mehr auf die gefriergetrockneten Menüs, die wir aus dem Alubeutel in einen Topf füllen, Wasser zufügen und aufwärmen. Für jeden gibt es zwei Haferl voll. Meistens verschenke ich die mir zustehende zweite Portion.

Harmonie macht sich breit. Satt und zufrieden mit der Tagesleistung, widmen wir uns dem Bonbon unserer kulinarischen Genüsse. Mein Kakaopulver findet reißenden Absatz. Es wird mit Werners Süßstoff aufgemöbelt, mit heißem Wasser aufgegossen, und dann darf sich jeder einen Schuß aus der Flasche mit annähernd hundertprozentigem Alkohol in das braune Getränk schütten. Andächtig schlürfen wir diesen heißen »Lumumba« und warten auf das Tagesereignis: Das »Bulletin«. Gerhard hat unsere Tagesstrecke auf der Karte visualisiert und die heutige Kilometerleistung gekoppelt: »Aha, da stehen wir.«

Werner macht schon Pläne: »Wenn das so weitergeht, sind wir 14 Tage früher in *Nuuk* als geplant. Ob ich umbuchen kann?« Wir kommen tatsächlich hervorragend voran, obwohl wir uns nicht »auspowern« und nicht an unsere Belastungsgrenze gehen. Ist das ein Ergebnis unserer zweijährigen Vorbereitung und der Ausrüstung ohne Fehl und Tadel?

Da sitzen wir nun, sind satt und zufrieden. Wie wenig – oder wieviel – braucht der Mensch, um glücklich zu sein? Walter schnüffelt, Gerhard wischt sein Nasentröpferl mit dem Ärmel ab. Werner hustet und ich räuspere mich: »Keschute!« Wir heben unsere Tassen und stoßen mit dem »Lumumba« auf grönländisch an. Sie klingen überhaupt nicht.

»Ich gehe schon mal ins Bett, mir tut das Kreuz weh.« Mit der Liegematte krieche ich aus dem Zelt, schlage das Wasser ab – es sind nur ein paar Tropfen – und krieche in den Schlafsack.

Am Ende der Welt

Wir sind dabei, mit zeitgemäßer Technik, aber »by fair means« das nachzumachen, was uns Nansen vor 100 Jahren vorgemacht hat. Hier in Grönland wurde früher das Ende der Welt vermutet. Unsere Idee war es, an ein kulturelles Erbe zu erinnern, indem wir seine Erstdurchquerung nachvollziehen. Als Werners Hanni den Versand von Paketen zur größten Insel der Welt klärte, fragte der Postler zurück: »Wo ist denn Grönland?« Daß Grönland eine Insel ist, ist überhaupt eine »Lüge«: Warum ist Europa ein Kontinent? Grönland hat eine ähnliche Ausdehnung, ohne jedoch ein Subkontinent zu sein.

Dieses »Kalaallit Nunaat«, was »Land der Menschen« heißt, ist so gut wie menschenleer. Wir wissen es, haben wir doch seit drei Wochen nur uns um uns herum. Durch dieses Land zu gehen, war Nansens Idee, 100 Jahre später erst die meine, schließlich unsere. Ich denke an die Worte des »Arctic Expeditions Advisers« Gunnar Jensen: »Eure Chancen liegen unter 50 Prozent. In den letzten fünf Jahren gab es bei sieben Expeditionen sieben Tote und drei Rettungsaktionen.«

»Wir kommen an, erfolgreich, gesund und wahrscheinlich als eine der schnellsten Expeditionen«, denke ich. Walter kriecht ins Zelt und werkelt noch lange, bis auch er im Schlafsack liegt.

»Nacht, Micherl.« Ich brumme einen Wunsch zurück, dehne das schmerzende Kreuz und lausche auf den Wind, der am Zelt zerrt. Zufrieden, aber auch gespannt auf morgen, drehe ich mich um, rücke den Anorak zurecht, der als Kopfkissen dient, und kuschele mich in den Schlafsack. Die Leuchtziffern der Armbanduhr zeigen auf 23.30 UTC. – Es war ein ganz normaler Tag.

Breitenmessung und Mahlzeit auf dem Inlandeise (Nansen).

Vom Schlitten geschoben

Werner dokumentiert den 5. August:

»Wir brechen um 12:15 UTC auf. Sonne und etwas Segelwind lassen ein gutes Vorwärtskommen erhoffen. In der ersten Etappe hängen die Spinnaker wie leere Säcke an den Masten. Heute frischt der Wind nicht wie sonst auf, sondern er schläft fast ganz ein. Die Schlitten müssen ordentlich gezogen werden, und wir haben auch nicht den Eindruck, daß es abwärts geht.

Der Himmel ist von Wolken überzogen, die sich gegen den blauen Himmel abheben. Die Sicht ist unbegrenzt und die Wolken scheinen auf dem Schneerand des Horizontes zu schwimmen.

Plötzlich frischt der Wind auf. Der Schlitten drängt und stupst dauernd über das Zuggeschirr in den Rücken. Es ist ein herrliches Gefühl, von dem geschoben zu werden, was sonst wie ein Bleiklotz an einem hängt.

Mich erinnert die Situation an meine Kindheit auf dem Bauernhof meines Großvaters. Dort mußten wir Kinder das Kuh-Gespann halten, während die Erwachsenen noch aufluden. Gegen Abend, wenn die Rinder heim in den Stall wollten, stupsten sie uns mit ihren weichen Nasen in den Rücken und drängten sanft vorwärts – ähnlich wie heute der Schlitten.

Walter, der führt, bemerkt diesen sachten Schub des Schlittens und beschleunigt. Er hat von gestern, als ihn Micha aufforderte, bei der Führung nicht ›einzuschlafen‹, noch eine Rechnung offen. Immer schneller wird seine Fahrt, verbissen rennen wir ihm nach. Nach genau einer Stunde und zehn Minuten schläft der Wind ein, Walters Etappe ist vorbei und 5,6 Kilometer stehen zu Buche! Die schnellste Etappe bisher. Bravo, Walter!

Danach kein Hauch von Wind. Es geht über eine glasige Schneedecke, die durch den Druck der Schlitten oft einbricht, schwer weiter.

Nach einer guten Strecke (25,2 km, 6:23 Std., 273 km total) bauen wir auf 2600 Metern das Lager auf. Eine schöne, warme Stunde belohnt uns für die Plage des Tages.

Um 24:00 UTC stoßen wir auf Michas Geburtstag an. Dann gehen wir ins Bett; Minus 13°C mißt Gerhard. Schade, daß wir kein Minimumthermometer dabei haben. Es wird kalt heute Nacht.«

44 Jahre Micha, 44 Jahre Abenteuer

Der 7. August ist für mich ein besonderer Tag, der immer ein Höhepunkt in meinem Leben bleiben wird...

Beim Führen taumele ich wie betrunken. Auf der verharschten und gefrorenen Schneefläche scheren die Skier immer wieder aus, nehmen die Kanten eine andere Richtung als ich ihnen aufzwingen will. Sanft ruckt der Schlitten an, wenn ich mich ein wenig ins Zuggeschirr lege. Den Rest erledigt der prall gespannte kleine Spinnaker, der hoch oben am Mast wie ein Halbmond steht. Die Sonne ist als heller, scharf umrandeter Fleck zu erkennen. Rundum ist alles weiß, hell, leuchtend. Das ist kein »White-Out« im eigentlichen Sinne, aber die Sicht aus dem begrenzten Blickwinkel der Kapuze und der Sturmhaube ist einfach schlecht. Von links fegt der starke Wind wie üblich rundgeschliffene Schneekristalle gegen Wange und Nase. Die kleinen Schneewehen werden durch das irisierende Licht und die getönte Brille zu halbmeterhohen plastischen Gebilden, zu optischen Täuschungen, die den Gleichgewichtssinn narren. Überall scheint es abwärts zu gehen. Der Kugelkompaß an der Vorderseite der Zugstange tanzt durch den ruckenden Schlitten wie verrückt hin und her. Die Freunde hinter mir sind da besser dran, haben mich oder ihren Vordermann und die Spuren als optischen Halt. Nur gut, daß wir alle Stunde mit der Führung abwechseln. Das nächste Mal ist Walter dran, dann Werner, dann Gerhard – noch habe ich eine gute halbe Stunde zu spuren. Ganz weit spreize ich die Arme mit den Stökken, um das Gleichgewicht zu halten.

Es ist ein Wunder, wie der querab pfeifende Wind in die Spinnaker greift und trotzdem Vortrieb erzeugt. Das haben wir nur dem Segelkonzept zu verdanken, das in den letzten Tagen voll aufgegangen ist. Die Kilometerleistungen zwischen 20 und 27 km sind Beweis genug. Das Lob, das wir Gerhard aussprechen, nimmt dieser gelassen hin: »Alles eine Frage der Aerodynamik!«

Wieder schiebt der Schlitten sacht an. Der Schnee prasselt auf die Anoraks, die Persennings und auf die linke Gesichtshälfte. Ich blicke zurück, um sicher zu sein, die Freunde nicht verloren zu haben. Dann ein prüfender Blick hoch zum Mast. Die zwei langen Wimpel über dem Spinnaker und der bayrischen Fahne fallen sofort auf. Der Wind zerrt an ihnen, zwirbelt die schmalen Streifen zu »Korkenziehern« und läßt nur schwer erkennen, was auf ihnen geschrieben steht:

44 Micha Happy Birthday 44
und
München 3780 km

Richtig, heute ist mein Geburtstag! Der Tag begann phantastisch schön ...

... Rumoren außerhalb des Zeltes. Ich wollte Gerhard anstupsen, mit dem ich heute Nacht das Zelt geteilt habe, aber er war nicht da. Nur sein aufgebauschter Schlafsack lag noch neben mir. Wieder grummelte es; draußen wurde geflüstert und getuschelt, bis Walter auf einmal rief: »Kannst noch liegenbleiben, Micherl, Du hast ja heute Geburtstag!« Ich kuschelte mich gern nochmals in das klamme Daunenbett und blickte zum Zeltdach, das mit Reifkristallen übersät war, die bei jeder leichten Bewegung herabrieselten.

Plötzlich wurde die Plane des Zelteinganges aufgerissen. Werner und Walter standen in Hab-Acht-Stellung davor. »Happy birthday to you ...«, sangen sie, schnappten mich dann und warfen mich auf einen der Schlitten. Meinen Schlafsack zerrten sie noch aus dem Zelt, schmissen ihn auf mich drauf, damit mir die −12°C nichts anhaben konnten. Mit Gejohle zogen mich die beiden rund um das Lager unseres 18. Biwaks. Beim umgestülpten Kochergehäuse blieben sie stehen. In Griffweite von mir war dieses als Geschenktisch aufgebaut. Oberhalb knatterten zwei Wimpel im Südwind: »bis München« und »44 Micha« konnte ich lesen. Neugierig wandte ich mich noch im Liegen den Präsenten zu: Da gab es einen Taschenwärmer, der mit einer Art Räucherstäbchen betrieben wird; jeder hatte eine »Kaminwurzn« abgezweigt, die ich so gerne mag, und Walter hatte seine Mineraldrinkration geopfert. Als Krönung lag dort ein Sweatshirt mit dem TGSE-Logo und der Zahl »44« bedruckt. Ich war gerührt.

Das Spektakel ging weiter. Auf dem Fuß des Kochergehäuses, als Tablett drapiert, steckte zwischen zwei Vitamintabletten in Plastikfolie eine brennende Zigarette und daneben stand eine dampfende Tasse mit unserem letzten Kaffee. Unter neuerlichem »Happy birthday«-Gejohle der anderen »inhaliere« ich dieses »Nuttenfrühstück«.

Der Wind pfiff, doch mir war es auf dem Schlitten mit dem Schlafsack ganz gemütlich. Abrupt wurde abgebrochen: »So, das reicht!« Mir reichte es natürlich noch lange nicht, aber unserer harrten wieder die trivialen Dinge unseres Grönland-Alltags.

Ich ging zum Zelt und richtete mich für den Marsch her. Das tagtägliche Begutachten der Füße begann. Weiß der Teufel, woher die Blasen an immer neuen Stellen der Füße wachsen. Walters Theorie ist: »Haut ist nur begrenzt belastbar!« Nachschlag: »Denken wir nur an das Jungfernhäutchen.« Unser Problem ist, daß wir zu wenig Pflaster dabeihaben. Wir benutzen jetzt schon Industrieklebeband. Walters Vorschlag: »Die gebrauchten Pflaster heben wir auf und verwenden sie nochmals« folgten wir nur zögernd. Als unser »Mediziner« hatte er sich in Sachen Apotheke, Erster Hilfe und auch im »Wunden nähen« schulen lassen. Beim Abschiedsfest wurde Walter denn auch ein letztes Mal abgefragt: »Wie knüpft man Fäden, wenn man eine Wunde näht?« Die Antwort Walters kam wie aus der Pistole geschossen: »Zwoa glatt, zwoa knödelt.« Was bedeutet, alle zwei Stiche zwei Knoten zu machen. – Gegen die Rückenschmerzen, die Gerhard und ich allabendlich haben und die uns zu kuriosen Verrenkungen treiben, ist kein Kraut gewachsen. Erst im Zelt beim Liegen wird es besser. Nach spätestens zwei Tourenstunden am nächsten Tag sind die Schmerzen wieder da. Drei Finger meiner rechten Hand sind pelzig. Da drückt irgendeine Muskelverhärtung auf den Nerv im Rücken.

Das eigentliche Geburtstagsfrühstück im Messezelt bestand aus unserer bewährten Pulvernahrung, Mineraldrink, einem Stück »Kaminwurzn« und für mich als Höhepunkt einer zweiten Tasse Kaffee. – Die Formuladiät macht nicht satt, aber man hat danach keinen Hunger und spürt, wie nach ein paar Schlucken die Energie zu strömen beginnt. Diese Nahrung ist einwandfrei, optimal, auch wenn sie für Kranke oder Astronauten und nicht für Gourmands und Gourmets gedacht ist.

Aus meinem Allerweltssack kramte ich die Geschenke heraus, die mir beim Abflug mitgegeben wurden. Aus dem Geschenkpapier wickelte ich ein Fläschchen »Penatenöl«; Ulla war offenbar um meine Falten in Sorge. Drei Minuten später erstrahlte das Messezelt im Widerschein meines Antlitzes, das wie ein Babypopo glänzte. Leider hingen die fettigen Haare noch immer in die hohe Stirn; der Bart wurde auch nicht schöner, und mag das Öl noch so fein sein. Christl, die »Gscherte«, hat mir eine Ansichtskarte geschrieben. Das Motiv ist eine Sommeralmwiese: »Damit Du die Blumen und Gräser riechen kannst ... Komm zurück!«

Wild entschlossen, zurückzukommen, packten wir unsere Schlitten und setzten dem scharfen Südwind unsere kleinen Spinnaker entgegen ... Der Tag bringt schlechte Bedingungen und insgesamt 23,8 Kilometer. Wir haben die 300-Kilometer-Marke überschritten: 301 Kilometer zeigt das Log. – Im trüben Licht, umgeben von Nebel und Schneetreiben, bleiben wir nach sieben Stunden Zieherei hundemüde irgendwo stehen. Bald knattern die Zelte, während der Schnee waagerecht daherfegt.

Der Geburtstag endet im Messezelt bei der vorletzten »Lumumba«-Ration. Ich denke an die Freunde und an die Herzlichkeit, die hinter dem Geburtstagsspektakel steckt. Für so etwas lohnt es sich, gelebt zu haben.

Bulletin und »Chili con Carne«

Am 8.8.88 berichtet Walter vom weltfernen Inlandeis:

»Heute ist *der* Hochzeitstag in Bayern und sonstwo auf der Welt. Man feiert diesen außergewöhnlichen Tag der ›Schnapszahl‹ wegen und legt darauf Familienfeste. Hoffentlich haben die Leute genauso gutes Wetter wie wir.

Momentan sitzen wir im Messezelt und kochen. Dazu orakelt Gerhard beim täglichen Bulletin: ›Höhe 2360 m, schönes Wetter, Hochdrucklage. Daher sind wir vielleicht in Wirklichkeit höher – oder tiefer.‹

Micha bastelt mit Bleistift und Messer an der Kamera herum. Werner gibt die Kilometer-Leistungen am Cyclometer bekannt: ›Reine Gehzeit: 5:24 Stunden; Strecke: 21,7 Kilometer; momentane Geschwindigkeit: 0 (Gelächter); Durchschnittsgeschwindigkeit: 4,0 Kilometer pro Stunde; totale Strecke bisher: 319 Kilometer; Drehzahl: niedrig – mangels Lumumba.‹

Werners rechtes Ohrläppchen ist weiß, dick und schmerzt. Therapie: Abwarten. Gerhard meint, seine Nasenspitze sei gefroren. Therapie: Abwarten.

In der Nacht hat es geschneit. Es war relativ warm. Mein Faserpelz-Overall war mir im Schlafsack zu heiß und ist am Rücken geplatzt.

Rückblick am Abend: Tagsüber hatten wir Temperaturen um −2° bis −8°C und bis zu zehn Zentimeter Pulverschnee in den Mulden. Im übrigen ging man auf Harsch. Dazu schien die Sonne und wärmte angenehm. Die Winde waren schwach, aber stetig. Wir zogen den ganzen Tag mit gehißtem großen Spinnaker. Natürlich mußten wir ständig den Baum verstellen und sicher mußte man die Schot einmal dichter, einmal weniger dicht nehmen; aber das müssen Segler ja schließlich auch.

Geburtstag mit »Eiskaffee«.

›Chili con Carne ist fertig!‹ Voller Heißhunger stürzen wir uns auf das warme Essen. Mir schmeckt es immer gut. Gerhard und Werner mögen die gefriergetrockneten Fertigmenüs auch gerne, während Micha die Pulvernahrung bevorzugt. Anschließend gibt es den allerletzten ›Lumumba‹. In einem Berghaferl wird der letzte Tropfen ›Allohol‹ feierlich geschwenkt und dann mit Kakao und Milchpulver aufgefüllt. Ab morgen leben wir alkoholfrei.

Jetzt gegen 24:00 UTC frischt der Wind auf. Es wird empfindlich kalt. Ich freue mich – wie jeden Tag – auf meinen Schlafsack.«

Ruhetag: Schafkopf und andere Sauereien

»Ich spiele mit der Eichelsau«, brüllt Walter, schaut seine Karte prüfend an und blickt dann beifallheischend in die Runde. »Stoß!« Werner lugt unter seinem Mützenrand hervor und läßt das Wort genüßlich auf der Zunge zergehen. Gerhard lacht verschmitzt, das obligatorische Nasentröpferl schwankt hin und her und droht, in den Becher mit Mineraldrink abzuspringen, der vor ihm auf der Schneebank steht. Ich bin noch bei der Buchführung unseres Schafkopfspieles mitten auf dem Inlandeis.

Der Sturm drückt gegen die knatternde Plane des Überzeltes und wir müssen fast schreien, um uns zu verständigen. Gegen die Helligkeit zeichnen sich große Wassertropfen ab. Schneekristalle prasseln gegen die Außenhaut. Werner hat den zerfetzten Eingang des Messezeltes geschickt mit einem Segel abgedichtet. Mit Hilfe einer Reepschnur und der verankerten Schaufel ergibt das eine fast winddichte Zugtüre. Der Reißverschluß hat schon vor Tagen den Geist aufgegeben. Der Sturm wird an diesem 9. August zum Inferno.

Walter spielt aus, ich muß bedienen. Werner haut einen Trumpf auf den Fuß des Kochergehäuses, worauf Gerhard mit diabolischem Grinsen den Eichelober drüberlegt: »Schafkopfen muß man können!« Walter schaut betrübt und behauptet: »Ich spiele ja nur wegen der Freude!« Mein Blick zum Kontoauszug zeigt, daß er dick im Plus ist, während ich meine in *Søndre Strømfjord* angehäuften roten Zahlen weiter ausgebaut habe.

Nach zwölf Stunden Schlaf, dem Zerren des Sturms an den Zeltwänden, dem Prasseln der Schneekörner und dem Blick in die weiße Suppe draußen hatten wir spontan beschlossen, heute nicht zu marschieren. »Ich beantrage einen Ruhetag!« hatte ich zum Nachbarzelt mit Gerhard und Walter gebrüllt. Und die waren nach kurzem Ratschlag der gleichen Meinung. Bisher hatte ich immer gedrängt, für längere Marschzeiten plädiert und mir einen Schiefer eingezogen, als ich am zehnten Tag mit Argumenten wie »Wildnis«, »Menschenferne«, »Wir dürfen unser bisheriges Glück nicht versuchen« und »Morgen kämpfen wir vielleicht ums Überleben« heftig für strengere, wenn auch kräftemäßig ökonomische Tagesleistungen plädierte. Gerhard motzte denn auch etwas herum: »Willst du vielleicht einen neuen Rekord aufstellen oder hast du etwa Angst?« Aber genau das war es nicht. Gerhard kennt mich und mein »Nervenkostüm« seit nunmehr acht Jahren, und da sind solche Vorwürfe sicher ungerecht.

Was mich rastlos machte, sind der Respekt vor dieser Tour und das unverschämte Glück mit dem Wetter, dem Wind und der Schneebahn, das wir bisher hatten.

Nun liegen wir hier im Schlechtwetter, etwa 80 Kilometer vom Eisrand, vom *Austmannadalen,* entfernt, sind bisher hervorragend vorwärtsgekommen und können es uns leisten, den ersten Ruhetag seit 20 Tagen einzulegen. Muskeln, Sehnen, Knochen und vor allem unsere Füße werden es uns danken. Morgen werden wir vor Energie zerspringen!

»Auf an Wenz g'hört a Sau.« Ich knalle das Eichelas hin, um Werner bei seinem »Solo« einen Unter herauszulocken. Der Wind draußen hat nachgelassen und ist einer trüben Stimmung gewichen. Alles ist Grau in Grau, Nebel rundum.

Die Schlitten haben feuchte Eiszapfen, und der Neuschnee ist auf 20 Zentimeter angewachsen. Das wird morgen eine schöne Arbeit werden.

Dank unserer großen Benzinbestände, lassen wir den Kocher permanent laufen und bringen das Zelt auf +4°C. »Die Männer, die in die Kälte gehen«, hatte irgend jemand vor unserer Abreise gewitzelt. Als extreme Tieftemperaturen hatte man uns »maximal minus 25 bis minus 30 Grad Celsius« prognostiziert. Mit dem Wind kann das sehr schnell Temperaturen ergeben, bei de-

Datum	Zeit UTC	Wind (m/s) Richt.	Stärke	Sicht (km)	Bewölkung Bed.	Art	Niederschlag	Temp. Grad C	Bar. Höhe (m)	Tagesweg (km)	Σ-Weg (km)	Position Breite	Länge	Bemerkungen
7.8.	10.00	180	4	>10	4	sc/ci	–	–8	2600					Michas 44. Geburtstag
	16.00	180	5	>10	7	sc	Schnee	–3	2570					z.T. white out!
	22.00	180	4	0,5	8	sc	Schnee	–3	2510	23,8	301,0	64-16N	46-50W	18. Biwak
8.8.	11.00	120	2	>10	6	st	–	–2	2480					Neuschnee, trocken! 10 cm
	16.00	120	3	>10	0	0	–	–1	2450					
	22.00	120	5	>10	0	0	–	–8	2370	21,7	322,7	64-14N	47-14W	19. Biwak
9.8.	12.00	270	5	0,2	8	sc	Schnee	–2	2410					white out
	18.00	270	5	0,5	8	sc	Schnee	–2	2425					Schneefall, 20 cm
	22.00	0	0	>10	8	sc	–	–7	2420	0	322,7	64-14N	47-14W	20. Biwak, Ruhetag
10.8.	10.00	0	0	>10	4	sc	–	–7	2400					15 cm Pulverschnee
	15.00	300	4	0,5	8	sc	Schnee	–1	2360					white out
	22.00	0	0	10	0	0		+4	2270	21,7	344,4	64-12N	47-40W	21. Biwak
11.8.	10.00	200	9	>10	2	ci	–	–7	2250					Schneefegen; trockener
	15.00	200	10	0,2	8	sc	Schnee	–1	2200					windgepreßter Schnee
	22.00	200	12	0,2	8	sc	Schnee	–2	2020	19,0	363,4	64-10N	48-05W	22. Biwak
12.8.	12.00	200	6	0,2	8	sc	Schnee	+1						Naßschnee
	15.00	200	6	>10	8	sc	Schnee	+2						Ruhetag
	21.00	200	6	>10	8	sc	Schnee	+2	2000	0				23. Biwak
13.8.	11.00	200	15	0,2	8	sc	Schnee	+2	2030					Starkwind
	16.00	200	12	0,2	8	sc	Schnee	+2	2040					white out
														Ruhetag

nen man nicht mehr gehen kann. Aber bisher meinen es die Tieftemperaturen recht gut mit uns. Tagsüber liegen sie bei etwa −8°C bis −10°C, und mit unserer Ausrüstung lachen wir nur darüber. Die dicken Überanzüge haben wir zum Gehen noch kein einziges Mal angehabt, die Daunenjacken liegen noch komprimiert in den wasserdichten »Stuffbags«. In den Schlafsäcken haben wir bisher so gut wie nie gefröstelt. Lediglich Werner hat einmal im feuchtgefrorenen Daunenbett eine schlechte Nacht verbracht. Warum benutzt er aber auch nicht wie wir die Gore-Tex-Hüllen, die den Schlafsack vor der ständigen Feuchtigkeit im Zeltinneren schützen? Bei schönem Wetter binden wir die Daunensäcke auf unsere Schlitten und lassen sie während des Tagesmarsches in Sonne und Wind trocknen.

Gerhard mischt die Karten und läßt Werner abheben. Fast ist es gemütlich in unserem Schneeloch mit dem roten Überzelt als Haube. Vor dem nächsten Spiel dichte ich mit Werners Hilfe meine Moon-Boots, deren Nähte langsam den Geist aufgeben. Die Freunde haben auf diesen segensreichen Ausrüstungsgegenstand verzichtet und schlüpfen abends mit den Daunenfüßlingen in die Schalen der Bergschuhe. Zweifellos habe ich die bessere Wahl getroffen. Gerhard teilt aus.

»Weiter.« – »Spiele.« – »Ist recht.« Werner spielt »avec le bleu«, was soviel heißt, daß er den zum Spielpartner wählt, der die »Grassau« hat. Er sucht sie sofort und wird von Gerhard niedergetrumpft. Walter legt blutenden Herzens einen »Graszehner« rein. Ich opfere mit bitterer Miene mein blankes »grünes As«. Die Verhältnisse sind klar. Das Spiel gewinnen Gerhard und Walter. Vor der nächsten Runde verabschiedet sich Gerhard: »Ich muß Meteorologie machen.« Spricht's und kriecht zum Zelt hinaus.

Für Meteorologie und Navigation verantwortlich, nimmt er diese Aufgabe ernst und führt ein entsprechendes Tagebuch. Wenn wir in den Gehpausen auf unseren Schlitten hocken, unsere blauen Thermosflaschen »befragen« und Energie tanken, schleudert er sein Thermometer, mißt Minus- und Plustemperaturen, schätzt die Bewölkung in Achteln, schreibt die Schneekonsistenz auf, läßt die Schaufeln seines Anemometers wirbeln, um die Windgeschwindigkeit zu registrieren und trägt die barometrisch gemessene Höhe in sein Logbuch ein. Anhand dieser Aufzeichnungen werden wir nach der Expedition saubere Werte habe.

»Knapp 100 Stundenkilometer zeigt das Anemometer. Aber das Wetter wird besser, es hat aufgehört zu schneien«, kommentiert er bei der Rückkehr an den »Kartentisch«, »bei nächster Gelegenheit müssen wir die Sonne schießen, um unseren genauen Standort zu bestimmen.« Ein paarmal haben wir während der Tour mit dem Sextanten nachgemessen, ob unsere vermutete Position mit der tatsächlichen übereinstimmt, und 14 Messungen mit dem Sextanten am vermuteten Kulminationspunkt der Sonne durchgeführt. Jetzt gehen wir aber schon seit fast zehn Tagen nur nach dem Kompaß und richten unsere Skispitzen nach seiner tanzenden konvexen Scheibe aus. »Kurs 295« ist seit Tagen die Devise. Es wird Zeit, daß wir uns vergewissern, wo wir sind. Doch dazu brauchen wir gutes Wetter und Sonne. Wir haben zwar alle drei bei Gerhard die Schulbank gedrückt und später hat uns der bekannte Arktissegler Folkmar Ukena noch zwei Tage »geschliffen«. Aber wirklich kompetent in der hohen Kunst des Navigierens nach den Gestirnen sind nur Gerhard und Werner, der sich vor der Expedition akribisch mit diesem Thema beschäftigte und jetzt mit Gerhard zusammen ein verläßliches Gespann abgibt. Walter und ich haben uns daraufhin anderen wichtigen Aufgaben zugewandt. Gott sei Dank!

»Eichel sticht!« Werner spielt wieder ein »Solo«, vielleicht nur deshalb, weil derjenige, der das Spiel allein angeht, danach aufstehen darf, um die verspannten Rückenmuskeln zu strecken. Vor dem Spiel setzen wir noch einen Topf mit Schnee, den wir aus der Zeltecke zusammenkratzen, auf den fauchenden Kocher. 35 Liter Reinbenzin und drei Ersatzkocher haben wir mit. 24 Liter Sprit sind noch übrig, und die Reservegeräte noch nicht angerührt.

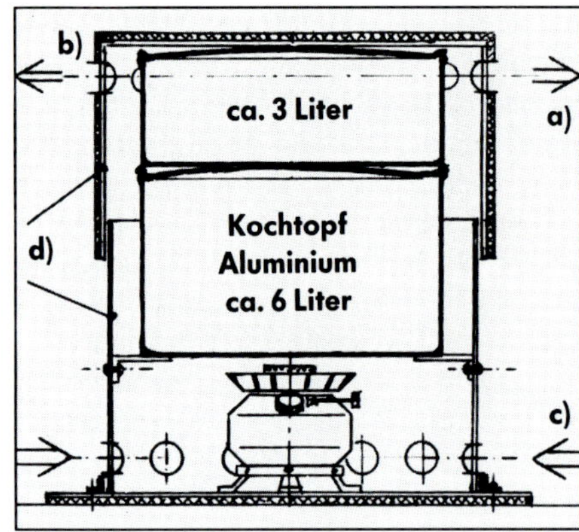

Kochgerät: dreiteilig (Boden, Innen- und Außenzylinder) aus Aluminium 1 mm Wandstärke (d).
a) Luftaustritt, b) Alublech mit 3 mm Isolation, c) Lufteintritt.

Doch diese vielfache Redundanz hat ihren Sinn. Schnee schmelzen zu können und damit Wasser zu haben, ist wohl mit das Wichtigste bei einer solchen Tour. 25 bis 30 Liter pro Tag brauchen wir. – Werner geht sang- und klanglos unter und verliert das »Solo«. Die Karten klatschen auf den »Spieltisch«. Vergnügt werden ihm die Verlustpunkte vorgezählt: »Spiel 50, Schneider 60, drei Hax'n 90.« Das ergibt für ihn 2 Mark 70 »Miese« und für jeden von uns je 90 Pfennige »Plus«.

Werner ist seit Anfang der Tour verliebt. Zärtlich schiebt er allabendlich ein kleines Gerät in die Hosentasche, verbindet es dann am Morgen wieder per Kabel mit dem Laufrad am Schlitten, putzt sorgfältig jedes Schneestäubchen ab, drückt geheimnisvolle Knöpfchen und zaubert damit Zahlen auf die Fließkristall-Anzeige des streichholzschachtelgroßen Gerätes. Seine Liebe nennt sich »Clinometer« und ist ein für unsere Navigation und Motivation wichtiger kleiner Computer, der uns zeigt, wie viel wir heute und insgesamt gegangen sind, und der uns mahnt, daß unsere Durchschnittsgeschwindigkeit z.B. nur bei 3,8 km/h lag. Die Werte trägt Werner – ebenso akribisch wie Gerhard seine Meteo-Daten – in ein kleines »Bücherl« ein. Zur Zeit stehen wir bei respektablen 319 Kilometern. Werners elektronisches Herzblatt hat das gelogt.

Ich stehe auf, unterbreche das »Zokken« für ein paar Minuten und krieche hinaus in die weiße Suppe. Weiß, weiß, weiß. Alles ist weiß. Seit nunmehr fast drei Wochen sehen wir nichts als Weiß – und das Blau des Himmels, wenn es zu sehen ist. Das Inlandeis ist schön, vor allem, wenn die Sonne strahlt und wir in das niedrig stehende Gestirn hineinzulaufen scheinen. Wir sind von dieser scheinbaren landschaftlichen Monotonie begeistert und haben Farbenspiele gesehen, die uns bisher verborgen waren. Die Eiskappe ist schön – Hand drauf!

Doch allmählich kommt die Sehnsucht in uns auf, wieder Kontraste zu sehen: »Wenn wir im Austmannadalen sind, hauen wir uns ins Moos und genießen einen Tag die Landschaft.« So oder ähnlich heizen wir uns gegenseitig an. Christls Karte mit der Blumenwiese im Gebirge hat mich daran erinnert, daß es auch etwas anderes gibt als dieses »Weiß«, das uns in den letzten Wochen zur Gewohnheit, zum selbstverständlichen Lebensraum wurde. Auf einer der letzten Etappen erwischte ich mich dabei, wie ich vom Rauschen der Baumwipfel, vom Plätschern eines Flusses, vom Grün einer Wiese und vom kräftigen Gelb eines Kornfeldes träumte. Wie damals in Lappland ... In ein, zwei Wochen wird dieser – unser – weiße Weg sein Ende haben und nur noch Erinnerung sein. Wir werden diese nie – nie! – verlieren. Solch eine Tour macht man wahrscheinlich nur einmal im Leben.

Eine Bö bringt die Zeltbahn zum Knattern. Urplötzlich fällt der Wind ein und zerrt an der Verankerung aus Mastteilen und Skistöcken. Die Tuchbahn baucht und bläht sich wie eines unserer Segel. Ich flüchte wieder in die gute »Spielstube«: »Noch vier Spiele, dann machen wir erst einmal Schluß!« – Die Runde erhöht mein Minuskonto beträchtlich. Walter, der »am schlechtesten schafkopft«, kann sich von seinem Gewinn wahrscheinlich in Nuuk ein »Fad-Öl« kaufen, jenes dünne Bier der Grönländer.

Wir kochen. Die tägliche vielstündige Zeremonie ist mehr als nur ein Zubereiten von Wasser, sie bedeutet »Ratschen«, Kommunikation, Lagebesprechung und Relaxen. Den lyophilisierten Kartoffeltopf versetzen wir mit viel Wasser, lassen ihn kurz aufkochen, löffeln den sämigen Brei dann andächtig aus unseren farbigen »Haferln«. Walter – sonst immer der Bescheidenste – hat sich eine Riesenportion zugedacht, die er andächtig und betont umständlich auslöffelt. Zwischendurch zieht er ein paarmal die Nase hoch.

Unser täglicher Fahrplan ist auf 5000 kcal pro Tag und Person ausgelegt; das ergibt ungefähr ein Kilogramm Nahrungsgewicht pro Tag. 2000 kcal gibt das nach Banane schmeckende Nutrisport her, das wir meist zum Frühstück und den Rest in der Thermosflasche als Tourenration zu uns nehmen. Drei kleine Beutel Biosorbin MCT liefern 1200 kcal; ihr fade schmeckender Inhalt wird meist mit Mineraldrink genießbar gemacht. Das »MCT« erfreut sich, von mir einmal abgesehen, keiner großen Beliebtheit. Insgesamt hat sich die Formuladiät hervorragend bewährt. Wir decken damit den meisten Teil unseres Energiebedarfes. Abends gibt es dann für jeden eine Portion gefriergetrockneten »Travellunch«, der nochmals um die 650 kcal bringt. Nüsse aus der Hosentasche werden zu allen Gelegenheiten geknabbert. Der Clou des Tages ist für jeden von uns die steinhart getrocknete »Kaminwurzn«. Eine pro Tag und Person. Die liefert wahrscheinlich am wenigsten »Power«, dafür jedoch den Geschmack. Ein Pfundbeutel Mineraldrink in schillernden Farben und den Geschmacksrichtungen »Blutorange« und »Kirsche« ist für acht Tage gedacht und wird so ziemlich jeder Flüssignahrung beigemengt. Am besten schmeckt er mit kaltem Wasser. Das bißchen Pulverkaffee und ein wenig Kakaodrink sind inzwischen den Weg alles Irdischen gegangen. Alles in allem hatten wir am Start pro Person 35 Kilogramm Nahrungsmittel im Schlitten. Das ist wenig.

Gerhard darf heute den Topf auskratzen. »Das Geheimnis unserer Verpflegung«, behaupte ich, »sind die kleinen Freuden.« Nansens Ernährung war – damals – nicht so ausgewogen. Besonders bei der Planung des Fettkonsums waren Fehler unterlaufen und er bekennt: »Der Fetthunger ging sogar so

Der Abend im Zelt (Nansen).

weit, daß Sverdrup mich eines Tages fragte, ob ich glaube, daß es ihm schaden könne, wenn er die Stiefelschmiere austränke, die aus altem gekochten Leinöl bestand.«

Träge beschließen wir nach dem magenfüllenden »Kartoffeltopf«, der Individualität ihren Lauf zu lassen. Gerhard macht ein Nickerchen, Werner und Walter lesen die Idee nach, der wir folgen, in einer zerlesenen Paperback-Ausgabe von Nansens »Auf Schneeschuhen durch Grönland«. Sie wird in zwei Teile gerissen und von beiden im Messezelt »inhaliert«. Zwei Stunden Schweigen sind das Ergebnis. Ich krieche in meinen Schlafsack, denke eine Stunde über dies und das, über die Tour, die Freunde, den Weg morgen, die *Freydis* nach ... und schlafe darüber ein.

Nach diesem erholsamen Nickerchen wird der Tag so fortgesetzt, wie er begonnen hat: In das trübe Weiß außerhalb der roten Zelte schallen lebhafte Worte, deutsche und bayrische Idiome, die kein Grönländer je verstehen würde: »Ich spiele mit der Pumpe ...« – »Stoß!« – »Semper saudumm querens.« – »Nimm doch die Präudelmannsquatschn!« – »Die Bums ist gesucht.« – »Auf die Blaue gehört ein Grün.« – »Du darfst doch nicht die Sau schmieren!« – »Warum nimmst du nicht die Alte?«

Und damit leuchtete ein imaginärer weiß-blauer bayrischer Himmel über jener öden grönländischen Szenerie, die eigentlich keine Landschaft ist.

Eine Schwalbe macht noch kein Land

Gerhard berichtet über den darauffolgenden Tag, den 10. August:

»Es ist unglaublich! Nach mehreren Ruhe- und Schlaftagen mit Schafkopfen ›pennen‹ morgens noch alle.

Ich pelle mich gegen 10:00 UTC aus meinem Schlafsack, schlüpfe in den dikken Overall und quäle mich in die kalten Stiefelschalen. Draußen ist es frisch und der Himmel bedeckt, nur der Horizont grüßt mit hellen Streifen und dem fahlen Licht des Morgens. Ich gehe einige Schritte umher, sehe mich um und traue meinen Augen kaum: In der Morgendämmerung fliegt eine Schwalbe! Noch dazu fliegt sie in Richtung Osten. Das erste Lebewesen nach 20 Tagen. Ich schreie meine Begeisterung heraus: ›Ein Vogel, eine Schwalbe!‹ In den Zelten habe ich damit die Schlafenden geweckt und zum Aufstehen bewogen. Micha fragt: ›Wie kalt ist es, was zeigt das Thermometer?‹ und ich antworte: ›Es zeigt nach Westen.‹ Morgengelächter.

Gegen 12:30 UTC spannen wir uns vor unsere Schlitten. Schwacher Wind aus NO verheißt Schiebehilfe. Die Spinnaker sind bald oben, diesmal mit Baum nach Steuerbord.

Der Schnee ist tief. Der schwache Wind dreht im Laufe des Tages nach Nord und zu guter Letzt nach West. Wir tauschen den großen Spinnaker gegen den kleinen und trimmen, was das Zeug hält, doch es will sich kein Schub einstellen. Frustriert streichen wir die Segel, und ohne Wotans Hilfe werden die Schlitten durch den Schnee gezerrt. Es scheint bergauf zu gehen, obwohl die Karte und der Höhenmesser fallendes Gelände bekunden.

Das Wetter ändert sich stündlich, auf ›White-Out‹ folgt Schneefall, bis endlich die Sonne durch die Wolken flimmert. Es ist ein Tag mit allen nur denkbaren Wetterlaunen. Man geht und geht, kommt in Trance, blickt gespannt auf Kompaß und Skier und fällt wieder in einen monotonen, gleichmäßigen Schritt. Der Blick schweift gelegentlich gebannt über den Horizont. Immer noch kein Land in Sicht? Tagesleistung: 21,7 Kilometer.«

Nur kurz waren die Gehpausen. Das Frösteln ließ die Erschöpfung schnell vergessen.

Sauwetter und Sturm

»Schlechtestes Wetter heute, seit wir in Grönland sind«, notiert Werner am 11. August und zieht weiter Bilanz:

»Die ganze Nacht hat der Wind stark aus SSW geblasen. Als wir aufstehen, scheint die Sonne und es ist klare Sicht. Das Lager und die Schlitten sind schneeverweht. Wir schaufeln dicke Preßschneeplatten vom Küchenzelt, bis wir es aufstellen können. Jede Nacht legen wir es vorsichtshalber um.

Um 13:30 UTC starten wir. Die kleinen Spinnaker müssen wir wieder abnehmen, weil der Wind inzwischen auf Süd gedreht hat und unsere Schlitten sonst umwirft.

Während der ersten Etappe wird die Sicht schlechter. Ohne Sicht ziehen wir bei Starkwind weiter. Der Tag entwikkelt sich zu unseren Ungunsten. Es beginnt zu schneien, die Temperatur liegt um den Gefrierpunkt. Sauwetter. Windstärken um acht zwingen uns an unsere Leistungsgrenze, und nasser

Schnee macht die Pausen unangenehm.

Wir ziehen die Schlitten durch hohe Schneeverwehungen. Man hat den Eindruck, es gehe bergauf. Tatsächlich verlieren wir aber an Höhe. Am Abend, nach nur fünf Etappen, sind wir auf 2020 Meter ü. d. M. Wir haben trotz der schlechten Verhältnisse 19 Kilometer geschafft. Gesehen haben wir den ganzen Tag über nichts.

Der Lageraufbau wird zur Plage. Kalter Naßschnee und Wind verblasen das Lager. Bei diesem Sturm die Zelte aufzustellen ist wirklich ein Kunststück. Wenn das Wetter nicht besser wird, müssen wir hier bleiben.«

Zwangspause, erster Tag

Am 12. August orgelt der Sturm. Wie Schrotkugeln prasseln die beschleunigten Schneekörner gegen die Zeltwand. Walter liegt neben mir im Schlafsack. Nur ein kleines Atemloch ist zu sehen. Der Stoff des Innenzeltes rechts von mir hängt bedenklich durch. Fett und schwer liegt der nasse Schnee zwischen Innen- und Außenhülle. Triebschnee hat sich dort abgelagert und durch alle möglichen Ritzen seinen Weg bis in die mittleren Zeltteile gefunden.

Eine Bö läßt das Gestänge erzittern. Am roten Zeltboden bilden sich kleine Pfützen. Vom Dach tropft es, und die Wände des Innenzeltes sind überall dort durchfeuchtet, wo Außen- und Innenzelt sich berühren. Die vom Vortag klitschnassen Walkhandschuhe schaukeln an den Dachrippen im Rhythmus der Sturmwindstöße hin und her. – Alles ist feucht, klamm und kalt. Dank des Moskitonetzes, das als letzte Barriere vor dem alles durchdringenden Schneestaub dient, haben wir keinen Flugschnee im Zelt. 30, 40 Zentimeter hoch hat er sich an der Tür des Innenzeltes abgesetzt. Schwer lastet die weiße Pracht auf der Windseite und verformt das sonst so elegante Sechseckgehäuse zu einem schiefen Turm.

Gestern haben wir trotz rasendem Südsturm in einer dicken Suppe aus Nebel und Schnee unsere 19 Kilometer gemacht. Endlich, endlich ging es abwärts. Der Aneroid zeigte uns, daß das Wuchten der Schlitten über die oft 20 bis 30 Zentimeter hohen Schneewehen im ganzen 200 Höhenmeter abwärts geführt hatte. Nimmt denn diese Ebene überhaupt kein Ende? Ebenso hatten wir beim Aufstieg gestöhnt: »Nimmt denn dieser Anstieg überhaupt kein Ende? Wann sind wir endlich droben? Wann haben wir den Kulminationspunkt erreicht?« Und dann war er nicht plötzlich dagewesen, sondern es ging einfach nicht mehr höher. Und jetzt? Jetzt fragen wir uns seit Tagen, wann es endlich merklich abwärts geht. Der Höhenmesser zeigt seit zehn Tagen, daß wir pro Tag 100 Meter an Höhe verlieren, lächerlich bei einer Strecke von 20 Kilometern. Eigentlich ist das Inlandeis eine einzige große Ebene.

Nun liegen wir auf dieser maßlosen Gefriertruhe, die Grönland heißt, und sind Spielball des Sturms mit seinem flach daherpeitschenden Schnee. Zu gut ist es uns bislang gegangen, zu sehr hatten wir uns an gute Verhältnisse gewöhnt und gemeint, daß das Wetter immer so mitspielen muß. Uns schaudert, wenn wir nur daran denken, aus dem Schlafsack zu müssen und uns dem peitschenden Schnee auszusetzen.

Über die Temperaturen auf dem Inlandeis informiert Nansen: *»Ich ... versuchte, das Minimumthermometer unter mein Kopfkissen zu legen, als ich aber am Morgen danach sehen wollte, war die Quecksilbersäule weit unter die Skala gesunken, die bis −37° C reichte. Wahrscheinlich war die Temperatur bis unter −40° C gefallen ...«*

Die Ankleideprozedur im Zweimannzelt, stets gut gefüllt mit Schuhen, Kleidungsstücken, Schlafsäcken, Rucksäcken, Trinkflaschen und Walters »Braut« – dem geliebten Blasergewehr, ohne das er nie schlafen geht – ist ein gymnastisches Kunststück unter Verrenkungen, die einem Schlangenmenschen zur Ehre gereichten. Das Schuheanziehen ist eine Quälerei.

Walter verläßt als erster das Zelt, verschwindet im Inferno und richtet mit Werner das Messezelt auf. Ich luge in den Schneestaub. Die Schlitten sind fast zugeweht. Die Zeltleinen haben langen Anraum. Der Anblick draußen ist grotesk und wenig einladend. Erst der fröhliche Ruf Walters nach einer halben Stunde: »It's breakfasttime!« ermutigt Gerhard und mich, in die Überanzüge zu schlüpfen, uns dem mit knapp 100 Stundenkilometern rasenden Sturm auszusetzen und geduckt den Gang zum Messezelt anzutreten.

Wir starten das alltägliche »Köcheln«, rühren unsere Formuladiät an, trinken – immer noch deprimiert – unsere Mineraldrinks, beißen ein Stück von der »Kaminwurzn« herunter ... und beschließen wieder einen Ruhetag! Heute – bei diesen Verhältnissen – weiterzugehen wäre sinnlos. Es würde uns zuviel Kraft kosten, wenn nicht gar unmöglich sein.

Wann ist uns eigentlich das Wetter zu schlecht, um weiterzugehen?

Wir beschließen, daß es zu schlecht ist! Wir haben noch genug zu essen und sind voll im Zeitplan oder ihm sogar voraus. Unsere Moral ist gut und die Kondition nicht schlechter geworden.

Ein Lageraufbau kostet bei diesen Bedingungen unverhältnismäßig viel Zeit und Energie. Wer es nicht glaubt, der soll einmal versuchen, ein Zelt bei Windstärke acht oder darüber aufzustellen – wenn die Wände wie ein Segel wirken oder das flatterhafte Gebilde wie ein Kinderdrachen abzuheben droht.

Und außerdem wollen wir endlich wieder Schafkopfen.

Zwangspause, zweiter Tag

Es fängt an, ungemütlich zu werden. Wir haben zwölf Stunden geschlafen. Der Blick aus dem Schlitz der Zelttür zeigte zur Mittagszeit dieses 13. August nichts als kalte Tristesse, Sturm, Schneetreiben und Unmengen von Triebschnee ...

Wir schaufeln die Zelte aus, so gut es eben geht. Ich liege mit Walter zusammen. Bei unserem »Haus« läßt sich der vereiste Lüftungsschlitz nicht mehr schließen. Der Klettverschluß hat seine Dienste aufgegeben. Windschief, fast bis zum First im Schnee vergraben, trotzen die kleinen Zelte wacker dem Sturm. Der lästige Triebschnee gibt wenigstens eine stabile, isolierende Hülle.

Alles wird feucht. Die Schlafsäcke halten noch einigermaßen her, da die Gore-Tex-Hüllen – gesegnet seien sie – die gröbste Nässe abhalten. Am Boden sind Wasserlachen, die wir immer wieder in Richtung Zeltausgang schieben. Der Schneestaub dringt durch jede noch so kleine Ritze. Die Schuhe sind klatschnaß. Die Walkhandschuhe, von denen wir bisher so begeistert waren, wärmen wegen der zu starken Nässe nicht mehr.

Vom Zeltdach tropfen Kondenswasser und geschmolzener Schneestaub. Draußen ist die Sicht gegen Null gesunken, orgelt der Sturm über das endlose Plateau. Der Rauminhalt der Zelte hat sich wegen des Schneedrucks deutlich verringert. Man kann gar nicht so schnell schaufeln, wie der Wind die weiße Pracht anhäuft.

Die Schlitten sind fast ganz verschwunden. Grotesk schaut es aus, wenn man nur noch ihren Bord erahnen kann. Werners »Odometer-Radl« ragt noch ein wenig aus dem Weiß. Die Skier und Stöcke haben wir unter die Schlitten geschoben. Wir hätten sonst keine Chance mehr, sie zu finden.

»Todesmutig« habe ich heute die Unterwäsche gewechselt – eine Prozedur, die fast eine Stunde gedauert hat: Schlitten ausgraben, den nassen Sack mit der »U-Bekleidung« herausholen, rein ins Zelt, Striptease unter Verrenkungen und rein in die feuchten Klamotten! Gott sei Dank wärmt unser Faserpelz auch dann, wenn er naß ist und bevor er in zwei Stunden am Körper trocknet.

Die Außentemperatur liegt um null Grad oder wenig darunter. Wir sind in dem Ausläufer eines tropischen (!) Wirbelsturms. Deutliche Minusgrade wären uns angenehmer, denn die Feuchtigkeit ist unser größter Feind.

Walter hat sich die Notdurft bis nachmittags verkniffen und ist dann mit der Schaufel bewaffnet eine halbe Stunde im Schneegestöber verschwunden. Ein unangenehmes Geschäft, bei dem der nasse Triebschnee im Sturm überall hineinkriecht. Selbst die aufgeschaufelte Schneemauer nützt da nicht mehr.

Das Messezelt hat mehrere Risse. Wir müssen aufpassen, daß uns diese Zuflucht erhalten bleibt. Sein Raum ist

Überraschung am Morgen. Schon wieder Schneeschaufeln!

klein geworden, da der schwere Schnee die Leeseite einwärts wölbt und in Luv der Sturm die Zeltbahn prall wie ein Segel nach innen bläht.

Die Reißverschlüsse der Zelte sind vereist und machen beim Öffnen und Schließen Probleme. So dicht, wie ich glaubte, ist die Hülle des Schlafsackes doch nicht. Außen klitschnaß, hat sich die Nässe – wahrscheinlich durch die Nähte – bis zu den Daunen vorgearbeitet. Nasse Daunen wärmen nicht!

Das Wetter ist seit gestern eher schlechter geworden. Nun »saut« es schon den dritten Tag. Wie hatte ich vor 14 Tagen immer gesagt, als ich zur Eile trieb? »Das Inlandeis wird uns noch den Arsch aufreißen!« Nun haben wir es, liegen seit zwei Tagen fest und hoffen, daß es kein dritter werden wird. Ausgeschlafen, gut ernährt und aktivitätshungrig, wie wir sind, ist das mit das Schlimmste, was uns passieren kann.

Versorgungsmäßig könnten wir es noch lange aushalten. Wir haben noch genügend Kleidung, für zwölf Tage Essen und überreichlich Benzin. Sollten die Schlafsäcke versagen, dann schlüpfen wir mit der Überkleidung hinein. Hauptsache, die Zelte halten durch! Aber daran ist trotz einiger Mängel nicht zu zweifeln, solange die Stangen dem Schneedruck standhalten.

Das hier ist Kloake!

Drei Tage sitzen wir nun schon fest. Die trivialsten Handgriffe werden zur Qual und sogar das Austreten wird zum Problem. Nansen erging es ebenso: *»Drei Tage und drei Nächte ... wurden wir von einem furchtbaren Wetter ... ins Zelt gebannt. Während dieser Zeit verließen wir unsere Schlafsäcke nur auf kurze Augenblicke, um uns Essen zu holen oder dergleichen. Den größten Teil der Zeit verschliefen wir – gleich am Anfang schliefen wir volle 24 Stunden ohne Unterbrechung. Die Essensrationen wurden auf das kleinste Quantum beschränkt; da wir nicht arbeiteten, bedurften wir auch nicht so vieler Nahrung.«*

200 Kilometer nördlich, also zehn Tagesmärsche entfernt, steht mitten auf der Eiskappe die amerikanische Frühwarnstation *DYE 3*. Doch für uns ist das keine Alternative, weder von den

Rettungsmöglichkeiten her, noch von der Idee.

Drei Wochen lang wurden wir vom Wetter verwöhnt. Natürlich hat es »gesaut«, natürlich gestürmt, selbstverständlich hatten wir Nebel, und im »White-Out« wußten wir nicht, wo oben und unten, links und rechts war. Aber das dauerte meist nur Stunden; dann kamen wieder Tage mit Sonne und Stunden von berauschender Schönheit.

»Das hier ist Kloake«, verdamme ich dieses »Sauwetter«. Es ist nicht gerade das, was man als Wetter haben will. Nässe, Schnee und Sturm fressen wieder einmal die letzte Wärme aus den Knochen, machen die Hände taub und zehren an der Moral. – Doch diese scheint ungebrochen. Im enger gewordenen Messezelt haben wir wieder stundenlang geschafkopft, gegessen und getrunken. – Trotzdem: Wir brauchen Sonne. Und bitte bald!

50 Kilometer haben wir noch bis »Ice-West«, bis zum Ende des Inlandeises, bis zum Beginn der Gletscherbrüche und hier wie dort brauchen wir gute Sicht. Überdies benötigen wir die Sonne, um festzustellen, wo wir genau sind. Zehn, zwölf Tage sind wir wieder nur nach dem kreisenden Kompaß gegangen. Kurs 295 ... Hoffentlich sind wir einigermaßen da, wo wir sein wollen. Es stehen uns schon noch Überraschungen bevor. Aber wir hegen keine Zweifel: »Die meistern wir auch noch!«

Der weiße Horizont nimmt Struktur an

Am 14. August bessert sich das Wetter endlich und Gerhard vermerkt:

»Wir haben – wieder einmal – lange geschlafen. Jeder hat die Nase aus dem Zelt gesteckt, doch das Wetter ließ sie samt Kopf schnell wieder hinter den Reißverschlüssen verschwinden.

Gegen Mittag werden wir aktiv: ›Schneeschaufeln ist angesagt!‹ Die Zelte und Schlitten sind kniehoch verschneit. Wieviele Kubikmeter Schnee aller Sorten – nassen, harten, pulvrigen, harschigen, eisigen – haben wir wohl dabei bewegt?

Das Frühstück verläuft, wie Gerhard treffend meint, ›as every day, same procedure as every day, same taste as every day!‹. Das Wetter ist passabel, und der Wind pfeift von querab bis leicht achterlich. Werner stellt fest: ›Da wird gesegelt! Also hoch das Rigg und rauf mit dem Sturmspi!‹.

Das Gelände nimmt zusehends Formen an. Aus dem wie mit einem Lineal gezogenen weißen Horizont werden sanfte Wellen, wobei es insgesamt merklich bergab geht. In den Wellentä-

Endlich gelangten wir am Nachmittage über das schlimmste Eis hinweg (Nansen).

lern des Eises entdecken wir die ersten Gletschersümpfe. Land erblicken wir noch nicht. Die Spur führt immer noch Kurs 295° (mißweisend) unserem Ziel ›Ice-West‹ entgegen. Die sanften Wellen haben eine Länge von drei bis vier Kilometern und eine Amplitude von schätzungsweise 20 bis 30 Metern. Der Wind unterstützt unsere Fahrt. – Welche Freude, gelegentlich kommen wir ins Gleiten und damit zügig voran! Die erste Etappe geht über sechs Kilometer, die folgende sogar über 6,4 Kilometer. – Am Ende des spät gestarteten Tages-

Datum	Zeit UTC	Wind (m/s) Richt.	Wind (m/s) Stärke	Sicht (km)	Bewölkung Bed.	Bewölkung Art	Niederschlag	Temp. Grad C	Bar. Höhe (m)	Tagesweg (km)	Σ-Weg (km)	Position Breite	Position Länge	Bemerkungen
14.8.	12.00	160	7	10	8	sc	Schnee	+1						Schneefegen; windgepr.
	17.00	160	10	10	8	sc	Schnee	+2						Neuschnee; Land in Sicht!
	23.00	160	7	10	8	sc	–	+1	1740	27,6	391,0	64-07N	48-36W	25. Biwak
15.8.														Spalten!
	16.00	0	0	>10	4	ci	–	+2						Gehen am Seil
									1420	20,2	411,2			26. Biwak
16.8.														Spaltengelände
	16.00	0	0	>10	2	ci	–	+2						Gehen mit Steigeisen, Seil
									1300	10,0	421,2	64-04N	49-05W	27. Biwak, Depot
17.8.	13.00	0	0	>10	3	ci	–	+3						lassen Schlitten zurück
														Gehen am Seil; Blankeis
									1140	12	433,2			Biwak im Bruch
18.8.	12.30	0	0	>10	3	ci	–	+4						Gehen am Seil; Blankeis
	18.00	0	0	>10	2	ci	–	+4						Landfall
									780	18,5	451,7	64-10N	49-35W	29. Biwak
19.8.	12.30	0	0	>10	4	cu	–	+6						zwei Flußdurchquerungen
														Schotter, Fels, Tundra
									390	7,5	459,2			30. Biwak

marsches zeigt der elektronische Zähler 27,6 Kilometer: unsere Bestleistung!

Wir schlagen unser Lager auf. Ich schaufle die Gräben für das Messezelt, doch einen Schaufelstich tief stoße ich auf Eis. Mit dem Pickel durchschlage ich die dünne Eisschicht und werde fündig: Wasser! Wir sind auf einem See. Hurtig verlassen wir die mögliche Badegelegenheit und ziehen 500 Meter weiter, auf sicheren Boden. An günstig erscheinender Stelle wird das Biwak bei Einbruch der Dunkelheit 1750 Meter ü.d.M. aufgeschlagen. Spät – um Mitternacht – kochen wir bei Kerzenlicht.«

Land!

Durch den Spaltengürtel zum Meer

(Werner/Gerhard)

Heute ist Maria Himmelfahrt. Bei mir daheim in Dachau finden an diesem Feiertag ein Volksfest und ein Radrennen, das Bergkriterium, statt. Aber auch uns erwarten hier und heute, mitten im Eis und weiß Gott fernab von allem Trubel, wieder aufregende Ereignisse.

Es hat in der Nacht nicht geschneit, nur etwas Schneefegen hat die Zelte weiß gemacht. Es war auch nicht kalt; die Sachen im Schlitten und der Schlafsack sind naß geblieben. Der Tag läßt sich gut an: Vom Start weg können wir die kleinen Spinnaker setzen, denn der Wind bläst kräftig aus SSW.

Seit Tagen sind wir von gespannter Erwartung erfüllt, denn irgendwann müssen nun die ersten Bergspitzen auftauchen. Wir werden nicht so überrascht sein wie Nansen und seine Begleiter. Jeder von uns versteht genügend von Navigation und hat nach jeder Etappe Gerhards Streckenbulletin studiert, das uns als einziges unser Vorwärtskommen anschaulich gemacht hat. Wir sind abgeklärter, rationaler und wissen, daß das Ziel, der Traum der letzten eineinhalb Jahre, zum Greifen nahe vor uns liegen muß.

Doch jeder empfindet anders: Ich habe die große Sehnsucht schon hinter mir. Bereits vor einer Woche, nach ein paar besonders zügigen Etappen, habe ich, wohl mehr aus emotionalen Empfindungen heraus, Land erwartet. Nachdem dann aber diese Sehnsucht wieder und wieder nicht befriedigt wurde und sich weiter Tag um Tag stupides Schlittenziehen, gutes und schlechtes Wetter, Auf- und Abbauen des Biwaks aneinandergereiht haben, ist die Vorfreude umgeschlagen. Frei nach dem Motto »Wer nichts erwartet, wird nicht enttäuscht« hat sie einer verbissenen Einstellung Platz gemacht, die vielleicht auch manchen Grönländer kennzeichnet und die jeder kennt, der Situationen erlebt hat, in denen er sich einem Schicksal fügen mußte, in dem sicheren Wissen, daß er den Lauf der Dinge nicht beeinflussen kann.

In den letzten Tagen hat sich der Funke Hoffnung wieder entzündet. Jetzt spricht nicht nur das subjektive Empfinden für die Nähe des Landes. Alle Fakten, auf die wir uns so gern stützen, sprechen dafür. Die durch die höhere Fließgeschwindigkeit der Eisdecke hervorgerufenen Wellenformationen und auch der See unter dem Schnee, auf dem wir gestern beinahe biwakiert hätten, weisen darauf hin. Unsere Position können wir schon fast auf jener Karte mit dem größeren Maßstab – der Karte für den Abstieg – eintragen.

Das Ziel vor Augen

Breit gefächert und jeder in einer anderen Spur sind wir noch keine 20 Minuten unterwegs und haben gerade die vor uns liegende Welle erreicht, als Micha, der vorne geht, nach rechts zeigt: Er deutet auf einen winzigen schwarzen Fleck am Horizont, eine Spitze, kaum von den dunklen Wolken dahinter zu unterscheiden. Doch es ist keine Wolke, keine Täuschung. Es ist das erste Zeichen vom nahen Land, das wir seit Tagen erwarten. Kaum fünf Gehminuten später taucht links von uns am Horizont ein breiterer Streifen auf, ein Bergrücken.

Was in der nächsten halben Stunde vor unseren erstaunten Augen abläuft, ist kaum zu beschreiben. Zum sichtbaren, vom Auge aufgenommenen Bild kommt das innere Bild, das sich sicher jeder von uns von diesem Moment gemacht hat. – Mit jedem Schritt werden die Berge deutlicher und größer. Vor uns entfaltet sich während des Vorwärtslaufens ein phantastisches Panorama in einer Geschwindigkeit, die keiner in seinen kühnsten Träumen erwartet hat und die an einen dreidimensionalen Film im Zeitraffer denken läßt. Wir blicken nicht mehr auf den Kompaß und nicht mehr auf die Skiführung. Am Ende dieser Etappe erstrecken sich die Berge der Westküste von Horizont zu Horizont und wir sitzen zufrieden auf dem Schlitten und staunen.

Jeder von uns empfindet diesen Augenblick auf seine Weise. Kein ausgelassener Jubel, keine oberflächliche Begeisterung, dazu sind wir zu sehr Realisten. Exakt haben wir alle Eventualitäten vorausberechnet, haben sehr viel in die Vorbereitung investiert und nichts dem Zufall überlassen. So ist auch dieser Anblick des Landes nur eine Perle in der Kette der Erfahrung und des Erfolgs.

Zur Freude, daß wir es geschafft haben, daß wir bald am Ziel sind, kommt etwas Wehmut, weil diese Berge zeigen, daß fast vorbei ist, was uns in den letzten Wochen so ausgefüllt hat.

Nach dieser wunderschönen Rast machen wir anhand der irdischen Fixpunkte eine Standortbestimmung, zumal eine Wolkendecke aufzieht und das Wetter schlechter zu werden droht: Wir versuchen, die herausragenden Landmarken zu identifizieren. Rechts erhebt sich ein mächtiger Felsstock mit einem breiten Rücken und einer markanten, steil abfallenden Kante. Das muß der *Kînaussuaq* am Fjord von *Kapisillit* – unserem Zielort – sein. Links bildet ein Tafelberg mit einem Schneefeld, den wir nicht sicher identifizieren können und für den *Nussaq* halten, den höchsten Punkt.

Um unsere Position absolut sicher zu bestimmen, wollen wir noch einmal die Sonne schießen, was eine Menge Arbeit ist, die Zeit kostet: Gerhard arbeitet mit dem Sextanten, Walter schaut auf die Uhr. Ich halte den künstlichen Horizont im Lot und trage die von Gerhard gemessenen Werte in die Tabelle ein.

Dazu hat mir Gerhard eine Hülle mit den Unterlagen für die Positionsberechnung und die Plotting-Sheets gegeben. Für einen Moment bin ich unaufmerksam. Lässig habe ich die Hülle unter den Arm geklemmt und esse Erdnüsse. Als mir die Erdnußtüte herabfällt, greife ich in einem Reflex mit dem Arm, der die wichtigen Blätter hält, danach. – Erst der gleichzeitige gellende Aufschrei von Walter und Micha erinnert mich an die Mappe unter meinem Arm und ich fahre entgeistert herum.

Alles verloren!

Wie in einem kitschigen Kinofilm wehen weiße Blätter hoch im Wind. Entsetzen lähmt mich und siedendheiß schießt es mir durch den Kopf, daß das ja die für die Positionsbestimmung unverzichtbaren Karten und Tafeln sind, die da im Wind flattern. – Walter und Micha rennen im knietiefen Pulverschnee hinterher und auch ich hechte auf die nächsten fliegenden Seiten und kann einige erhaschen. Diese Aktion ist recht gefährlich, denn wir befinden uns schon in der Spaltenzone und laufen Gefahr, direkt in eine Spalte zu rennen.

Völlig außer Atem liegen wir im Schnee und schauen den entschwindenden Blättern nach. Nur wenige haben wir retten können. Der schlimmste Verlust ist ein Blatt, auf dem Gerhards gesamte meteorologische Beobachtungen aufgezeichnet sind, die er während der Tour gemacht hat. Mich schmerzt das nicht nur wegen der Daten der ersten zwei Wochen, die unwiederbringlich weg sind, sondern auch wegen Gerhard, der in vielen Pausen, in denen wir uns ausruhen und gegen die Kälte schützen konnten, sein Thermometer geschwungen und den Windmesser betätigt hat. Ein schwerer Schlag für ihn und kein geringerer für mich. – Die Freunde schweigen – keiner macht mir einen Vorwurf!

Der Abstieg beginnt

Betreten marschieren wir weiter, seilen uns an und suchen uns mit Micha an der Spitze einen Weg durch die ersten, noch zugeschneiten Spalten. Wir halten uns stark nach SSW. Die Spalten lassen sich anfangs gut umgehen oder überschreiten. Rechts unter uns liegt ein blauer Gletschersee, auf dessen Höhe wir das Gelände queren. Über spaltenfreien Untergrund geht es – immer parallel zu unserem Ziel, dem Land – weiter.

Über einer Eisspalte (Nansen).

Nach rechts bricht nun das Gelände steil ab. Ausgerechnet da müssen wir hinunter, weil uns ein Bruch voraus den Weg versperrt. Jetzt wird das Gelände äußerst schwierig: Breite Spalten mit durchhängenden Brücken müssen überwunden werden, da sie zu lang und zu zahlreich sind, um umgangen zu werden. – Eine heikle Angelegenheit.

Unerwartete Gefahr

Dieses Gelände haben wir nicht erwartet. In keinem Bericht wurde von Problemen dieser Art im Abstieg berichtet. Nansen, von den Spalten in der Aufstiegszone der Ostküste stark beeindruckt, erwähnt keine besonderen Gefahren beim Abstieg. Hatte er einen anderen Weg?

Micha vermutet diesen leichteren Weg, für den er den Begriff »Nansens Autobahn« prägt, weiter im Süden. Doch zwischen ihm und uns liegt ein unüberschaubares Spaltenmeer. Wie wollen wir nur dorthin kommen?

Auch unsere Luftaufnahmen helfen uns nicht weiter, da die unüberwindbaren Eisschluchten wegen des großen Maßstabes der Bilder nicht zu erkennen sind. Früher im Jahr wäre dieser Abstieg ungleich leichter, wenn die Spalten noch tief verschneit sind und die Schneedecke hart gefroren und tragfähig ist. Wir müssen in den sauren Apfel beißen und uns so durchschlagen.

Umkehren bedeutet einen Umweg von Tagen, ohne die Sicherheit, weiter südlich wirklich besseres Gelände zu finden, und der direkte Abstieg zum Land ist eine trügerische Alternative. Verführerisch flach erstreckt sich in Richtung *Kapisillit* der *Kangersuneq*, ein Talausläufer des *Godthåb-Fjords*. Eine norwegische Expedition hat im Frühjahr diesen Weg versucht und ist nur mit viel Glück und nach einem unerhört strapaziösen 34stündigen Gewaltmarsch halb erfroren ans Ziel gekommen.

So tasten wir uns also voran und sichern Micha, der voraus geht, mit dem Seil. Doch was ist diese Sicherung wert? – Bricht der Schlittenzieher durch die Schneedecke, zieht er, noch bevor die Sicherung wirksam wird, den Schlitten nach und bekommt 60 kg ins Kreuz. Wenn er das übersteht, ist die Wahrscheinlichkeit, Mann und Ausrüstung mit den einfachen Mitteln, die uns zur Verfügung stehen, zu bergen, nahezu aussichtslos. – »Nicht hineinfallen!« lautet daher die Devise.

Schon haben wir mehrere Spalten überquert, aber das Gelände wird zunehmend brüchiger, und immer breiter öffnen sich die Schlünde, an denen wir oft Hunderte von Metern quer entlangziehen müssen, bevor wir einen zweifelhaften Übergang finden.

» – da lag ich und sah dem Schlitten und dem Segel nach – « (Nansen).

Micha sondiert vorsichtig den Untergrund. Hier oben, 1500 m ü. d. Meer liegt noch viel Schnee, der die Spalten trügerisch verdeckt.

Plötzlich ein dumpfes Rauschen, und Michas Schlitten versinkt in einer Spalte. Micha war schon über den Spaltenrand hinaus und stemmt sich mit aller Kraft gegen das zerrende Gewicht des Schlittens. Wir stehen hinter ihm und können ihm nicht helfen, da er in unsere Richtung zurückgezogen wird. Wenn er durchbricht, hat er einige Meter freies Seil und wird mit voller Wucht stürzen. Wir beobachten gebannt seinen Zweikampf mit dem Schlitten. Er hat keine Chance – die Felle an den Skiern rutschen über das Eis. Atemlose Stille. Die ganze Aktion dauert nur Sekunden. Sekunden, die jedem endlos vorkommen. – Als der Schlitten durch das Loch zu rutschen beginnt, verfängt sich der Mast, den wir noch aufgeriggt haben, am Spaltenrand und hält solange, bis Micha wieder Stand hat. Mit quergestellten Skiern wuchtet er den Schlitten zu sich auf festes Eis. – Das war knapp!

Wir beratschlagen, wie wir unseren Weg fortsetzen sollen. Micha ist dafür, die Schlitten zurückzulassen. Zu groß sind die Anstrengungen, der Spaltengürtel vor uns ist unübersehbar.
Weit und breit keine Spur von »Nansens Autobahn«. Trotzdem wollen wir es noch ein Stück weit versuchen, bevor es Nacht wird. Tatsächlich kommen wir auch in etwas besseres Gelände und schlagen in einer Senke unser Lager auf.

Letztes Abriggen

Glasklares Wassereis ist heute unser Bett. Wenn man mit dem Pickel darauf schlägt, platzen exakt quadratisch geformte Eiswürfel ab. »Fehlt nur noch der Whisky!« stellt Walter fest.

Gerhard leert seinen Schlitten aus, um ihn zu trocknen. Wir tun dasselbe und riggen zum letzten Mal ab. Wie die Sachen so herumliegen und das Segelzeug endgültig verpackt wird, kommt eine »Finale-Stimmung« auf, die uns alle nachdenklich macht. Wieder ein Zeichen, daß ein Abschnitt zu Ende geht, der ein Teil von uns selbst war.

Mit dem Schlitten in die Brüche

Am nächsten Tag kommen zum ersten Mal die Steigeisen zum Einsatz, mit denen wir einen besseren Stand haben; die Skier binden wir auf die Schlitten. – Der Schnee ist hart und fest, oft firnig, und die Sonne scheint. Aber das total von Spalten durchzogene Eisgelände! Es ist in jeder Richtung abschüssig und besteht nur noch aus Buckeln, Runzeln, Falten, Furchen, Kämmen und Rücken.

Jede Menge Gletscherbäche versperren uns den Weg, aber immer wieder finden wir einen Übergang. Die Spalten sind anfangs nicht sehr breit oder gefährlich, aber sie werden zur Tortur für Mensch und Material.

Vorsichtig tritt man an den Spaltenrand, sucht Stand und holt den Schlitten heran: Ein weiter Spreizschritt und man ist drüben. Der Schlitten wird nachgeholt. In aller Regel plumpst er mit voller Wucht in die Kluft und verkantet. Mit aller Kraft wird dann gezogen, bis der Schlitten langsam über den Rand kippt. Nach ein paar raschen Schritten nach vorne schlägt einem die Zugstange ins Kreuz. Man bremst die Wucht der verbliebenen 60 kg, so gut es geht, ab, und schon steckt der Schlitten in der nächsten Spalte.

Eine zermürbende Arbeit

Von Spalte zu Spalte kommen wir mühsam voran. Weit auseinander suchen wir – jeder für sich und mit seinen eigenen Gedanken beschäftigt – den besten Weg über die nur mäßig verschneiten Spalten.

Doch dann passiert es: Walter, der leichteste von allen tritt als letzter genau in die Spur seiner Vorgänger und bevor er sich versieht, bricht er durch und seine Beine baumeln im bodenlosen Raum. Zum Glück ist die Spalte nur tief und nicht breit. Mit gespreizten Armen, am Zugbügel seines Schlittens hängend, kann er sich aus der mißlichen Lage befreien. Später bricht er ein zweites Mal ein, doch auch diesmal kommt er glimpflich davon und mit eigener Kraft auf sicheres Gelände.

Die Schlitten werden in dieser Phase aufs höchste beansprucht. Mit voller Wucht krachen sie von einem zum anderen Mal in die Spalte. Jedesmal meint man, ein Splittern zu hören. Wir nehmen keine Rücksicht, wissen wir doch, daß wir sie nicht mehr lange ziehen können. Aber unsere treuen »Lasttiere« sind scheinbar nicht kaputtzukriegen.

Doch schließlich sind die Zugstangen von Gerhards und Michas Schlitten gebrochen. Ein Manko, das in dieser Situation besonders schwer wiegt, denn so sind die ohnehin schwer zu bändigenden schweren Schlitten kaum noch zu dirigieren oder zu bremsen, und wenn es bergab geht, rutschen sie ihren Zugpersonen von hinten gegen die Beine, was besonders unangenehm ist, wenn sie gerade versuchen, vor einer breiten Spalte einen sicheren Stand für den Spreizschritt zu bekommen.

Stunde um Stunde schinden wir uns durch die Spalten, bis Micha erneut vorschlägt, die Schlitten zurückzulassen. Aber noch sind wir nicht »weich« genug und wollen es nicht wahrhaben, daß wir, ohne unsere »Gepäckträger«, mit der ganzen Last auf dem Rücken weiter sollen. Besonders Walter ficht einen verzweifelten Kampf. Als Sportlehrer und austrainierter Sportler hat er bestimmt das beste Kraft-Gewichts-Verhältnis. Doch bei dieser Schinderei zählt nur die pure Gewalt und die resultiert eben aus der Masse, mit der man sich nach vorne werfen kann. Verzweifelt hängt Walter an der Zugleine seines Schlittens und braucht drei oder vier Anläufe, bis er sein störrisches Gefährt endlich wieder aus einer Spalte bekommt.

Die Orientierung in diesem Gelände ist schwer. In weiten Wellen strömen die Eismassen dem *Godthåb-Fjord* zu, und in den engen Eistälern läuft man oft stundenlang ohne Sicht. Der Kompaß gibt auch nur mehr grob die Richtung vor. Das Gelände bestimmt den Kurs und so gehen wir im Zick-Zack die doppelte oder dreifache Strecke der Luftlinien-Entfernung, wo wir doch in den letzten Wochen nur eine Parole ak-

Besorgte Mienen! Das Weitergehen in der Spaltenzone ist gefährlich, denn die Tragfähigkeit der Schneebrücken ist gering und schwer abzuschätzen.

Unüberschaubare Spaltenzonen blockieren den Zugang zum Land. Die Spalten machen eine Distanzmessung unmöglich und fordern ihr erstes Opfer: Das Odometer wird feierlich versenkt. Die Schlitten sind in diesem »Irrgarten« aus Eis hinderlich und werden schweren Herzens zurückgelassen...

◁ **Landfall: Von Eis und Tod zu Land und Wasser…**

Folgende Doppelseite: Einsam und urwüchsig empfängt uns das Land, nach dem wir uns während der Tage im Eis so gesehnt haben.

◁ **Flußüberquerungen beginnen oft harmlos, können aber dramatisch enden…**

Donnernd bahnt sich das Schmelzwasser der Eiskappe seinen Weg ins reizvolle Austmannadalen.

zeptierten: »Der kürzeste Weg zwischen zwei Punkten ist die Gerade.«

Stunde um Stunde vergeht, ohne daß wir uns erkennbar dem Land nähern oder auf »Nansens Autobahn« stoßen.

Am Abend sind wir dann endgültig alle soweit. Wir erkennen, daß uns die Schlitten nur noch belasten. Das Gelände ist schlimmer denn je. Meterbreite Spalten, abgründig tief, machen ein Vorwärtskommen unmöglich. Wo wir ohne Schlitten mit einem weiten Spreizschritt hinüberkämen, zwingen uns die Schlitten zu schier endlosen Umwegen. – Ungefähr zehn Kilometer haben wir an diesem harten Tag im Eislabyrinth zurückgelegt.

So geht es nicht weiter

Schluß für heute. Zum Lagerbau 1300 m ü.d. Meer wählen wir eine Plattform, auf der ein Hubschrauber landen kann. – Morgen werden wir versuchen, zu Fuß eine Passage zu finden.

Trotz der fast ausweglosen Situation sind wir am Abend locker und gut gelaunt. Eine herrliche Abendstimmung liegt über dem Eis. Das leuchtende Abendrot zaubert ein phantastisches Licht in das blaustrahlende Spaltengewirr.

Wir sortieren unsere Ausrüstung, machen Foto- und Filmaufnahmen und dürfen essen was und soviel wir wollen, denn morgen werden wir nur das Allernötigste mitnehmen können. – Eine harte Diskussion entbrennt um Walters Gewehr. Für ihn als Jäger von Schrot und Korn muß es ein Traum sein, seine Fähigkeiten einmal nicht nur durch das Einhalten von Abschußzahlen zu beweisen, sondern unter realen Bedingungen für unseren Lebensunterhalt zu sorgen.

Sein lapidarer Satz im Tagebuch »gegen meine Stimme wird entschieden, auf die Vorteile des Gewehrs zu verzichten« ist kennzeichnend für sein Verhalten in der Gruppe. Auch wenn es noch so schwerfällt, werden die eigenen Interessen dem Mehrheitsbeschluß untergeordnet. Stellt sich da überhaupt die Frage, was im Inneren abläuft und zurückbleibt?

Walters einzige Unmutsäußerung besteht darin, daß er, der niemals seine ganze Tagesration aufgegessen hat, nach dieser Entscheidung eine ganze Packung »Powderfood« verdrückt, und das ohne Flüssigkeit. Aber Walters Magen ist nicht so duldsam wie sein Herr!

Im Irrgarten aus Eis

Micha notiert ins Tagebuch: »›Es geht, solange es geht. Und wenn es nicht mehr geht, macht man einen Quergang und geht weiter!‹ Diese Worte Dülfers, eigentlich für das Klettern im Fels gesprochen, haben für uns heute – und hoffentlich die nächsten Tage – die gleiche Gültigkeit.

Wir sind mit unseren Rucksäcken unterwegs, haben die Schlitten stehen. lassen, uns endgültig abgenabelt und sind eingetaucht in ein Chaos aus Eis, unterwegs zum gelobten Land. – Land: Wann werden wir es erreichen, wann kommen wir am *Austmannatjern* an, um das heißersehnte *Austmannadalen* hinauszulaufen?

Der Tag begann durchaus positiv. Gerhard bekam Kontakt mit einem Airliner der *Greenlandair*, gab ihm unsere aktuelle Position 64° 04,5' N und 49° 05' W bekannt, teilte ihm mit, daß wir das Gepäck liegenlassen und zu Fuß weitergehen und bat, diese Information an Nuuk-Radio weiterzugeben. Die Bestätigung kam prompt und endete mit: ›Congratulations!‹

Dann schichteten wir alles wichtige Gepäck in einen Schlitten, schoben ihn ins Messezelt und banden die drei anderen Schlitten zusammen. Das rote große Überzelt, die drei orangenen Persennings und ein am Mast flatternder Spi müßten es möglich machen, von einem Hubschrauber aus in diesen endlosen Brüchen unser Gepäck zu finden, das wir ja wiederhaben wollen! Alle Filme, das Tagebuch, die großen Kameras, der Sextant, das Funkgerät und alles Übrige liegen jetzt irgendwo an einem nur durch zwei Zahlen gekennzeichneten Punkt mitten in einem Chaos aus Eis.

Die Riesenrucksäcke drücken. Trotzdem wir drastisch Gewicht gespart haben, bringen wir sie nur mit Mühe auf den Rücken. Aber das sind wir ja gewöhnt. Zwei Zelte, zwei Kocher, Essen und Brennstoff für acht Tage haben wir drin. 30 Kilo mag wohl jeder wankend mit sich tragen. Dann beginnt ein Gletscherabenteuer, an das vorher keiner geglaubt hätte. Der Abstieg von unserem Biwakplatz in die nächste Mulde wird zum Quer-Trauma. Die Spalten sind oft so groß, daß wir Hunderte Meter links oder rechts gehen müssen, um irgendeine schaurigschwache Brücke zu finden, über die wir uns hinüberschwindeln.«

Ein leichter Junge wird Einbrecher

An diesem 17. August macht Walter den folgenden Tagebucheintrag:

»Micha führt vorsichtig, wägt ab, geht an einer Schneebrücke vorbei, prüft die nächste eingehend, verwirft auch sie und tastet sich erst über die nächste Schneebrücke auf die andere Seite einer Gletscherspalte. Werner sichert ihn am straffen Seil, damit Micha im Falle eines Falles nicht allzu tief stürzt. Dritter Mann bin ich. Selbstverständlich halte ich Distanz, denn Werner könnte ja mitgerissen werden oder selber stürzen. Da wir unsere Richtung nicht streng einhalten können, sondern uns durch den Gletscherbruch eher im Zick-Zack bewegen, befindet sich das Seil oft nicht mehr über der Schneebrücke, die Micha benutzt hat, wenn ich die Spalte erreiche. Dies ist wohl die Ursache, warum ich heute mehrmals einbreche: Urplötzlich findet mein rechter Fuß keinen Halt mehr und stößt durch die Schneedecke. Mit dem linken Bein kann ich mich abdrücken und erreiche bäuchlings den gegenüberliegenden Rand. Der Rucksack versetzt mir zu guter Letzt noch einen kräftigen Schlag ins Genick, aber ich bin drüben...

Ebenfalls unerwartet kommt der nächste ›Schneebrückeneinbruch‹, bei

Ankunft am Meer. Auf dem Ameralikfjord paddelte Nansen mit einem selbstgebauten Boot hinaus nach Godthåb, dem heutigen Nuuk (oben).

◁ Bei einem traumhaft-romantischen Lagerplatz an kristallklarem See nehmen wir am Vortag unserer Ankunft in Kapisillit Abschied von der Einsamkeit.

dem ich nahe des angestrebten Spaltenrandes mit beiden Beinen zugleich einsinke. In der Vorwärtsbewegung begriffen, erreiche ich mit dem Oberkörper gerade noch den rettenden Rand; den Rest besorgt Werner: Er zieht am Seil und ich kann mich wieder aufrappeln, ein Steigeisenloch in der schönen Hose.

Wir beschließen, so zu gehen, daß alle die gleiche Spaltenbrücke benutzen können, wenngleich dies auch keine hundertprozentige Sicherheitsgewähr bietet. Obwohl ich im diffusen Licht Michas Steigeisenspuren deutlich vor mir sehe und in sie stapfe, breche ich – diesmal zur Abwechslung nach links – ein drittes Mal ein, wobei ich nicht einmal das Gleichgewicht verliere und mich mit den Skistöcken abstützen kann. Kein Wunder – bei so viel Übung! – Nachdem aller guten Dinge drei sind, bleibt es indes dabei. Ausgerechnet ich, der Leichteste, bin als einziger eingebrochen. Aber es ist nichts passiert und wir kommen gut vorwärts.«

In der Senke, die wieder leicht aufwärts führt, kommen wir in eine »Mondlandschaft«, geformt durch Sonne und Schmelzwasser. Es geht mühsam, aber wir kommen vorwärts. Von neuem blockiert uns ein Querspaltenriegel, und wir sagen uns wieder: »Man geht solange es geht ...« – Der folgende Irrgarten aus Bächen, Flüssen und tiefgrünen Seen, zwischen den häusergroßen Eishügeln ist ungefährlich und atemberaubend schön, aber auch atemberaubend anstrengend, im wahrsten Sinne des Wortes.

Wir ändern die Taktik und beschließen, den Querspalten zu folgen, sie also fortan nicht mehr zu überschreiten. Von der Richtung her müßte das jetzt praktikabel sein und außerdem bleibt uns keine andere Wahl, als unseren Weg den Gegebenheiten eines solchen Geländes anzupassen. – Das chaotische Eisgetürme um uns her wirkt faszinierend und bedrückend zugleich. Wohin man sich auch wendet, erblickt das Auge haushoch aufgeworfene Eismassen und findet keinen Ruhepunkt. Wie von Zyklopenhand spielerisch hingeworfen sind diese ungeheuren Blöcke, zwischen denen wir biwakieren müssen. – Der Platz wird seitlich von zwei Eiscañons und im Rücken und vor uns durch zerklüftete Plateaus gerahmt. Der Blick nach SW trifft auf Eisfälle, die an die Sinterterrassen von *Pamukkale* erinnern. In diesem wahnwitzigen Eislabyrinth stehen nun zwei rote Punkte: Unsere winzigen Zelte.

Nansens Autobahn

Auf allen Seiten umgeben uns tiefe Schluchten. In einer davon entdecken wir eine kleine Wasserpfütze, die unsere abendliche Kochprozedur vereinfacht. In dieser Nacht schlafen wir alle etwas unruhig, und deshalb stehen wir am nächsten Morgen zeitig auf. An diesem Schönwettertag müssen wir weiter durch den Irrgarten! Zwölf Kilometer haben wir gestern hinter uns gebracht – die gleiche Strecke trennt uns noch von unserem Ziel am Ende des Eises, unserem Landfall.

Schritt für Schritt kommen wir weiter. Bald erreichen wir eine kleine Anhöhe, und so überraschend wie tags zuvor das Land, haben wir die Lösung unseres Problems vor Augen. Auf wenigen hundert Metern der Eisfläche verlaufen sich die Spalten, lösen sich in Nichts auf und gehen über in »Nansens Autobahn«. Endlich haben wir sie erreicht.

Jetzt ist uns alles egal. Keiner denkt da an den langen Weg, der noch vor uns liegt. Alle Gedanken fixieren sich auf diese paar Kilometer, die problemlos offen vor uns liegen. Endlich wieder vorwärts gehen, ein Ziel auf geradem Weg anstreben – unsere Freude ist riesig. »Ultimo Chilometro« rufe ich, der Radler, voller Übermut und spiele damit auf den letzten Kilometer beim Radrennen an, auf dem nach einer harten Etappe die Entscheidung fällt, Träume in Erfüllung gehen oder Hoffnungen zerbrechen.

Offen vor uns liegt der *Austmannatjern*, jener Gletschersee am Übergang des Inlandeises zum Festland. Hier betrat Nansen vor 100 Jahren wieder festen Boden, und hier wollen auch wir vier wieder festen Boden, gewachsenen Fels, betreten.

Gegen Abend gelangten wir an einen langen See (Nansen).

Wir gehen, ja laufen, was die Füße hergeben über die flachen, mit kreisrunden Kryolith-Schmelzlöchern überzogenen Sulzschneefelder und spüren kaum mehr die 30-Kilo-Lasten auf unserem Rücken. Bald stehen wir am Ufer des Sees, der mit kleinen Eisbergen, weiß wie Schaumkronen, übersät ist.

Noch können wir kein Land betreten. Wir müssen auf dem südöstlichen Gletscherufer weiter. Nochmals geht es über Eisspalten, und nochmals ist unsere Konzentration gefordert. Wir überschreiten die letzten Spalten, die letzten Meter des Eises und – sind am Ziel unserer Hoffnung.

Landfall

Fester Granit unter unseren Füßen! Wir haben es geschafft, wir haben das Eis Grönlands auf den Spuren, in den Fußstapfen von Nansen durchquert! Wir fallen uns vor Freude in die Arme. Tief bewegt umarmen wir uns. Es sind nicht nur die 28 Tage, die hinter uns liegen.

Nach endlos langen Tagen auf dem Eis, nach vier dramatischen Tagen in den wildesten Brüchen, die je einer von uns gesehen hat, haben wir das Ziel, das wir uns vor zwei Jahren gesetzt hatten, auf das wir fast zwei Jahre hingearbeitet haben und dem wir zum Schluß regelrecht entgegenfieberten, erreicht. – Und noch ein Ziel haben wir erreicht: Wir sind als Freunde losgegangen und als Freunde angekommen. Es soll dabei bleiben!

Der erste Tag an Land

Micha schreibt über diesen Tag: »Wir liegen zufrieden in der Sonne. Neben uns rauscht der mäandernde Fluß, den wir gerade durchquert haben. Jeder hatte seine eigene Methode. Gerhard und Walter haben die Innenschuhe und Strümpfe ausgezogen und sind durch das eiskalte Wasser gewatet. Walter war sehr vorsichtig und brauchte fast eine Stunde länger als Gerhard. Werner und ich haben nasse Strümpfe riskiert, sind von Stein zu Stein gesprungen und haben uns beim Spagat fast in der Mitte auseinandergerissen. Doch unsere Füße sind trocken geblieben. Jetzt liegen wir hier im kurzen Gras und haben überhaupt keine Eile. Solange das Wetter so gut bleibt, haben wir alle Zeit der Welt.

Der Kessel, in dem wir liegen, ist angenehm windgeschützt. Neben uns liegt ein von Gerhard gefundenes Prachtexemplar von Rengeweih. Gerhards Strümpfe hängen daran und trocknen im leichten Lüfterl vor sich hin. Neben jedem von uns steht ein Becher mit bestem Wasser. ›Grönland hat das sauberste Wasser der Welt‹, haben wir irgendwo gelesen. Wir genießen jeden Becher davon und sind froh, nicht mit jedem Schluck geizen zu müssen, wie während des letzten Monats, wo wir jeden Tropfen des kostbaren Naß aus Eis und Schnee gewinnen mußten. Werner holt die zwei letzten Zigaretten hervor. Ich habe schon seit gestern früh keine mehr. Er zündet sie an und gibt mir eine davon. Die Selbstverständlichkeit dieser Geste ist großartig. So etwas vergißt man nie! Der blaue Dunst, genossen im weichen Moos, voller Harmonie, ist die beste Zigarette seit dem Start unserer Expedition. Und die letzte für die nächste Zeit, bis wir in vielleicht vier, fünf Tagen wieder Menschenberührung haben werden. Vielleicht treffen wir auf die *Freydis*, vielleicht kommen wir in *Kapisillit* an. Im Moment haben wir keine Gedanken für solche unwichtigen Dinge. Wir genießen einfach Land.

Unseren Zeltplatz, noch im Anblick des Inlandeises, haben wir gestern und heute ›erlebt‹ und waren froh, das erste Mal seit einem Monat auf festem Boden zu schlafen, ohne innerlich darauf gefaßt sein zu müssen, daß der Sturm den Schnee ins Zelt weht und ohne den Gedanken daran, wie morgen wohl der Weg sein wird. Wir wissen, daß der Weg raus zum Meer kein Zuckerlecken ist. Aber gegen das, was hinter uns liegt, wird es ein Klacks. Technische Probleme wird es nur durch das Wasser, die Flüsse geben.

Rene und anderes Getier

Zwei Rene – ›Riesentrümmer‹ – haben wir heute beim Abmarsch schon gesehen, und Walter war die Wehmut anzumerken, kein Gewehr zur Hand zu haben. – Jetzt wandern wir von einem schönen Fleck zum nächsten abwärts. Rene, Schneehasen und Vögel gibt es die Fülle. 15 bis 20 der herrlichsten Exemplare haben wir nun schon gesehen. ›Batsch‹, murmelt Walter, während er hinter mir geht. Sein sonst so lebendiges Gesicht ist ausdruckslos. ›Batsch!‹ Vier, fünf Schneehasen kommen ins Blickfeld, ja, einer läßt Gerhard zum Fotografieren sogar bis auf fünf Meter an sich heran. ›Batsch‹, kommentiert Walter verhalten. Er sieht das Wild als Jäger. Dreht sich ein Ren um und bietet seine Breitseite – das Ideal für den waidmännischen Schuß – , dann drückt Walter im Geiste wieder ab: ›Batsch!‹, und denkt wohl daran, was für ein Lekkerbissen das Fleisch eines Caribou, eines wilden Renes, wäre. Das Wild ist oft so nahe, so zutraulich, daß auch wir anderen drei ›Nicht-Jäger‹ heute ihre Beute gemacht hätten. Bin ich froh, daß Walter kein Gewehr dabei hat! Wir hätten das Fleisch nie transportieren können, was Walter aber sicher nicht vom Schuß zurückgehalten hätte.« Wir sahen uns schon wie Max und Moritz (nach dem Hühnerdiebstahl bei Witwe Bolte) im Grase Grönlands liegen. Zum Glück bleibt uns und dem Wild diese Episode erspart.

Die Flüsse werden tiefer

Kurz bevor wir den *Isvand*, einen Gletschersee, der in das *Austmannadalen* abfließt, erreichen, ist noch einer seiner

Datum	Zeit UTC	Wind (m/s) Richt.	Wind (m/s) Stärke	Sicht (km)	Bewölkung Bed.	Bewölkung Art	Niederschlag	Temp. Grad C	Bar. Höhe (m)	Tagesweg (km)	Σ-Weg (km)	Position Breite	Position Länge	Bemerkungen
20.8.	10.00	0	0	>10	2	st	0	+5	50	–	–	–	–	Im Austmannadalen
	16.00	270	3	10	8	sc	Regen	+8	–	–	–	–	–	
	21.00				8	sc	Regen	+5	–	–	–	–	–	31. Biwak
21.8.	10.00	0	0	5	8	sc	Regen	+6	–	–	–	–	–	Es regnet den ganzen Tag
	16.00	0	0	8	8	sc	Regen	+8	–	–	–	–	–	– Wir erreichen Nansens
	21.00	270	3	6	8	sc	Regen	+5	–	–	–	–	–	Teltplads
23.8.	10.00	270	3	5	8	sc	Regen	+5	–	–	–	–	–	–
	14.00	300	4	10	4	cu	0	+8	–	–	–	–	–	–
	21.00	300	4	>10	4	cu	–	+6	–	–	–	–	–	32. Biwak, Kilaersafik
24.8.	11.00	0	0	>10	2	cu	–	+6	–	–	–	–	–	
	18.00	0	0	>10	4	cu	–	+6	–	–	–	–	–	–
									–	–	–	–	–	Letztes Biwak
									–	–	–	–	–	Wir erreichen
									–	–	–	–	–	–
									–	–	–	–	–	Kapisillit

Zuflüsse zu queren. Nur noch 360 Meter ü. d. M., haben sich allerhand Bäche zu einem munteren Strom vereinigt. Mit Balanceakten von Stein zu Stein ist da nichts mehr zu wollen und naß werden möchte am Abend auch keiner mehr. Also wird der sichere Weg gewählt. Unserer Hosen, Schuhe und Strümpfe ledig, steigen wir barfuß in die harten Überschuhe aus Kunststoff und befestigen die Innenschuhe hoch oben am Rucksack.

Höllisch drücken die harten Schalen auf Knöchel und Schienbein, doch nach wenigen Schritten ist dieser Schmerz nicht mehr zu spüren, denn das Gletscherwasser, in dem noch Eisschollen treiben, hat nach unserer Schätzung nicht mehr als 2 – 3°C. Schnell werden die Füße bis zu den Knien fühllos.

Faszination Nordlicht

Der zweite Tag an Land, der erste vollständige Tag, an dem wir das Eis nur mehr am Horizont gesehen haben, belohnt uns abends noch mit einem besonderen Erlebnis. – Gerhard weckt uns. Als wir die Köpfe aus dem Zelt stecken, scheint der Himmel über uns zu brennen. Gespenstisch wehen gelbe und blaue Schleier wie lodernde Flammen am Himmel. Nach den Strapazen, die uns dieses traumhafte Land in den letzten Tagen abverlangt hat, kommt uns das faszinierende Schauspiel wie eine Entschädigung vor, das es uns nun bieten will.

Wassersport im Austmannadalen

Die Expedition tritt noch zum Ende in eine kritische Phase: Nicht auf dem Inlandeis lauern die größten Gefahren, sondern im *Austmannadalen*, dem romantischen grünen Bergtal!

Über sonnenbeschienene Bergrücken sind wir, vorbei an ruhig im Morgenlicht glänzenden Seen und Tümpeln, in der Richtung des Isvand-Abflusses weitermarschiert.

Nach den gestrigen Erfahrungen können wir uns ausrechnen, daß die Durchquerung des *Kúgssuaq*, des Abflusses aus dem größten Sammelbecken des Gletschers, nicht einfach wird. Wir wollen ihn soweit oben wie möglich queren, solange er nicht durch weitere Zuflüsse noch mehr gefüllt ist.

Unter einer Felsstufe hören wir schon aus weiter Entfernung das gewaltige Rauschen. Der *Kúgssuaq* stürzt in einem 150 Meter hohen Wasserfall tosend aus dem *Isvand*. Riesige Wassermassen strömen da herunter und schießen in einem kanalartigen, schmalen Bett auf eine weitere Stufe zu, die tief ins *Austmannadalen* abbricht. Eine Querung hier oben ist nicht möglich.

Voller Spannung kommen wir zu dem »Tor«, das einen herrlichen Blick ins *Austmannadalen* freigibt. Wie auf einer Aussichtsplattform stehen wir hoch über dem Talgrund und blicken hinunter, wo sich der *Kúgssuaq* von hier oben gesehen ruhig durch das Tal windet. Unser Weg wird uns hinausführen, bis wir das Meer bei *Nansens Teltplads* erreichen.

Eine Wanderung durch dieses Gebiet kann jedem empfohlen werden, der noch einsame und unberührte Natur sucht. Traumhafte Eindrücke in einer absolut menschenleeren, bizarren Urlandschaft sind der Lohn für die Wanderung auf Rentierpfaden, ohne Wegweiser und Markierungen.

Weit unten versuchen wir eine Furt auszumachen. Der Fluß teilt sich an einer Geröllbank. Der linke Seitenarm kann noch auf Blöcken gequert werden. Dann stehen wir vor dem rechten Flußarm, dessen Wasser beängstigend schnell vorbeischießt.

Micha ist schon drüben! Er war etwas voraus, hatte sich in bewährter Manier der unteren Bekleidungsstücke entledigt und war mutig ins Wasser gewatet. Bis auf die letzten drei Meter hatte er es bereits geschafft. Doch im glatt aus dem Granit gewaschenen Außenbogen der Flußbiegung wurde Micha von dem gischtenden Wasserstrom mitgerissen, und 30 kg auf dem Rücken zogen ihn unter Wasser. Verzweifelt kämpfte er um die drei Meter bis zum Ufer, auf dessen steinige Böschung ihn der Fluß schlußendlich mit Wucht warf.

Widerstand oder Anpassung?

Jetzt sind wir an der Reihe. Etwas weiter flußabwärts, wo die Strömung weniger reißend ist, steigt Gerhard als erster in die Fluten. Mühsam balanciert er mit zusammengebissenen Zähnen und gespannter Miene auf den glatten Blökken. Ist es das kalte Wasser an den Beinen oder ahnt er, was noch auf ihn zukommt?

Ich will nicht abwarten, was passiert und folge ihm. Nach wenigen Schritten stehen wir bis zur Hüfte im kraftvoll dahinschießenden, eiskalten Wasser. Doch die Temperatur spüren wir nicht mehr und verschwenden keinen Gedanken an den Rucksack, der ja auch zur Hälfte im Wasser ist. Voll konzentriert liegen wir – weit vornübergebeugt wie Skispringer – im Strom.

Die Schuhe rutschen auf den glatten Steinen ab und wir treten in 40 bis 50 cm tiefe Löcher. Der Wasserschwall, der sich vor der Brust staut, steigt uns bis zum Hals. – Seine Gewalt droht uns umzuwerfen; mit einem in einer Spalte verklemmten Bein ist sie eine tödliche Gefahr. Doch irgendwie kommen wir

Eiskaltes Gletscherwasser forderte uns bis zuletzt.

wieder frei und ein Stück weiter. Blitzartig erkenne ich, daß Walter das nie schaffen wird, als auch schon sein schwarzer Lockenkopf und ein grünes »Rettungsboot« zwischen Gerhard und mir hindurchgerissen werden.

Entsetzt schauen wir Walter und seinem Rucksack nach. Rasend schnell treibt er flußabwärts. Doch wir müssen uns auf uns selbst konzentrieren. Schon zu lange sind wir im kalten Wasser. Der Körper kühlt aus und die Muskeln verkrampfen sich.

Endlich erreichen wir die Böschung und ziehen uns aus dem Wasser. Gerhard und ich schauen uns stumm an. Keiner sagt ein Wort, aber jeder weiß: Das war knapp.

Wo ist Walter?

100 Meter weiter unten hat auch ihn die Strömung ans Ufer gespült. Trotz der Wetterbräune und dem fülligen Vollbart sieht er blaß aus. Doch seine Theorie ist verständlich: »Wofür bin ich Rettungsschwimmer?«, meint er. Vielleicht hat er recht. Ein Gesetz dieser wilden Natur heißt: »Anpassen oder Untergehen!«

Fazit

Micha hat einen faustgroßen Bluterguß am Schienbein, und seine Kamera ist durch das Wasser oder einen Stein außer Gefecht gesetzt.
Walter ist samt seiner kompletten Ausrüstung patschnaß. Alle sind sehr nachdenklich gestimmt. Wo keiner mehr Gefahren gesehen hat, ist es plötzlich nochmal »recht eng« geworden!

Nun, da wir wieder alle vereint sind, lecken wir unsere Wunden, trocknen unsere Sachen und freuen uns, daß alles gutgegangen ist. Langsam kommt wieder Gefühl in die Füße und Farbe in die Gesichter, und bald wandern wir talab.

Doch so friedvoll die Landschaft auch ist, eine Gefahr lauert noch auf uns, die nicht zu unterschätzen und der kaum zu entgehen ist: Zahllose Fliegen umschwärmen uns. Die Mückennetze, die wir durch ganz Grönland gezogen haben, liegen oben im Eis bei den Schlitten. Wir schlagen unser Lager deshalb auf einem Hügel auf, wo die Plagegeister vom aufkommenden Wind vertrieben werden. Am Abend zünden wir noch ein Lagerfeuer an, das erste auf unserer Tour. – Als wir uns schlafen legen, beginnt es zu regnen.

Im Regen bis Kilærsarfik

Den 21. August dokumentiert Micha: »Einen ganzen Monat war Wasser Mangelware und jeder Tropfen genau berechnet gewesen. Jetzt sollen wir es im Überfluß bekommen, ohne es zu wollen: Wir tauschen die Fliegen-Myriaden des Vortages gegen feinen Nieselregen, der uns beständig und hartnäckig den ganzen Tag begleitet, durch alle Nähte dringt, zum Nacken hinein- und zu den Hosenbeinen herausläuft, ja zum Schluß auch den Weg in die Schuhe und den Rucksack findet.

Unheilschwanger hängen die Wolken tief im *Austmannadalen*, als wir zum enger werdenden Talausgang ziehen. Wir laufen an Sümpfen und Mooren entlang und über Heide und weidenbestandene Grasflächen. Im scheinbar undurchdringlichen Dickicht spähen wir – Pfadfindern gleich – nach einem Rentierpfad. Oft kaum erkennbar, dann wieder breit ausgetreten, leiten uns die geschickt angelegten Spuren durch diese Wildnis. Jeder sucht seinen Weg, der sich hin und wieder als Einbahnstraße ins Gestrüpp entpuppt. Mit der Zeit entwickeln wir einen sechsten Sinn für die Fortsetzung der Pfade, falls sich die Spuren in einem Sumpf, einer Feuchtwiese oder auf Felsen verlieren.

Mühsam ist dieses Gehen, aber auch schön. Der Regen nieselt auf uns nieder; wir tropfen vor Feuchtigkeit. Irgendwann wird auch Gore-Tex-Kleidung sinnlos, erobert sich die Nässe den Weg durch Ritzen und Nähte.

Nach viereinhalb Stunden stehen wir am Ende des *Austmannadalen*, an *Nansens Teltplads*. Von hier war der Entdecker zu zweit mit einem selbstgebauten Boot aus Weidenästen und Segeltuch aufgebrochen, um *Godthåb* zu erreichen, was ihm auch gelang! Vor uns der Fjord. Es ist Ebbe und riesige Sandbänke mit unzähligen Wasserrinnen machen deutlich, welche Massen an Kies und Schlamm der *Kúgssuaq* und der *Kangaussarssup sermia* im Laufe der Jahrtausende ins Meer geschoben haben. Was zählen da die 100 Jahre, die vergangen sind, seit Nansen hier ankam. Wir können spüren, was in ihm vorgegangen sein muß, als er hier am Ende seiner großen Reise und am Anfang seines späteren Ruhmes stand.

Vergeblich halten wir nach einem Schiff Ausschau, denn wir haben relativ frische Stiefelspuren entdeckt. Es ist Sonntag und so kann es durchaus sein, daß wir hier Grönländer treffen, die ihrer Leidenschaft, der Jagd, frönen. Aber niemand ist zu sehen. Wahrscheinlich hat das schlechte Wetter die Jäger nach *Godthåb* zurückgetrieben.

Unser Weg führt um die Halbinsel *Umîviarsuk*. Wir wollen sie heute noch queren, um nach *Kilærsarfik* zu kommen. Von dort ist der Weg frei nach *Kapisillit*. Vielleicht kommt auch Erich mit der *Freydis* dorthin.

Zur Wikingerkirche

Lustlos beginnen wir den Anstieg durch steile Felsen. ›Es tropft von Helm und Säbel‹ – so heißt, glaube ich mich zu erinnern, ein Lied. Bei uns sind es die Rucksäcke, die wegen der Nässe immer schwerer werden. Ein Stück Arbeit liegt noch vor uns: Unsere Wanderung auf Rentierpfaden, sofern wir sie finden, durch Moore und Sümpfe, durch Bäche und über Felsen, in stetem Auf und Ab, geplagt, zerschunden ... Irgendwann hat alles ein Ende, und nach einem Zehnstundentag stehen wir ausgepumpt und klatschnaß an den kaum erkennbaren Resten der ehemaligen Wikingerkirche von *Kilærsarfik*. Ein Fluß mündet hier in den Fjord. Wiesen mit Glockenblumen, Berge ringsum – alles wäre paradiesisch, wenn es nicht so schütten würde – und dieses landschaftliche Kleinod nicht von den unübersehbaren Spuren grönländischer Picknickorgien verunziert wäre.

Wir schnappen uns von den Überresten aus dem Müll einen alten Ofen, der von Gewehrkugeln durchsiebt ist, und machen mit Weiden und herumliegendem Holz ein Feuer.

Bald stehen die Zelte und Walter ist

sofort darin verschwunden. Wir anderen drei harren im Regen noch aus, bis das Wasser heiß ist, kochen dann ›Mountainhouse‹ und versuchen uns mit heißen Getränken wenigstens inwendig zu erwärmen. Die ausgepackten Schlafsäcke sind naß und Wäsche zum Wechseln haben wir nicht. Alles tropft. Pitschnaß kriechen wir in die Säcke, deren Füllung nur noch aus Klumpen besteht, während der Regen monoton auf das Zeltdach trommelt. – Bei dieser Expedition wird uns wirklich nichts geschenkt.«

Wir nähern uns der Zivilisation

Es regnete die ganze Nacht und bis in den späten Vormittag hinein. Keiner hat da Lust aufzustehen und weiterzugehen: Also wird erst nochmal eine Runde geschlafen!

Endlich verstummt das Trommeln auf den Zeltwänden; es hat zu regnen aufgehört. Wir strecken die Köpfe aus den Zelten und begutachten das Wettergeschehen. Walter versucht sich in einer Wetterbeschwörung und konzentriert seine magischen Kräfte darauf, die Sonne hinter den Wolken hervorzulokken.

Er hat Erfolg. Innerhalb einer Stunde blinzelt das Gestirn zwischen Wolkenbänken hervor. Wir stehen langsam auf und beginnen die Trockenprozedur. Im Umkreis von 100 Metern ist alles, was wir haben, ausgebreitet. Ein buntes Chaos.

Gegen Mittag werden unsere nassen Sachen langsam trocken. Es gibt nichts, was nicht naß und feucht gewesen wäre. Am schnellsten trocknen die Geldscheine, die ich fein säuberlich auf der Liegematte ausgebreitet habe und die ich nun, da sie wieder leicht und im Wind »flügge« werden, argwöhnisch bewache.

Nachdem der Biertransport hierher an diesen »Super-Biwakplatz« ausbleibt und wir auch nicht länger an diesem, wenn auch noch so schönen Ort verweilen können, machen wir uns gegen 15.00 UTC auf den Weg. Nach Zeitplan kann Erichs Bierdampfer ja eigentlich noch gar nicht da sein. Ein Hubschrauber fliegt Richtung Austmannadalen vorbei und kehrt eine Stunde später zurück. »Das kann nur der Erich sein!« ruft Micha. Der Biwakplatz *Kilærsafik* war schließlich als möglicher Treffpunkt verabredet. Micha schießt eine grüne Rakete ab, die der Pilot aber nicht sieht. Also kein Bier und kein Schiff nach *Nuuk*.

Post per Steinmandl

Wir hinterlassen noch eine Nachricht für Erich. Micha baut hierfür auf exponierter Stelle eine Steinpyramide, ein »Steinmandl«, wie Walter zu sagen pflegt. Das Eisbeil bekrönt die Spitze. Die »Message« findet in einer Plastikflasche ihre sichere Unterkunft. Schade, daß das Treffen nicht geklappt hat. Wir waren so gespannt darauf. Welches Hallo, welche Wiedersehensfreude hätte das gegeben!

Wir müssen weiter. Unwägbarkeiten, das unbekannte Gelände, das wenige noch verbliebene Essen zwingen uns zu dieser Entscheidung. Es wäre zu schön gewesen. Doch ohne Kommunikationsmittel geht es halt nicht.

»Schusters Rappen« – heute Plastikschalenstiefel – müssen herhalten und uns weitertragen in die Zivilisation, zu den ersten Menschen nach 33 Tagen.

Abschied schweren Herzens

Gegen Abend erreichen wir die Mitte des langgestreckten Sees mit dem zungenbrecherischen Namen *Qajartorssuaq*. Ein herrlicher Biwakplatz am Ufer des Sees ist unser letzter Zeltplatz in der Wildnis. Wehmut und Sehnsucht nach der Zivilisation befinden sich im Widerstreit. Wir lassen den Abend am Lagerfeuer ausklingen, halten Rückschau und ziehen erste Resümees. Wir sind voller Freude. Noch trennen uns zehn Kilometer von den Grönländern. Es fällt schwerer zurückzukehren, als Abschied zu nehmen!

Das letzte Biwak

An einer idyllischen Seebucht stehen unsere Zelte. Die Morgensonne läßt das sanft gekräuselte Wasser glitzern, auf dem die Spiegelbilder der gegenüberliegenden Berge hin- und herwabern. Die tiefe Stille am *Qajartariorssuaq* wird nur selten vom Kreischen der Enten unterbrochen.

Langsam wachen wir auf. Jeder hängt seinen Gedanken nach, beschäftigt sich mit den vergangen Tagen und der nahen Ankunft in der Zivilisation. Ruhig und gelassen sind wir mit längst zur Routine gewordenen Handgriffen beschäftigt.

Werner hat gestern abend vergeblich versucht, Abwechslung in unsere Küche zu bringen. Doch es hatte kein Fisch angebissen, und wir mußten beim »Pulver« bleiben. Heute morgen steht er bis zu den Knien im eisigen Wasser, so wie Gott ihn erschaffen hat. Er reinigt sich von Kopf bis Fuß, wäscht sich die salzige Last von 33 Tagen vom Leibe und macht sich »landfein« für die Ankunft in der Zivilisation. Zu guter Letzt schwimmt er tatsächlich eine Runde. Adonis gleich entsteigt er den Fluten, schlank und rank – wie neugeboren.

Kapisillit heißt das Dorf, die erste menschliche Siedlung, die wir heute nach 34 Tagen in der Einsamkeit erreichen wollen. »Kapisillit« bedeutet Lachs in der Sprache der Inuit. Wir werden Lachs essen, heute abend! Noch trennen uns 15 Kilometer Fußmarsch über die Matten der Tundra vom Dorf. Heute nachmittag werden wir die Inuit sehen, »Menschen«, wie sich die Grönländer selbst nennen.

Ein Grab in der Wildnis

Werner kommt von einem Spaziergang zurück. Uns treibt keine Eile, denn wir wissen, in wenigen Stunden sind wir am Ziel, dem vorläufigen Ende der Expedition. Irgendwie befinden wir uns im Widerstreit der Gefühle. Hier das tiefe Erleben der Einsamkeit, der Unberührtheit und Weite der grönländischen Landschaft, dort die Gewißheit, die Durchquerung des Inlandeises gemeistert zu haben und wieder unter Menschen zu sein.

Werner berichtet uns von einem Grab mit Kreuz und Inschrift, das er nur wenige Meter von unserem Biwakplatz entfernt, hinter einigen Hügeln entdeckt hat. Die Inschrift und der Name *Lukassen* besagen, daß dort ein junger Mensch mit 16 Jahren sein Leben gelassen hat. War es ein Unfall? – Wie kam es dazu? – Warum liegt er hier in der Wildnis so einsam begraben? – Konnte man den Leichnam nicht nach *Kapisillit* bringen und auf dem Friedhof bestatten? – Wir werden es wohl nie erfahren. Wieder einmal werden wir an die Nähe des Todes erinnert.

Abschied von der Wildnis

Ein letztes Mal röchelt der Benzinkocher, die letzte Tüte »Pulver« wandert ins heiße Wasser: Ein Frühstück wie jeden Tag. Wir genießen es. Es verspricht ein sonniger Tag zu werden. Ein letztes Mal werden die Zelte abgebaut, die Traglasten verteilt und die Rucksäcke vollgestopft. Sie werden einfach nicht leerer, nicht leichter!

Bepackt mit unseren Riesenlasten stapfen und stolpern wir durch die Heide, folgen Rentierpfaden und waten durch Sümpfe. Unser Ziel wird markiert durch den wohlgeformten Bergkegel des 470 Meter hohen *Pingo*, dem Wahrzeichen unseres Zielortes. Wir rasten öfter als gewohnt, als hätten wir Angst, unser Ziel zu früh zu erreichen. Wir liegen im Heidekraut und stopfen Moos- und Blaubeeren in uns hinein. Überkommt uns Urlaubsstimmung?

Ein einsames Eskimograb, es stimmte uns nachdenklich.

Schweigend ziehen wir weiter. Nochmal geht es mühsam bergauf, denn der Pfad zum Dorf steigt steil an. Hätte er denn nicht am Ufer entlangführen können? Bis zum Schluß werden wir gefordert. Micha eilt voran und wir keuchen hinterher. Tief unten liegt der Fjord *Kapisillit kangerdluat*, einer der unzähligen Seitenarme des mächtigen *Godthåb-Fjords*, an dessen hinterem Ende das Dörfchen *Kapisillit* liegt. Jenseits des Fjordes erhebt sich der *Kînaussaq* schroff aus dem Wasser. Mit seiner stattlichen Höhe von 1630 Metern war er die erste Landmarke, die wir vom Inlandeis ausmachten. Wir nannten ihn den »Berg von Kapisillit«. Seine weiße Spitze diente uns zur Orientierung und war für die Standortbestimmung unseres Schlittendepots wichtig. Nun grüßt er uns vertraut und bedeutet uns: »Jetzt seid ihr am Ziel!«

Eine Fuchsfalle und ein Grab

Der Pfad schlängelt sich an der steilen Nordflanke des *Pingo*, dessen felsiges Gelände mit hohen Büschen durchsetzt ist. Der Blick nach unten bleibt an bizarren Eisbergen hängen. Erwartungsvoll richten wir ihn bald wieder nach vorne und sind gespannt auf die ersten menschlichen Behausungen. Da sind sie! Kleine bunt gestrichene Häuser, wie an den Hang geklebt. Nach 34 Tagen sind sie die ersten Attribute der Zivilisation! Der Pfad wird enger. – *Was dann geschieht, schildert Micha so:* »Urplötzlich schlage ich – nahe an einem Felsabbruch – der Länge nach hin und mein Rucksack landet auf meinem Kopf. Noch ganz benommen, fluche ich über mein Mißgeschick. Da schindet man sich mehr als 500 km über das Eis, überwindet Eisbrüche und Spalten, durchwatet eisige Flüsse, ohne von den Beinen zu kommen, und jetzt – zu ›guter‹ Letzt – liegt man auf der ›Schnauze‹, völlig überrascht und ahnungslos. Die Drahtschlinge eines Fallenstellers, eigentlich dazu gedacht, Füchse zu fangen, hat mich unsanft von den Beinen geholt. Ich rappele mich hoch und befreie meinen Fuß mühsam aus der Schlinge.« Vorsichtig auf den Weg achtend, bewegen wir uns weiter: Da, ein Steinhaufen am rechten Ufersaum! Zu unserer großen Überraschung entdecken wir unter den Steinen einige menschliche Schädel. Ein Eskimograb! Auf freiem Feld hätten wir es wirklich nicht erwartet, denn hier kommen doch gelegentlich Menschen vorbei. Wie alt mag das Grab wohl sein? Wer waren diese Menschen, welches Schicksal hat sie getroffen? Warum läßt man ein Grab in solch einem Zustand? Wir machen einige Fotos. Die Vergänglichkeit ist so nahe – überall.

Mir ist zwar nichts ernstliches passiert, aber trotzdem philosophieren wir einmal mehr darüber, daß eine Tour erst im Dorf, in der Stadt, zu Ende ist. Der Einzug zwischen den verstreuten Häusern der Siedlung ist für uns aufregend, für die paar Grönländer hingegen kein besonderes Ereignis. Die von uns vorgebrachten Fragen auf englisch werden mit unverständigem Kopfschütteln quittiert. »Daniel?« – Ein Grönländer zeigt in Richtung Hafen. Doch da kommt Daniel Lukassen und ruft: »Come on!« – Wir hatten ihn angeschrieben und ihm unsere Route mitgeteilt; er hat uns erwartet. – Auf dem Herweg unkten wir: »Der wird auf den Kanarischen Inseln sein.« Und nun steht er leibhaftig vor uns, sieht uns unsere Müdigkeit an und nimmt uns sofort ins Schlepptau ... Die entwaffnende Selbstverständlichkeit der Gastfreundschaft macht uns erst verlegen, dann aber passen wir uns an und lassen uns mit so viel Freundlichkeit und Annehmlichkeiten überhäufen ...

Am Ziel

Micha hielt die überwältigenden Erlebnisse im Tagebuch fest:

»Der ›Côte du Rhône‹ funkelt schwer im Glas. Aus der Stereoanlage klingt eine Mischung aus ›Shanty‹ und ›Waltz‹, später grönländische Musik – ein Relikt aus der Zeit, als europäische Seeleute die Insel besiedelten. Das gemütliche Wohnzimmer des typisch nordischen Fertighauses, dekoriert mit

Inuit-Zeichnungen, Fuchsfellen, Eskimojagdzubehör und vielem Nippes, hallt wider von Gelächter und Reden. Wir Vier lachen uns an und prosten Daniel und seiner dänischen Frau Anni zu. Der Tisch biegt sich unter einer Riesenschüssel kurz gebratenen Rentierfleisches. Die dick angerührte Sauce Béarnaise wird löffelweise auf jeden Bissen geschlagen. Wir kauen, was das Zeug hält, schieben Kartoffeln, Erbsen und Karotten nach und knabbern zwischendurch rösche ›potato chips‹. – ›You can eat as much as you want!‹ Dieser Aufforderung unserer Gastgeber kommen wir nur zu gern nach. Wieder lachen wir einander an und freuen uns wie man sich nur freuen kann, wenn man alles erreicht hat, was man sich vorgenommen hat …

Daniel und Anni

Daniel, Kapisillits gewichtige Persönlichkeit in der doppelten Bedeutung des Wortes, grinst uns mit schlechten Zähnlein an: ›You have all reason to be proud!‹ Klein, kaum 1,60 Meter groß, breit, grobschlächtig und kräftig, ist er ein typischer Grönländer, eine Mischung aus Inuit und Europäer. ›Mein Großvater war ein Herrnhuter Missionar‹, berichtet er und strahlt dabei über das ganze Gesicht. Daniel ist hier im Dorf so etwas wie ein Bürgermeister. Neben seiner Tätigkeit als Lehrer ist er offensichtlich ein recht wohl betuchter Obmann der Rentierzüchter. In dem kleinen 130-Seelen-Dorf spielt der Dreiundvierzigjährige eine wichtige Rolle. Anni, seine dunkelblonde Frau, ist herzlich und freundlich. Das ungleiche Paar hat sich in Kopenhagen kennengelernt und lebt nun hier am Ende der Welt. Der sechzehnjährige Ältere ihrer zwei Söhne lebt in *Godthåb* und der elfjährige Paul – dem Vater ähnlicher als der Mutter – ist ein bißchen verzogen, wetzt am Tisch seine drei Messer und liebäugelt vor allem mit dem von Walter geschenkten ›Puma‹-Taschenmesser. Mit acht Jahren hat er sein erstes Rentier geschossen. Üblicherweise bekommen die Söhne in Grönland ›erst‹ mit zwölf Jahren ein eigenes Gewehr. – Wir erfahren, daß jenes Grab, das Werner zufällig beim letzten Biwak gefunden hat, das von Daniels Bruder ist, der ins Eis einbrach und dabei umkam.

Der bildschöne Hund unserer Gastgeber, ein vierjähriger Schäferhund, ist in die Küche verbannt. Er späht begehrlich nach der Schüssel mit Süßigkeiten, als Anni aufsteht und den Tisch abräumt. Wir helfen ihr dabei, bevor wir zu Kaffee und Aquavit übergehen und über unseren Marsch hierher berichten.

›That's a dream of an ice‹, macht Walter der Hausfrau zwischen Kaffee, Bier und Schnaps ein Kompliment zur Nachspeise, während der Hausherr sich an die futuristisch anmutende elektronische Orgel setzt und gekonnt pianiert. Ich versuche mich ein wenig auf der Gitarre und Walter entlockt einer Trompete nach dem Motto ›blow your horn‹ einige wenige, traurige Töne. Wohlbehagen und Gemütlichkeit machen sich breit. Die Mägen sind voll, und das endlich einmal mit etwas anderem, als der Formuladiät. Jeder von uns hat ein paar Kilo abgespeckt. Rank und schlank erscheinen wir uns im Spiegel, nachdem wir den ärgsten Schmutz weggeduscht haben. Eine Wohltat ist das nach fünf Wochen – ein unbeschreibliches Vergnügen!

›The first snow will come in one or two weeks‹, erzählt Daniel. Uns ist das egal – wir sind durch! Vergessen sind die Schinderei des Schlittenziehens, die endlose Weite des Eises, der Sturm in den immer kleiner und nässer werdenden Zelten, das Biwak, bei dem der Schlafsack nur noch aus Klumpen bestand, der gefahrvoll-entnervende Marsch durch die Brüche, die labilen Schneebrücken und die riskanten Flußdurchquerungen.

Was übrig bleibt, ist die Erinnerung an den Zauber des Inlandeises, die Schleier des Nordlichts, die Sonne, das endlose Weiß, die Freiheit, die Mini-Paradiese des *Nunatâraq*, die Seen, das Fjell … und die Harmonie unserer Freundschaft.

Walter fachsimpelt mit Daniel gerade über Gewehre und die grönländische Tierwelt: ›Oh, very interesting. That is the Trottellumme‹. Daniel hebt das Glas erneut: ›You can be very proud!‹«

Die Schatzsuche

Wer suchet, der findet …

Gerhard

Ist es ein Traum, ist es Wirklichkeit? Kein Windgeräusch und kein frischer Windhauch, der über's Gesicht streicht. Ich erwache und finde mich in einem richtigen Bett! Irgendwie fühle ich mich bleiern, im Kopf, im Magen, an allen Gliedern. Rabenschwarze »Nacht« umgibt mich in einer bedrükkenden Enge. Ich richte mich auf und erkenne die Umrisse eines Zimmers: Richtig, wir sind wieder in der Zivilisation. Vorbei ist der tiefe Schlaf in der kuscheligen Hülle unserer Daunensäkke. 34 Nächte in der absoluten Einsamkeit, in der Wildnis der Arktis, haben in unseren Körpern einen Schlafrhythmus geprägt, der sich erst wieder an eine zivilisierte Umwelt anpassen muß.

Neben mir schläft Werner – ebenso unruhig. Es liegt wohl an der nur langsam weichenden Spannung der zurückliegenden Wochen, der Fülle in unseren Mägen und am Genuß alkoholischer Getränke nach langer Entsagung.

Meine Gedanken schweifen im Halbschlaf zu den Szenarien der zurückliegenden Tage, in die Weite des Eises, in das Chaos der Eisbrüche und zu unseren Schlitten, die wir da oben auf einer kleinen ebenen Fläche in einem Gewirr von Spalten zurückgelassen haben.

»Sind sie noch da?« geht es mir durch den Kopf. »Hat sie der Wind fortgetragen?« Unsinn, wir haben sie gut verankert, und so stürmisch war es in der Zwischenzeit auch nicht. Aber geregnet hat es zwei Tage lang, und auch jetzt klopfen Regentropfen wieder leicht gegen die Fensterscheiben. »Hat es da oben in 1400 Meter Höhe auch nur geregnet, oder liegen unsere Schlitten nun im Schnee begraben? – Werden wir sie

In den weltabgeschiedenen Dörfern genießen die Kinder ihre Freiheit noch unbefangen. Noch reizen die Verlockungen der Städte sie nicht…

Folgende Doppelseite: Die arktis- und antarktiserprobte Stahlyacht »Freydis« in gewohnter Szenerie.

Bei gutem Wind macht die »Freydis« bis zu 10 Knoten Fahrt.

Heilbutt, Rotbarsch und Dorsch sind eine willkommene Bereicherung des Mittagstisches an Bord. Der Fischreichtum grönländischer Fjorde macht selbst Hobby-Angler zu erfolgreichen Fischern. ▷

Folgende Doppelseite: Weit draußen – im frostigen Spaltenmeer – liegt verlassen unsere wertvolle Ausrüstung...

überhaupt wiederfinden?« Erneut regen sich Zweifel. – »Denke *positiv*!« sagt eine Stimme im Unterbewußtsein. »Morgen werden wir mit dem Hubschrauber-Vercharterer telefonieren, werden den Heli hierherkommen lassen, hinauffliegen und unsere Schlitten holen.«

Der erste Morgen in der Zivilisation

Wir haben lange geschlafen und räkeln uns aus dem ungewohnten Luxus der weichen Matratzen. Die Dusche – ein lang entbehrter Genuß – bringt Leben in unsere Körper. Aus dem Eßzimmer strömt der mindestens ebenso lang vermißte Duft eines richtigen Frühstücks mit Kaffee und Toast, Butter und Marmelade, Schinken und Ei.

Wir sind allein im Haus. Daniel, Anni und ihr Sohn Paul sind seit acht Uhr in der nahegelegenen Schule.

Wir Spätaufsteher genießen unser »erstes ziviles Frühstück« in vollen Zügen und sind angenehm berührt ob soviel Gastfreundschaft. Daniel kommt herein, wünscht uns einen »Guten Morgen« und erkundigt sich nach unserem leiblichen Wohlergehen. Erst als wir mehrmals bestätigen, wirklich keinen »Platz« für weitere Genüsse zu haben, ist er zufrieden, setzt sich zu uns und trinkt seinen Kaffee, denn es ist gerade Schulpause.

Die Schulstunde

Daniel motiviert uns, mit in die Schule zu kommen. Die Kinder toben vor dem Schulgebäude, spielen Ball und schaukeln. Fröhliche Gesichter, die keine Scheu vor uns Fremden verraten, blikken uns entgegen.

Daniel beendet die Pause. Folgsam kehren die Kinder in das einzige Schulzimmer an ihre Plätze zurück. Es sind wohl mehrere Jahrgangsstufen beisammen. Daniel und Anni fordern uns auf, auf den freien Stühlen Platz zu nehmen, und wir sind wieder »Schüler«. Dabei wird mir klar, wie lange es doch her ist, seit ich das erste Mal in die Schule mußte: Auch damals war es eine Großraumklasse, und die Klassen Eins bis Vier wurden parallel unterrichtet. Dieser helle Klassenraum ist mit modernen Schulmöbeln und Lehrmitteln ausgestattet. Von der Videoanlage bis zum Overheadprojektor ist alles vorhanden.

Die Kinder wirken so natürlich und ungehemmt, als sei solch ein Besuch an der Tagesordnung. Ich sitze neben einem Mädchen, das mit voller Aufmerksamkeit ihrem Lehrer Daniel zuhört und sich durch unsere Anwesenheit nicht beeindrucken läßt. Daniel erzählt den Kindern in ihrer Muttersprache Inuit (Grönländisch), wer wir sind und wo wir herkommen. Die Kinder erfahren, daß wir einen langen Weg übers Eis gegangen und gestern in ihr Dorf gekommen sind.

Nun ist Walter, der Lehrer unter uns, gefordert. Daniel bittet ihn an die Tafel. Die Kinder legen ihre Atlanten auf die Tische. Es ist eine zweisprachige Ausgabe in Dänisch und Inuit von ausgezeichneter Qualität. Walter bringt seine Erklärungen in Englisch vor, und Daniel übersetzt synchron in Inuit. Die Kinder verfolgen in ihren Atlanten unsere weite Anreise aus Europa, den Start an der Ostküste, den langen Weg durchs Inlandeis und unseren Marsch durchs *Austmannadalen* bis hin zu ihrem Dorf. Walter erzählt von unserer Heimat und unseren Bergen, von unseren Seen, in denen man im Sommer schwimmen kann. Er fragt, ob man hier in *Kapisillit* im Sommer auch baden kann. Daniel und die Kinder nicken. »Wer hat denn in diesem Sommer schon gebadet?« lautet seine nächste Frage an die Klasse. Mehrere Hände schnellen in die Höhe. Wie warm denn das Wasser sei, will Walter weiter wissen. »Keine zehn Grad«, tönt die nüchterne Erwiderung.

Weiter geht der Unterricht in stetem Wechsel von Englisch und Inuit. Auch politische Themen werden angesprochen.

Die Aufmerksamkeit der Kinder ist ungebrochen, ihr Wissensdurst kaum zu stillen: Eine noch intakte Schule, ein intaktes Lehrer-Schüler-Verhältnis!

Zur Feier des Tages, aus Anlaß unserer Anwesenheit im Dorf, dürfen die Kinder eine Stunde früher nach Hause. Mit Freudengeheul stürzen sie ins Freie, in den Schulhof, spielen, toben, sind vergnügt und fröhlich.

Erster Telefonkontakt mit zu Hause

Von *Kapisillit* aus kann man in alle Welt telefonieren, doch das Telefon ist seit Tagen kaputt. Daniel weiß Rat. Oberhalb seines Hauses steht eine kleine Hütte, die telefonische Schaltzentrale. Er hat als einziger den Schlüssel und schafft es, eine Verbindung nach Deutschland herzustellen; wie er das macht, bleibt sein Geheimnis. Micha kann mit Gudrun, seiner Angetrauten, seit mehr als fünf Wochen die ersten Worte wechseln. Zu Hause und hier ist alles wohlbehalten. Erleichterung und Freude sind an beiden Enden der Leitung zu spüren. Zu lange war das Schweigen – unsere Familien waren so lange ohne Nachricht. Die Spannung beginnt sich zu lösen, die Expedition ist zu Ende. Doch noch liegen unsere Schlitten, unsere Fotos, Filme, unser Tagebuch im wilden Eisbruch!

Morgen kommt der Hubschrauber!

Der Manager von *Greenlandair Charter* versichert, daß der einzige Hubschrauber bereits ausgelastet sei, einige eilige Krankentransporte zu fliegen habe, aber bestimmt morgen nach *Kapisillit* käme und wir dann mit dem Piloten alle Einzelheiten der Bergung unserer Ausrüstung besprechen könnten. Der Heli kommt bestimmt, denn er muß die Techniker der Post zur Reparatur der Telefonanlage hierher fliegen.

Es hat aufgehört zu regnen. Einige schüchterne Sonnenstrahlen durchbrechen die tiefe Wolkendecke. Wir beschließen, durchs Dorf zu bummeln, einfach einmal nichts zu tun: Kein Tagesziel liegt vor uns. Die wenigen Häuser des 130 Seelen zählenden Dorfes sind einfach gebaut, die Untergeschosse meist aus Beton oder Stein, die Aufbauten aus Holz. Ihrer rostroten Einheitsfarbe wegen erinnern sie stark an skandinavische Häuser.

Straßen und Autos gibt es nur in wenigen, größeren Orten, wie hier in Nuuk. Ansonsten ist nach wie vor das Boot wichtigstes Transportmittel.

Wir bummeln durch die einzige, unasphaltierte Straße. Ein Inuit baut das Gerippe eines Bootes. Die Zigarette im Mundwinkel seines ledrigen, wettergegerbten Gesichtes verrät seine Fähigkeit, Arbeit und Genuß miteinander zu verbinden. Er grüßt uns freundlich. Ruhig und überlegt verrichtet er seine geübten Handgriffe. Die Spanten aus Holz wirken viel zu zerbrechlich, als daß sie einem Boot die nötige Stabilität verleihen könnten.

Wir spazieren an der ›Fischfabrik‹ vorbei, der einzigen industriellen Einrichtung. Die Gestelle zum Fischetrocknen sind leer. Die Fischerei hier im Fjord lohnt sich nicht mehr. Einige Inuit sitzen in der Sonne vor dem einzigen Laden des Ortes, umgeben von leeren Blechdosen. Sie trinken schon am hellichten Tage Bier: Alkohol ist eine Geißel der Inuit.

Wo ist die Freydis?

Die Yacht *Freydis*, die wilde Dame aus festem Stahl mit ansehnlichen 15 Metern Länge, wollte uns an *Nansens Teldplads* in Empfang nehmen. Wo sind die *Freydis* und ihre Crew? Daniel hat gehört, daß sie in *Nuuk* (*Godthåb*) eingelaufen sei, daß die Mannschaft zu einem Empfang beim Bürgermeister gewesen und daß sie mit unbekanntem Ziel wieder ausgelaufen sei.

Wir vermuten die *Freydis* im *Ameragdla-Fjord* und hoffen, daß sie bis zum vereinbarten Treffpunkt *Kilærsarfik* fahren wird. Dort wird sie unsere Nachricht finden. Wir beschließen, unser Gepäck morgen mit dem Heli hierher nach *Kapisillit* bringen zu lassen und dann mit dem Schiff nach *Nuuk* weiterzufahren.

Wieder ein lukullisches Mahl

Mit zwei Kisten Tuborg-Bier und einigen Weinflaschen verlassen wir schwer bepackt den kleinen Supermarkt. Wir haben gestern, nach unserer Ankunft, die Vorräte unserer Gastgeber gehörig geplündert und wollen sie nun wieder auffüllen. Anni kocht, als wir das Haus betreten. Sie will unsere Geschenke nicht annehmen, und es bedarf einigen Zuredens, daß sie es schließlich doch tut.

Drei gebratene Saiblinge, vom Hausherrn persönlich gefangen, finden nur gestapelt auf dem übergroßen Teller Platz. Dazu hat Anni eine besondere Delikatesse zubereitet: Eine Schüssel mit »Walfisch-Koteletts«. Uns gehen die Augen über, und wir sind beschämt von soviel Gastfreundschaft.

Wer ein echter Inuit ist ...

Traditionsgemäß ist jeder Inuit Jäger und Fischer. Zwar ist jene Zeit längst vorbei, da der Eskimomann in seinem wackeligen Kajak auf Fischfang und Robbenjagd ging. Die Moderne hat dem Inuit das Plastikboot mit Außenborder beschert, und im Winter dient ein Motorschlitten der Fortbewegung.

Ein echter Inuit hat ein eigenes Gewehr. Noch ehe der Junge zum Mann wird, weiß er mit ihm trefflich zu schießen und hat damit einige Rentiere erlegt. Wir sind fasziniert; vor allem Walter kommt aus dem Staunen nicht heraus, als Daniel ihm sein Waffenarsenal zeigt. Die Fachsimpelei der Jäger findet fast kein Ende, und Wetteifer kommt auf. Walter kann es kaum glauben, daß der elfjährige Paul mit der Luftpistole freihändig eine Bierdose aus zehn Metern Entfernung sicher trifft.

Die Dämmerung läßt uns ins Haus zurückkehren. Daniel spielt auf seiner elektronischen Orgel und singt alte Weisen der Inuit. Als auch Micha zur Gitarre greift, erinnert das Ganze an stimmungsvolle heimatliche Hüttenabende.

Daniel will uns das Leben der Leute von Kapisillit noch näher bringen. Ein Video zeigt das alljährliche Zusammentreiben der Rentiere. Er, der Vorsitzende der Rentierverwertungsgemeinschaft, berichtet, daß etwa 6000 Tiere in dem umliegenden Areal weiden. Die Rentierzucht sei eine wichtige Erwerbsgrundlage der Bevölkerung. Im September würden die Rentiere in einen großen Korral zusammengetrieben, der sich etwa 15 km von hier in *Itivnera* befände. Die schlachtreifen Tiere würden mit dem Lasso gefangen, von drei Mann an den Zaun gezogen und mit Kopfschuß getötet. Uns drängen sich Parallelen zu Western- und Cowboyfilmen auf, während er weitererzählt, daß die enthäuteten und ausgeweideten Tiere per Schiff nach *Nuuk* transportiert würden.

Daniel unser Gastgeber.

Daniel erklärt uns, daß die Rückkehr zur Lebensweise seiner Väter als Jäger und Fischer nicht mehr möglich sei. »Aber«, betont er, »die Kinder müssen lernen, sich in der Wildnis zurechtzufinden. Sie werden frühzeitig ausgebildet.«

Die Überraschung

Walter ist gerade mit Reinigungsarbeiten im Badezimmer zugange, als er zum Fenster hinausschaut und überrascht in das muntere Gesicht einer jungen Frau blickt.

Rike gehört zur Freydis-Crew. Sie und ihr Mann Günter sind vom *Itivdleq-Fjord*, wo die Yacht vor Anker liegt, zu Fuß hierher gewandert; das Skipper-Ehepaar ist ebenfalls unterwegs.

Micha und Walter gehen Heide und Erich entgegen, denn es ist bereits dunkel. Nach einer halben Stunde sind die beiden dann auch da. Es gibt ein Riesen-Hallo und Wiedersehensfreude. Da gibt es viel zu erzählen und das Haus unserer Gastgebers ist übervoll von deutschen Lauten.

Anni zaubert für die vier Neuankömmlinge in aller Kürze ein warmes Essen. Hatten wir vier das Haus schon weitgehend in Beschlag genommen, so ist es jetzt übervoll. Deutsch und Englisch schwirren durcheinander. Die Gastgeber bestimmen einfach, daß alle über Nacht bleiben. Wir vier treten unsere Betten an die Seglerpaare ab und schlafen im Wohnzimmer auf dem Teppichboden.

Daniels Boot und der Hubschrauber

Wir sind zu Langschläfern geworden. Erst zur zehnten Stunde kommt Leben ins Haus.

Wir frühstücken fürstlich und beschließen, alle zusammen zur *Freydis* zurückzumarschieren. Ein Boot, das uns bis nach *Itivnera* brächte, würde den Weg um Stunden verkürzen. Daniel meint, er habe ein eigenes Boot, dessen Vergaser allerdings defekt sei. Das Ersatzteil wäre hier und müsse nur noch eingebaut werden. Werner und Walter bieten Daniel ihre Hilfe an.

Micha und ich bleiben beim Haus und warten auf den Hubschrauber, der wegen der Telefonreparatur gegen Mittag erwartet wird. Noch ist das Wetter zu schlecht. Wir warten und schmieden Pläne. Erich und Heide wollen auch mit, wollen fotografieren und filmen, wollen auch mal hinauf ins Eis.

Das markante Geräusch des Hubschrauberrotors beendet unser Gespräch. Der Heli landet direkt neben dem Telefonhäuschen oberhalb des Hauses. Die Dorfjugend läuft zusammen. Alles drängt sich um den Heli.

Zwei Techniker machen sich an der Telefonzentrale zu schaffen, während der Pilot lässig auf den Schwimmern seines Helis sitzt. Er ist Däne und noch recht jung. Man muß schon jugendlich und abenteuerlustig sein hier ›oben‹ in der Arktis. Es gelten da andere Gesetze und die Bereitschaft zum Risiko ist ein Muß. Der Hubschrauber ist das wichtigste Transportmittel.

Der Pilot läßt sich von uns die Karte mit der eingezeichneten Position unserer Schlitten erklären. Er erkundigt sich nach Größe und Gewicht unserer Habe im Eis, denn, so meint er, es gäbe fast immer Gewichtsprobleme. Wir müßten entweder zweimal fliegen oder könnten nur das Wichtigste bergen. Heute habe er keine Zeit für unseren Flug; drei län-

Karte der Westküste. Eingezeichnet ist unsere Route nach dem Landfall durch das Austmannadalen bis zur Ankunft in Kapisillit. Vom Itivnera-Fjord segelten wir mit der Freydis nach Nuuk.

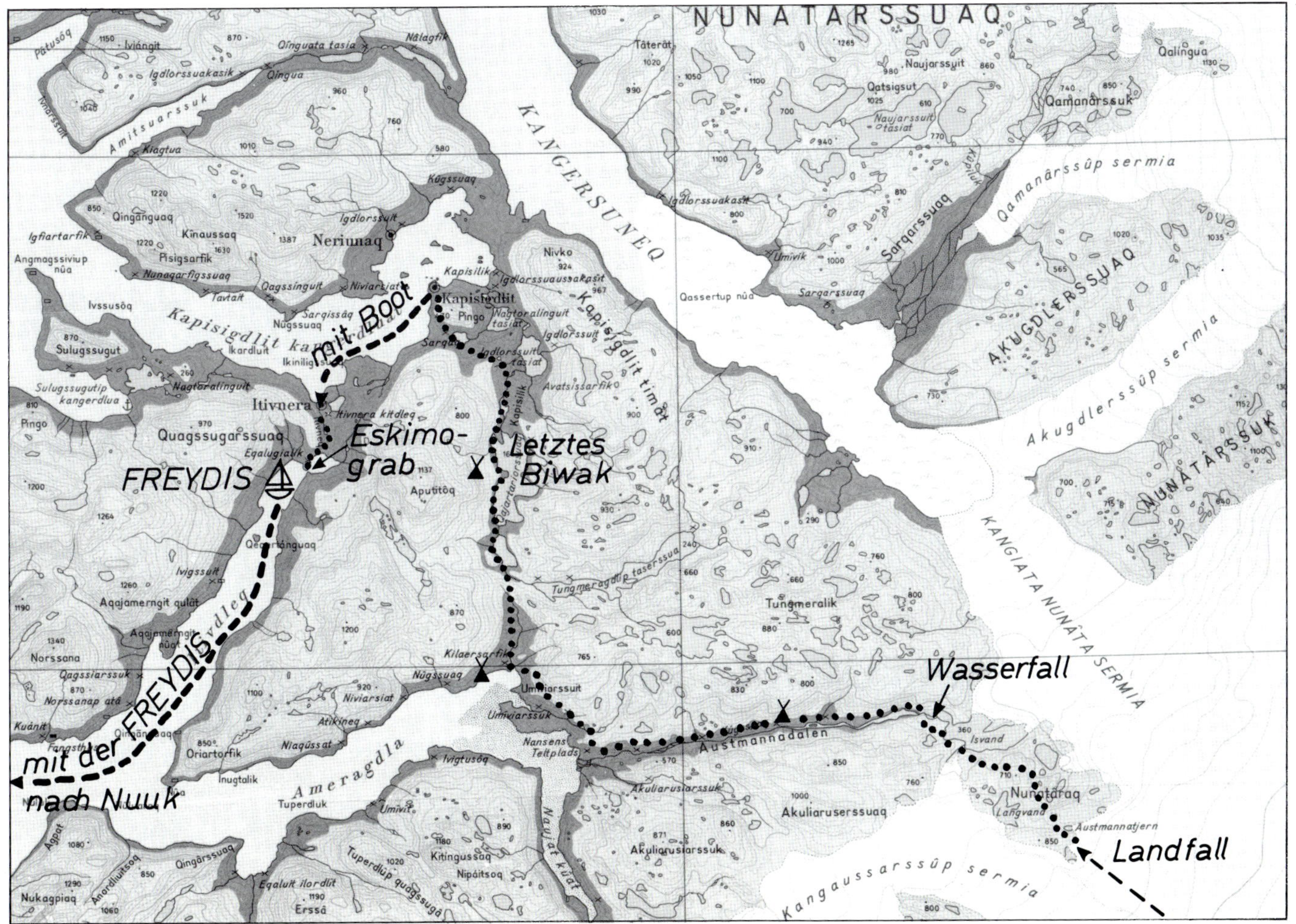

Die Eisberge sind eine lauernde Gefahr für die Freydis.

gere Einsätze seien schon eingeplant. Für morgen abend, es sei ja lange hell, gebe er uns eine Chance. Wir verabreden mit ihm als Treffpunkt den *Itivdleq-Fjord*, in dem die *Freydis* ankert. Er wird dort morgen ein Faß mit Kerosin abladen, um nachtanken zu können.

Inzwischen haben die beiden Techniker den Schaden am Telefon repariert und der Pilot will nach *Nuuk* zurückfliegen. Er bietet mir an, bis nach *Itivnera* mitzufliegen. Die anderen fahren mit Daniels Boot, das Werner und Walter in der Zwischenzeit erfolgreich repariert haben. Es herrscht allgemeine Aufbruchsstimmung.

Micha, Walter und Werner und die Freydis-Crew marschieren beladen mit ihren Rucksäcken zum kleinen Steg am Hafen, wo Daniels Boot festgemacht liegt. Ich steige mit in den Heli und sehe mir das Ganze von oben an. Der Heli schwebt über das Dorf, den kleinen Hafen, ich erkenne die winkenden Freunde am Steg. Der Heli dreht ab und nimmt Kurs auf *Itivnera*. Nach wenigen Minuten sind wir über der Bucht, an der einige Häuser stehen. Es ist die Rentierfarm, ich erkenne sie dank Daniels Videofilmen, die er uns gestern gezeigt hat, wieder. Der Pilot dreht eine Steilkurve und setzt sicher in der Nähe der Hütten im weichen Moos auf. In tiefgebückter Haltung verlasse ich den Heli bei laufenden Rotorblättern.

Ich schlendere zur Bucht hinunter und warte auf das Boot. Einige gestrandete Eisberge liegen in der Bucht und verleihen ihr ein eisiges Aussehen.

Bald kann ich Daniels Kajütboot ausmachen, dem ein zweites, offenes Boot folgt. Daniel, ganz stolzer Kapitän, verlangsamt die Fahrt; im Kielwasser seines Bootes steht sein Sohn Paul nicht minder souverän am Steuer des Schlauchbootes mit »Mannschaft« Anni und Werner sowie dem restlichen Gepäck.

An Bord der Freydis

Wir vier »Grönländer« finden einen schönen Zeltplatz am hohen Ufer des Fjords; das Aufschlagen der Zelte ist Routine. Wir wollen in unseren Zelten schlafen, in denen es allemal bequemer ist, als in der Enge an Bord. Wir sind zum Essen eingeladen auf die *Freydis*.

Wir werden mit einem Whisky der speziellen Bord-Marke begrüßt. Mit an Bord sind noch David, ein junger »Wikinger«, Jörn, ein ebenso junger Sonnyboy und Karl, der lieber fischende als segelnde Senior. Es wird ein langer und feuchtfröhlicher Abend. Walter doziert – und schläft im Sitzen ein!

Der Mond wirft sein fahles Licht über die Bergkuppen und erzeugt glitzernde Reflexe im gekräuselten Wasser. Heide überreicht Micha und Walter zu später Stunde ein Gedicht, das sie für die beiden in Erinnerung an eine dramatische Eisberg-Klettertour vor zwei Jahren geschrieben hat.

Der Eisberg

Blütenweiß, blau, grün und kalt,
schon bei Geburt Jahrtausend' alt,
und doch noch voll geballter Kraft
geht er auf lange Wanderschaft.
Er reiht sich in die dichte Kette,
aus Riesen seinesgleichen
vor Grönlands Bergsilhouette,
dort muß er keinem weichen.
Nur Sonne macht ihn schließlich gar,
wo wilde Winde weh'n.
Sie läßt ihn weinen und vergeh'n
zu dem, was er schon immer war.

Meinen Freunden Micha und Walter mit herzlichen Glückwünschen zu ihrer erfolgreichen Inlandeis-Überquerung.
H. W.

Petri Heil – Petri Dank

Walter schläft tief und fest neben mir im Zelt. Seine Atemzüge sind regelmäßig, nur etwas lauter als sonst. Ich schlafe unruhig, träume wach und versuche mir vorzustellen, wie der Flug mit dem Heli verlaufen wird, wie es wohl sein wird da oben im Eis, und wie die Froschperspektive in die Vogelschau zu transponieren ist. Ein roter Fleck im weißen Schneemeer muß doch leicht auszumachen sein, noch dazu mit einem flatternden Spi. Oder gilt es doch die berühmte Stecknadel im Heu, ein Staubkorn im Sand zu finden? Ich habe die ›Schatzsuche‹ auf mich genommen, und alle haben eine hohe Erwartung in mich gesetzt, der ich es als Pilot gewohnt bin, aus der Vogelperspektive zu sehen.

Die Sonne weckt mich. Es ist ein richtiger Sommertag. Langsam schälen wir uns aus unseren wohligen Hüllen. Walter registriert eine gewisse Wetterfühligkeit im Kopf, doch Föhn gibt es hier oben nicht: »Liegt wohl am Klima des gestrigen Abends.«

Micha macht die Freydis-Crew mit einer Rakete auf unser Wachsein und unseren Morgenhunger aufmerksam. Aber es rührt sich nichts. Erst der zweite Schuß vor den Bug bewirkt, daß sich das Schlauchboot in Bewegung setzt und einen großen Bogen beschreibt. Jörn will offenbar nicht in die starke Strömung der schmalen Lücke zwischen dem Fjord und dem anschließenden See geraten. Die Stelle mit ihren Untiefen, Wirbeln und Wogen ist heimtückisch, und so bleiben wir auch auf der Rückfahrt in respektvoller Distanz.

Das Wasser weist an der engen Verbindungsstelle ein deutliches Gezeitengefälle auf. Die Flut drückt das Wasser mit vehementer Gewalt in den See, während die Ebbe es umgekehrt wieder heraussaugt, wobei auch Klippen sichtbar werden.

An Bord wird erst ausgiebig gefrühstückt und anschließend gefischt. Karl hält die Angel bereit und schon surrt der Pilker. Er kann den Grund in etwa 30 Meter Tiefe noch nicht erreicht haben, da hat auch schon ein Fisch angebissen. Er zieht ihn mit der Rute hoch und kurbelt die Null-Sechser-Leine beim Senken ein. Nach wenigen Pumpvorgängen erscheint ein stattlicher Dorsch an der Oberfläche. Auch wir TGSE-Männer haben Erfolg. Dann beißt der erste ›Schwarze Heilbutt‹. Kleine, kaum verletzte Fische werden sacht zurückgesetzt. Imponierend: Fotografieren ist für Karl kein Grund, eine Kreatur leiden zu lassen. Auch der Fischverächter Micha versucht sein Glück: Ein unterschenkellanger, leuchtender Rotbarsch ist sein Lohn. Die Mannschaft freut sich. Immer Dorsch ist langweilig. »Das ist Können!« (Originalton Micha). Plötzlich ein Jubelruf: »Ja, was hängt denn da? Das gibt es ja gar nicht!« Unser ›Youngster‹ Jörn hat mit der primitivsten Angel aus Wickelstock, etwa 40 Meter starker Angelschnur und einer Hegne, zwei Fische gefangen: Einen ellenlangen und einen beinlangen, mindestens 90 Zentimeter langen Riesendorsch. Wir hören auf zu angeln, denn weitere Fische würden ungenutzt verderben. Filetieren und anschließendes Deckreinigen beenden die Fischerei. Kommentar von Karl: »Die beißen hier auch bei Türklinken!«

Auf Schatzsuche

»Das ist doch ganz einfach. Du kennst die Position nach Koordinaten, nach geographischer Länge und Breite, dazu noch die Höhe. Du hast ein gespeichertes Bild fest eingebrannt, hast Referenzen, Peilungen, Bergspitzen, Spalten und Seen im Gedächtnis. Da fliegst du einfach hin und holst unsere Sachen!«

Kann ein Hubschrauber hier landen? Das »Hier« ist eine ebene Fläche von 50 mal 20 Metern in einem Gewirr von Spalten. Bis hierher waren wir mit den Schlitten gekommen, bis hierher hatten wir uns durchgekämpft – einen Tag lang ohne Ski, zu Fuß mit Steigeisen – und hier hatten wir beschlossen, einfach stehenzubleiben, zu biwakieren und unsere Schlitten mit allem, was nicht lebenswichtig war, zurückzulassen. Wir entschlossen uns damals, die Schlitten zu verlassen, diese unsere »Boote«, die unsere Lebensgrundlage, unsere Basis waren und die uns bis dahin alles bedeutet hatten. Wir sagten einfach: »Hier ist eine ebene Fläche, hier kann ein Heli landen. Wir holen die Sachen später.« Unter »Sachen« verstanden wir unseren Schatz, all jene ideellen und materiellen Dinge, die uns lieb und teuer geworden waren: Unsere Tagebuchaufzeichnungen, unsere Fotos und Filme...

Die Position: 64°04,5' N, 49°05' W. Das klingt ganz präzise und nüchtern. Diese Zahlen haben wir auch am Morgen des 17. August dem Piloten des GL-264-Fluges mitgeteilt. Werner und ich haben sie ermittelt. Walter hat die Peilungen bestätigt. Wir haben eine sichere Position, es bestehen keine Zweifel! Oder doch? Ein bißchen Unbehagen bleibt.

Unsere Position ist in die Karte eingetragen; Kurs und Flugzeit sind ermittelt. Eine Flugvorbereitung mit Peilungen und Kursen zu drei Bergspitzen liegt vor, nicht nur auf Papier – sie ist auch eingeprägt im Gedächtnis!

Am späten Nachmittag kommt der Heli, nachdem er gegen Mittag kurz da war und ein 50-Liter-Faß Sprit neben unseren Zelten abgeladen hat. Das Wetter ist gut. Heute holen wir unsere Sachen, es ist *die* Chance! Ich werde fliegen, das ist klar. Aber da sind noch andere Interessen. Erich und Heide brennen darauf, das Ganze zu filmen. Der Pilot entscheidet, nur einen mitzunehmen. Damit liegt alle Last, liegen alle Erwartungen auf meinen Schultern.

Wir besprechen die Bergungsaktion mit dem Hubschrauberpiloten.

Es gibt kein Zaudern oder Zögern mehr. Der Pilot hat es eilig, die Turbine läuft hoch, die Rotoren kommen auf Solldrehzahl und schon hebt der Heli ab. In mir vibriert höchste Anspannung, bei den Zurückgebliebenen die Erwartung.

Zunächst fliegen wir noch nicht unserem Ziel entgegen, sondern zurück nach *Kapisillit*. Der Pilot landet den *Hughes-Helicopter* neben dem einzigen Laden am Ort und will tanken. Die Kerosinfässer sind jedoch nicht hier beim Laden, sie liegen auf einem kleinen Steg direkt am Wasser des *Godthåb-Fjordes*. Der Pilot springt maulend zurück in den Heli, wirft die Turbine wieder an und landet halsbrecherisch auf dem kleinen Steg neben den Fässern: Nur keinen Meter zu viel oder zu weit zu Fuß gehen! Mit einer Bilgepumpe, die besser auf Erichs Schiff Verwendung fände, fülle ich 100 Liter in den Tank. Ich stinke nach dieselähnlichem Kerosin und denke mir: »Was soll's – wichtig ist, daß wir genug Sprit und damit Flugzeit haben, um unseren Schatz zu suchen und mitzunehmen.« Bald ist der Hubschrauber vollgetankt, und es geht los.

Bekanntes Gelände, mühsam durchwandert, zieht unten vorüber: Seen, Flüsse, Berggipfel, *Nansens Teldplads*, das *Austmannadalen*, der Wasserfall, der *Isvand*, die Stelle unseres Landfalles. Ein paar Fotos schieße ich in Eile, dann läuft die Uhr, der Kurs liegt an. »Time and Heading«, Zeit und Kurs, sind jetzt die einzigen Navigationsmittel und müssen uns zur richtigen Position, zum Depot unserer Schätze führen. Klar wird die Hauptstromrichtung des Gletschers erkennbar; die Spalten werden größer und die Brüche gewaltiger. Das Gelände steigt an, bis sich ein einziges Chaos von Spalten, Brüchen, Hügeln und Seen vor uns auftut.

Weit und breit kein Zelt und keine Schlitten! – Nichts! – Nun gilt es, einen Orientierungspunkt, einen Ausgangspunkt für die weitere Suche auszumachen. Ein See besonderer Formgebung bietet sich an. Wir fliegen in der Umgebung dieser Position kreuz und quer. Bald zeigt der Gletscher Formen, die an das Gelände, in dem wir unsere Schlitten hinterließen, erinnern, bald sind sie so anders, daß klar ist: »Hier kann es nicht gewesen sein!« Während die Zeit verrinnt, fliegen wir parallel zu den Höhenlinien »1300 Meter« – »1400 Meter« – »1500 Meter«, und ich habe den Eindruck, es muß noch weiter oben sein. – »Nein, da kann es nicht gewesen sein!« Sicht und Beleuchtungsverhältnisse sind gut und alles scheint so nahe: Der »Krake«, der *Nûssaq*, die Moräne! Warum sticht uns der rote Fleck des Zeltes nicht ins Auge? »Hinter dieser oder der nächsten Erhebung, hinter jenem Bruch, da muß doch unser Lager sein!« Doch alles sieht so ähnlich aus. Meine Spannung steigt sprunghaft an, und mir bricht der Schweiß aus. Warum sehe ich unser Depot nicht, das doch meilenweit zu sehen sein muß? »Wir haben noch zehn Minuten, dann müssen wir zurück«, sagt der Pilot. »I see, how you feel«, fügt er hinzu.

Meine Augen »scannen« jeden Quadratmeter vor mir, links und rechts neben mir ab, und ich überlege fieberhaft: »Wo soll ich noch hinschauen? Alles ist weiß: Spalten, Brüche, Seen. Wo ist der markante Bruch, die leichte Erhebung, die Senke, die wir durchschritten und einen letzten Blick auf Zelt und Schlitten warfen? Warum ist das alles nicht auszumachen?«

Aus, vorbei – wir müssen zurück! Die Spritanzeige läßt keine weitere Suchzeit mehr zu. Mir ist speiübel, ich bin fertig! Ich habe unseren Schatz nicht wiedergefunden. Er war nicht versteckt, sondern gut markiert und leicht zu finden, wie wir meinten. Ich habe ihn nicht gefunden! Habe ich versagt? Die Übelkeit in der Magengegend bleibt und ich sehe die Enttäuschung in den Gesichtern meiner Freunde schon vor mir: Die Chance nicht genutzt, vertan, die Aufgabe nicht gemeistert, die Erwartungen nicht erfüllt. Eine schwere Last.

In *Kapisillit* neuerliches Volltanken: Der Pilot muß noch einen Flugauftrag erfüllen. Hektik und Zeitdruck. Die Attribute der heutigen Zeit, unserer Gesellschaft – plötzlich sind sie wieder da. – Wie anders war es da doch auf dem Eis. Da gab es Harmonie, Stille, große Weite und den Einklang von Mensch und Kosmos!

Der Heli bringt mich zurück zum Zeltplatz. Lange Gesichter, Enttäuschung. Aufmunternde Worte – jeder bringt sie mir auf seine Weise entgegen. Ein Trost für mich; ich fühle mich nicht allein! Das ist gut.

Haben wir noch eine Chance? War es die einzige? Nein, das kann und darf nicht sein. Wir wollen unseren »Schatz«

Kapisillit aus der Vogelperspektive.

wieder, er soll nicht der Ewigkeit des Eises gehören. Er gehört uns, der Gegenwart.

Nachtfahrt

Die *Freydis* lichtet die Anker. Wir wollen nach *Nuuk* und alles weitere von dort aus unternehmen, während die *Yacht* ihre Reise um die Südspitze Grönlands nach *Island* fortsetzen wird. Die Wachen werden eingeteilt, jeweils zwei Mann zwei Stunden. Die erste Wache haben Jörn und ich. Ich gehe Ruder; es lenkt mich ab und verschafft mir Entspannung. Wir laufen unter Motor, wobei das Großsegel bei gelegentlichen Böen schieben hilft. Der Strom ist mit uns; wir haben ablaufendes Wasser bei Ebbe, und so machen wir gute Fahrt über Grund.
Langsam sinkt die Nacht herab. Der Vollmond steigt zwischen zwei Bergkuppen auf, um aber gleich wieder hinter der höheren zu verschwinden.

Ankunft in Nuuk

Das Rudergehen ist anstrengend. Es könnte ein größeres Eisstück das Schiff gefährden. Wie uns später Fährschiffskapitän John Smith erzählen wird, der in *Nuuk* bei einer Grönländerin hängengeblieben ist, gibt es denn auch viele Schiffskollisionen.

Stefan und David beschließen als dritte Wachmannschaft, den Skipper Erich schlafen zu lassen und steuern an einigen Untiefen vorbei, um dann in den hell beleuchteten Hafen von *Nuuk* einzulaufen. »Gerammelt voll«, stöhnt David, »wir müssen bei einem dieser Pötte längsgehen, wobei der hier ausscheidet, denn es ist ein Schlepper.« Wir gehen schließlich längsseits der *Hans*, eines Fischereibootes. Nach dem Anlegemanöver erscheint ein Mann und bedeutet uns, daß dieses Boot noch in der Nacht auslaufe. Wir gehen also weiter auf Liegeplatzsuche und finden schließlich zwischen einem kanadischen Marineschiff und einem Fischereiboot einen freien Platz an der Pier. Nach dem Verholen legen wir TGSE-Mitglieder uns in den Gore-Tex-Hüllen auf dem Vorschiff zur wohlverdienten Ruhe nieder, die Freydis-Crew unter Deck. Die wenigen Stunden bis zum Tagesanbruch schlafen wir tief vermummt.

Das Leben im Hafen beginnt, Männer und Frauen strömen in die Lagerhallen und auf die Frachter; uns umgibt das emsige Treiben der Löscharbeiten. An Bord der *Freydis* regt sich allmählich Leben, und alle zieht es ins nahegelegene Seemannsheim zum Duschen und Frühstücken.

Bergsteigerleben im Sømandshjemmet

Mit unseren Rucksäcken hochbepackt nähern wir uns dem »Sømandshjemmet«, einem Häuserkomplex mit Zwischentrakt. Das Seemannsheim macht schon von außen einen wohltuenden Eindruck, und man findet, obschon voll belegt, für uns noch Platz. Wir bekommen die »Marinestube«, einen Vortragssaal. Die Tische hat man beiseite geschoben und Notbetten aufgestellt. Wir legen die Matratzen auf den Boden, nachdem das erste Probeliegen mit dem polternden Zusammenbruch eines Bettes endete.

Ein faules Leben beginnt! Ein Leben im Seemannsheim! Niemand zwingt uns aufzustehen, niemand stört uns. Wir haben einen Saal für uns, und Relaxen wird zur Hauptbeschäftigung.

Es ist unbeschreiblich, unbeschränkt warmes Wasser zur Verfügung zu haben. Walter entfaltet eine wahre Reinigungsorgie: Dauerduschen, Nägel schneiden, Barthaare entfernen und tönt: »Endlich bin ich das permanente Gefühl los, ständig Haare auf den Zähnen zu haben!« – Zwischen den Mahlzeiten unternehmen wir einen Stadtbummel.

Nuuk ist eine Stadt auf vielen Felsenkuppen. Kleine Häuschen mit spitzen Giebeln, aber auch mit Flachdächern, scheinen wahllos verteilt zu sein; ihr farbiger Anstrich ist teils frisch und kräftig, teils verblichen und grau. Überall sieht man Versorgungsrohre unter den Treppen. Wo es das Gelände gestattet, sind endlos lang erscheinende Häuserzeilen hintereinander angeordnet. Manche Geschäfte machen einen wohlsituierten Eindruck. Ihre Warenpreise bewegen sich auf unserem heimatlichen Niveau. Die öffentlichen Bauten sind liebevoll ausgestattet. Man hat sogar Rasen angelegt.

Wir erleben den Hafen hautnah. Eine Gruppe Inuit steht neben einem großen Fischereiboot in einer Linie. Auf Kommando entern alle das Schiff und machen sich zu schaffen, und Fässer werden gerollt. Etwas weiter wird ein großes Schiff be- und entladen. Jede Menge Fische befinden sich in nebeneinander und übereinander gestapelten weißen Kunststoffbehältern der *KGH*, der königlich-grönländischen Handelsgesellschaft. Die ausgenommenen Fische sind das Gold der Meere: Lachs! Er wird am dicht umdrängten Stand nebenan gewogen und in verschiedenen, genau bezeichneten Qualitäten verkauft. – Am Nachmittag werden wir im »Sømandshjemmet« von Kapitän John Smith und von Daniel mit Anni, Sohn und Schwager besucht, mit denen wir ein freudiges Wiedersehen feiern.

Brutto – Tara – Netto

Wenig später strapaziert eine freundliche Dänin lächelnd die Kasse der Kantine, als sich Walter drei Stück Kuchen und ein Stück Torte mit Schlagsahne sowie eine Tasse Kaffee auflädt.

Walter fragt, ob es eine Möglichkeit gäbe, ihn zu wiegen. Die Kassiererin kennt eine Waage, muß aber erst noch ihre Chefin fragen. Diese lacht und führt uns dann in ihr Bad. Dort zieht Walter seine Schuhe aus und tritt auf die Waage. Bei genau 60 Kilo bleibt der Zeiger stehen. Da er mit 58 Kilo Nacktgewicht gestartet ist und die Kleidung bestimmt nicht mehr als ein Kilogramm wiegt, drängt sich der Schluß auf, daß sein Gewicht etwa gleich geblieben ist, oder daß er sich die verlorenen Pfunde bei Daniel wieder »angefressen« hat. Sein persönlicher Eindruck, im Gesicht kantiger geworden zu sein, paßt nicht recht zu diesen Erkenntnissen. Wir anderen scheinen mehr abgenommen zu haben. Walter meint, wir hätten in *Kapisillit* und *Nuuk* wieder aufgeholt. Diese Pfunde läßt er uns – andere »Pfunde« nimmt er uns dagegen beim abendlichen Schafkopf ab.

Wechselbad der Gefühle

Werner macht am 30. 8. folgenden Tagebucheintrag:

»Heute ist einer der entscheidendsten Tage für das endgültige Gelingen der Expedition angebrochen. Wir starten die zweite und wahrscheinlich letztmögliche Suche nach unserem zurückgelassenen Gepäck. Gerhard und ich werden Anders Nilson, unseren Piloten, begleiten.

Der Plan

Wir haben den Flug mit einer *Cessna 172* präzise vorbereitet und unsere Position noch einmal genau in die Karte und die Luftfotos eingetragen sowie die Mißweisung um zwei Grad korrigiert. Wir sind uns sicher, daß die während des Abstiegs gepeilten Positionen richtig sind, obwohl wir alle subjektiv das Gefühl haben, nie soweit südlich gewesen zu sein. Die Anflug- und Suchtaktik wird entwickelt. Wir wollen über den *Austmannatjern*, vorbei am *Isvand* fliegen. Bei 90 Knoten Geschwindigkeit wären wir in 9:15 Minuten über unseren ›Schiffen‹. Dort sollen Markierungen abgeworfen werden. Ein zweiter Anflug vom Berg *Nûssaq* wird geplant, um einen Schnittpunkt zur ersten Anfluglinie zu erhalten. Zur Markierung haben wir rote, wasserlösliche Farbe gekauft, die wir in Plastikfolien zu jeweils 2,5 bis 3 Litern abpacken, um sie im Zielgebiet abzuwerfen. Über der geplanten Position angekommen, wollen wir ein Suchpattern von 10 Kilometern (± 500 m) Seitenlänge mit einem Rasterabstand von einem Kilometer fliegen. Der Start soll möglichst früh sein, denn unser Pilot erhofft sich besseren Sichtkontrast durch die Schlagschatten bei tiefstehender Sonne.

Der Start

Um 5:00 UTC stehen wir auf. Der Blick aus dem Fenster ist entmutigend. In der Nacht hat es geregnet, die Straßen glänzen naß im trüben Morgenlicht, das durch die graue Wolkendecke dringt. Lange Gesichter. Sollte der Flug wieder ausfallen, wie bereits am Samstag, als zu starker Wind einen Start verhinderte? Eine so lange Schlechtwetterperiode hatten wir während der ganzen Inlandeis-Durchquerung nicht. Langsam kommen wir in Zeitnot, und wir haben daher beschlossen, daß zwei von uns zurückbleiben, falls vor unserem Rückflug am Freitag kein Suchflug stattfinden kann. Walter hat es abgelehnt, zu bleiben; ich würde bleiben, Gerhard und Micha müssen sich noch entscheiden. Um 5:30 UTC ruft Gerhard unseren Piloten an. Nach einiger Überredungskunst stimmt er zu. Wir holen ihn um 6:30 UTC mit dem Taxi ab und fahren zum Flugplatz. Schnell bereiten wir unsere Farbbeutel vor und schieben die Maschine aus dem Hangar.

Um 7:00 UTC starten wir. Auf der Landebahn vergleichen wir unseren Handkompaß mit dem Kreiselkompaß und dem Magnetkompaß der Cessna und stellen fest, daß jedes Gerät andere Peilungen anzeigt!

Der Anflug

Wir fliegen durch den *Ameragdla-Fjord* nach *Kilærsarfik*, über *Nansens Teltplads* und das *Austmannadalen* hinauf. Die Orientierung ist einfach. Leicht sind unser Zeltplatz im *Austmannadalen*, die beiden Wasserfälle des *Kúgssuaq* und der *Isvand* zu erkennen. Der Pilot geht auf Kurs und wir machen die beiden Seen aus, ab denen der Endanflug beginnt.

Ab hier verlassen wir uns auf die Stoppuhrfunktion unserer NASA-erprobten ›Speedmasters‹ (die wir im Eis wegen ihrer für die Navigation unerläßlichen Ganggenauigkeit und ihrer magnetischen Unbeeinflußbarkeit dabei hatten) und der ›count down‹ läuft. Anfangs ist uns das Gelände noch vertraut. Flach zieht sich der Gletscher den *Austmannatjern* herunter.

Wir erkennen unseren Endabstieg, doch je näher unser Zielpunkt kommt, um so unsicherer werden wir. Das Gelände ist zu einfach. Nahezu spaltenfrei liegt ›Nansens Autobahn‹ unter uns. Wir fliegen noch 90 Sekunden weiter, dann steigt der Gletscher etwas an, Spalten werden sichtbar und wir beginnen mit der Suche.

Die Suche

Der Pilot kurvt auf den angegebenen Kurs ein. Gerhard stellt die Kursmarke so ein, daß die Suche parallel zu den Höhenlinien verläuft. Wir fliegen in einer Höhe von 200 bis 300 Fuß (etwa 70 bis 100 m) über Grund. Die Sicht ist diesig, das behindert ein wenig, aber nicht ernsthaft. Meine Sicherheit, mit einem genauen Anflug schnell unser Ziel zu finden, schwindet.

Der Eindruck, der sich aus dem Flugzeug bietet, ist überwältigend. Riesige Gletscherfelder, soweit das Auge reicht. Der Blick verliert sich in der Weite. Auch das Spaltengewirr unter uns bietet keinen Anhaltspunkt. Man glaubt, bestimmte Gletscher oder Bruchformationen sicher wiederzuerkennen. Minuten später wiederholt sich derselbe Eindruck. Je öfter man die Gewißheit verspürt, das Gelände zu kennen, um so öfter stellt man auch verunsichert eine Wiederholung der landschaftlichen Formationen fest. Nur an den südlichen und nördlichen Eckpunkten des Suchpatterns ist uns klar, daß hier unser Gepäck nicht liegt. Je länger wir suchen, desto schwerer fällt es uns, systematisch zu bleiben. Nervosität ergreift Besitz von uns. Mal möchten wir den Piloten links, mal rechts schicken. Uns ist bewußt, daß wir dabei die Orientierung nur noch mehr verlieren. Andererseits ist es unsinnig, in Gebieten Zeit zu vergeuden, in denen sicher nichts zu finden ist, z.B. im fast spaltenlosen Inlandeis, weitab vom Land.

Kaum noch Hoffnung

Die Zeit verrinnt, ohne daß wir einen Fortschritt verzeichnen können. Wir wissen, daß diese ziellose Suche nur zufällig zum Ergebnis führen kann. Immer häufiger peile ich mit dem Handkompaß den *Nûssaq* und den *Nunatârssuk*. Einmal stimmt die Richtung zu dem einen, einmal zum anderen und wenn einmal beide einigermaßen stimmen, kommt uns auch das Gelände in der Tiefe vertrauter vor. Wir sind bisher mit 30 bis 50 Meter über Grund geflogen und steigen jetzt auf 1000 Meter, um von weiter oben eine bessere Übersicht zu bekommen. Doch auch das hilft nicht. Zu klein ist nun das Bild, das unsere Schlitten ergeben könnten. Langsam verzweifeln wir und haben jetzt – nach vier Stunden Suche – kaum mehr Hoffnung.

Glück in letzter Minute

Der Pilot schlägt noch einen Anflug in niedriger Höhe mit Kurs auf den *Nûssaq* vor. Weil er sich auf seine Kompasse nur bedingt verlassen kann, soll ich den Kurs wegen des größeren Abstandes zum Motor mit dem Handkompaß vom hinteren Sitz peilen. Alle Einzelheiten unter uns sind zu erkennen. ›Die Peilung liegt an‹, melde ich. Wir fliegen so tief, daß die Wellen vor uns wie Hügel überflogen werden müssen. Urplötzlich, als wir gerade wieder über eine ›Kante‹ fliegen, ruft der Pilot: ›There is it!‹ Gerhard und ich schreien jubelnd auf. Den Bruchteil einer Sekunde lang flattert das Spi-Segel direkt vor uns im Schnee, dann sind wir blitzschnell darüber hinweg. Der Pilot zieht die Maschine sofort hoch und kreist in steilen Kurven über unserem Depot. Er orientiert sich auf seine Weise: Ohne Kompaß oder andere Instrumente peilt er zuerst zwei auf einer Linie liegende Berggipfel am *Godthåb-Fjord* hinter uns und dann querab ein nahes busenförmiges Bergpaar an. Ein dreieckiger und ein runder Gletschersee mit markantem Ausfluß dienen der Nahorientierung.

Zu wenig Sprit?

Wir steigen noch höher auf, um Funkkontakt nach *Nuuk* zu bekommen und den Hubschrauber abzurufen, als die Maschine nach vorne kippt und der Motor zu stottern beginnt. Mit schnellem Griff schaltet der Pilot auf den zweiten Tank um, und der Propeller dreht sich wieder.

Die Tankanzeige ist hängengeblieben und zeigt für den leeren ersten Tank noch ein Drittel des Volumens an! Wir können nicht länger versuchen, Funkkontakt zu bekommen und erst recht nicht auf den Hubschrauber warten.

Der Schatz ist gefunden!

Noch einmal prägen wir uns das Gelände ein, dann gehen wir auf direkten Kurs nach *Nuuk*. Mehrere Funkrufe bleiben ohne Antwort. Man hört uns nicht!

Der Rückflug

Während wir in flachem Sinkflug und bei drastisch gedrosselter Motorleistung fliegen, beobachten wir beim Durchflug von Wolken argwöhnisch die Tragflächen auf Eisansatz. Das würde zuviel Sprit kosten. Die Mienen des Piloten und Gerhards werden immer besorgter. Der Pilot läßt sich das Handbuch mit den Flugzeugdaten geben und rechnet auf der Basis von Benzinverbrauch und Flugzeit unseren vermutlichen Treibstoffrest aus. Er fragt, ob wir schwimmen können, hält Ausschau nach Notlandeplätzen und erklärt, er würde eine Notwasserung der Landung im Gebirge vorziehen. Noch läuft der Motor! Letzte spannende Minuten vergehen, dann setzen wir nach steilem Landeanflug sicher auf und rollen in *Nuuk* auf der kleinen Landebahn zum Tanken. Zwei Gallonen Sprit, etwa acht Liter also, waren noch im Tank. Nochmal Glück gehabt!

Die Bergung

Mit dem Hubschrauberpiloten wird die Taktik für die Gepäckbergung besprochen. Er möchte der Zuladung wegen nur mit einem Mann und ohne Netz fliegen. Unsere Alternativvorschläge werden vom Hubschrauberpiloten abgeblockt. Er will nur mit Netz fliegen, wenn jemand dabei ist, der die offizielle Berechtigung hat, das Netz zu bedienen.

Ein Notfall. Der Hubschrauber muß zunächst einen Krankentransport erledigen. Während wir seine Rückkunft abwarten, erfahren wir, daß der Pilot der *Cessna* – Anders Nilson – eine Änderung seines Flugplans erhält und damit den Nachmittag frei hat. Er bietet sich an, mit dem Hubschrauberpiloten zu fliegen. Wir vertrauen ihm, der den Fundort kennt und Erfahrung mit dem Netz hat, daß er alles tun wird, um unsere Sachen zu bergen.

Ende gut, alles gut

Zusammen fliegen sie los, und für uns beginnt wieder das bange Warten. Endlos langsam scheint nun die Zeit zu vergehen, bis wir nach zwei Stunden hören, daß der Hubschrauber auf dem Rückweg ist. Endlich, nach drei Stunden und 37 Minuten, sehen wir den Heli mit dem Netz über dem Flugplatz auftauchen. Schnell ist die Ladung abgesetzt und der Hubschrauber landet.

Alles Gepäck ist geborgen. – Wir sind Anders sehr dankbar und überglücklich! – Jetzt erst können wir sagen, daß unsere Grönland-Expedition erfolgreich zu Ende gegangen ist.«

Daten, Zahlen, Fakten

Die TGSE im Überblick

Gerhard

Expeditionskalendarium
19. 7.–21. 7. 1988 (3 Tage) Anreise: München – Kopenhagen – Søndre Strømfjord – Angmagssalik – Umivik (Startpunkt)
22. 7.–26. 7. (6 Tage) Aufstieg zum Inlandeis
3. 8. (nach 13 Tagen) Am höchsten Punkt (2920 m)
27. 7.–14. 8. (19 Tage) Durchs Inlandeis
15. 8.–18. 8. (4 Tage) Abstieg durch die Bruchzone, Landfall
21. 8. (nach 32 Tagen) Ankunft auf Nansens Teltplads
23. 8. (nach 34 Tagen) Ankunft in Kapisillit
27. 8.–2. 9. (7 Tage) Aufenthalt in Nuuk, Gepäckbergung
2. 9.–3. 9. (2 Tage) Rückflug: Nuuk – Søndrestrømfjord – Kopenhagen – München

Zeitdauer (in Tagen)	
Hin- und Rückreise	5
Durchs Eis incl. Auf- u. Abstieg	28
Für Nansens Route (Umivik – N. Teltplads)	32
In der Einsamkeit	34
Reisedauer insgesamt	47

Statistik	
Marschdauer	34 Tage
Wegstrecke nach Karte	483 km
Durchschnittliche Marschstrecke	14,2 km/Tag
Ruhetage wegen Schlechtwetter	3 Tage
Maximale Tagesstrecke	27 km
Höhendifferenz	2900 m
Tiefste gemessene Temperatur	–18°C
Größte gemessene Windstärke	70 km/h

Koordinaten		
München	48° 10′ N	11° 40′ E
Angmagssalik	65° 35′ N	37° 30′ W
Nuuk	64° 12′ N	51° 45′ W
Umivik (Start)	64° 21′ N	40° 39′ W
Nansens Teltplads	64° 12′ N	50° 07′ W

Entfernungen (Großkreisdistanzen)	
München–Angmagssalik	3425 km
München – Nuuk	4089 km
Umivik – Nansens Teltplads	456 km
Nansens Teltplads – Kapisillit	27 km
Durchs Eis	430 km
Über Land (Westküste)	53 km
Insgesamt zu Fuß (mit Schlitten)	483 km
Mit ca. 15% Umweg (Abweichung vom Direktweg, Großkreisdistanz)	550 km

Es stand im TGSE-Handbuch

Funktionell und leicht: die Ausrüstung

Werner

Zwei Jahre Vorbereitungszeit klingen nach Muße und viel Ruhe, all die notwendigen Dinge überdenken und besorgen zu können. Doch gab es für die *Logistik* eines Unternehmens dieser Größe keinen Standardablauf, d.h. es mußte alles bis ins kleinste Detail geplant werden. Davor stand eine umfangreiche Phase der Diskussion. Nichts durfte vergessen werden, kein Stück zuviel sollte mit dabei sein, und von jedem wollten wir das Beste.

Alles mußte Monate vor der Abreise verpackt und versandt sein, denn nichts konnte am Ausgangspunkt nachgeholt werden.

Um das alles zu organisieren, hatten wir ein *Handbuch* angelegt, das uns bei den Vorbereitungen als Grundlage und ›roter Faden‹ diente. Heute wissen wir, daß einer der Schlüssel zu unserem Erfolg diese Art der Vorbereitung war.

Pflege

Jede neue *Idee*, jede *Vereinbarung* oder *Festlegung* wurde sofort ins Handbuch aufgenommen und eventuell Überholtes gelöscht.

Die Pflege eines solchen Dokuments ist heute per Computer sehr einfach, da das Löschen und Hinzufügen von Details kein Problem darstellt und das Schreiben ganzer Seiten wegen einer kleinen Änderung entfällt.

Inhalt

Das Handbuch enthielt über die konkreten Festlegungen im Hinblick auf Durchführung und Ausrüstung der Expedition hinaus auch »Vereinbarungen für das Verhalten untereinander«, auf die man bei jedem Durchblättern aufmerksam und erneut zu ihrer Einhaltung verpflichtet wurde. So gruben sich diese, in harmonischen Zusammenkünften formulierten Gedanken derart ins Gedächtnis ein, daß sie in extremen Situationen unwillkürlich aus dem Unterbewußtsein hervortraten und das Handeln bestimmten.

Die bedeutsamsten Eintragungen waren für mich:

1. Wir machen keinen Expeditionsvertrag.
2. Unser Ziel ist es, als Freunde zu fahren und als Freunde zurückzukommen.
3. Wir stehen alle zu einer demokratisch getroffenen Entscheidung.
4. Den besserwisserischen Kommentar »Habe ich ja gleich gesagt!« wollen wir uns verkneifen.
5. Ziel ist das möglichst genaue Nachvollziehen der Nansenroute.
6. Stil: Moderne Mittel, aber »by fair means«.

Unsere Schlitten und unsere komplette Ausrüstung sind unversehrt dank der hervorragenden Verpackung.

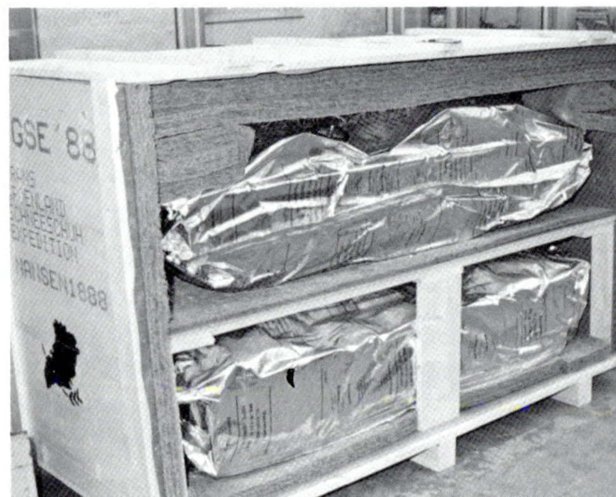

Das Wichtige an diesen Eintragungen war, daß sich die Teilnehmer mit solchen Ideen gedanklich und im Gespräch auseinandersetzten. Das Niederschreiben brachte es in Erinnerung und dokumentierte das *Gruppenergebnis*, das dadurch zum gemeinsam getragenen Gedanken wurde.

Doch nicht jede Eintragung mußte zwangsläufig auch umgesetzt werden. Ein solches Beispiel ist Michas Notiz im Abschnitt »Sonstiges«: »Ich fordere am 7. August einen arbeitsfreien Tag.« Seinem Wunsch zu seinem Geburtstag – an dem wir in etwa in der Eismitte waren – haben wir nicht entsprochen.

Doch nicht nur Dinge, die direkt mit der Ausführung der Expedition zu tun haben, wurden sukzessive fortgeschrieben, auch die Vorarbeiten zu den Tagebüchern, zur Chronik sowie den Szenen für Film und Fotografie entstanden früh und permanent im Handbuch.

Weil dieses Vorgehen nicht nur für die Durchführung einer Expedition empfehlenswert, sondern in vereinfachter Form auch bei größeren Gruppenreisen hilfreich ist, seien nachfolgend die interessanteren Stichworte wiedergegeben:

Eckpunkte / Taktik

150 Einzelpunkte, wie etwa »Genehmigungen Grönland-Ministerium beantragen / Mi erl.« oder »Karten wasserabstoßend beziehen / Ge 7/88« waren registriert und entweder mit Termin oder dem Erledigungsvermerk von dem dafür Zuständigen gekennzeichnet.

Auf diese Weise hatte jeder von uns einen Überblick über den Grad seiner bisherigen Aktivitäten und seine noch offenen Aktionen.

Ausrüstung

Wir unterschieden zwischen einer *geplanten Ausrüstung*, die alle Ausrüstungsgegenstände und mögliche Varianten umfaßte, und einer *entschiedenen Ausrüstung*. Letztere trugen wir Stück für Stück in eine *Ausrüstungsliste* ein, die uns auch als *Packliste* diente: (s. Liste S. 120)

Informationen

Hier wurde alles gesammelt, was bei der Beschäftigung mit dem Thema Grönland oder Grönlandexpeditionen bedeutend erschien, etwa:
– Kapisillit hat 130 Einwohner und wird regelmäßig von Booten angefahren.

Ebenso ein Verzeichnis der Literatur (Arktis, Nansen, Survival usw., vgl. Kapitel »Bücher, ...«), die uns vorlag und die von den Teilnehmern während der Vorbereitung gelesen werden sollte.

In der Rubrik *Adressen* waren alle für unsere Expedition wichtigen Adressen (vgl. Kapitel »Bücher, ...«) und unter *Trainingsprogramm* die einzelnen Punkte des Fitneßtrainings und spezielle Tests (vgl. Kapitel »Die Vorbereitung«) zusammengefaßt.

Gruppenvermögen

Die Finanzierung einer derartigen Expedition ist ein permanentes Problem. Ein objektiver Finanzierungsplan, eine exakte Buchhaltung und eine ständige Übersicht sind Grundlage dafür, daß die Harmonie einer Expedition nicht durch finanzielle Unklarheiten belastet wird.

Fragen

Grundsätzliche Fragen, die wir nicht selbst beantworten konnten (z.B. Verhalten von Gore-Tex-Material bei großer Kälte) wurden in diesem Abschnitt formuliert und die Antworten der Befragten vermerkt.

Reiseplanung

Detaillierte Festlegungen zur Anreise, zum Gepäcktransport (Spedition, Schiff) und zur Rückreise wurden hier niedergelegt.

Buchhaltung

Eine hieb- und stichfeste Buchhaltung ist für ein Unternehmen dieser Größenordnung unabdingbar (vgl. auch »Gruppenvermögen«).

Buch

Schon in der Vorbereitungsphase wurden Ideen zur Gestaltung des vorliegenden Buches festgehalten. Sie waren Grundlage für dessen Exposé und eine Hilfe für das strukturierte Vorgehen beim Schreiben.

Film / Foto

Gerade für die Filmarbeit mußte das Drehbuch schon vor Expeditionsbeginn festgelegt werden, da während der Durchführung mit Filmen und Fotografieren nur so viel Zeit wie unbedingt nötig verbraucht werden durfte.

Kosten- und Finanzierungsplan

Hier wurden eigene und fremde Mittel, die zur Verwirklichung der TGSE beitrugen, aufeinander abgestimmt und eingetragen.

Chronik

Dieser Teil bedurfte der dauernden Pflege. Die Vorbereitung einer Expedition ist für den Taktiker mindestens genauso interessant wie die eigentliche Durchführung.

Sponsoren

Hier vermerkten wir die zahlreichen Gönner und Förderer (vgl. Kapitel »Danksagung«) der TGSE.

So ausführlich?

Ein Handbuch in dieser detaillierten Form zu führen, mag manchem übertrieben erscheinen. Wir haben damit die besten Erfahrungen gemacht. Es bewährte sich bei der Koordination der – durch Beruf und Familien bedingt – zeitlich sehr unterschiedlichen Aktionsmöglichkeiten von vier gleichberechtigten Teilnehmern.

Nach dem Abschluß der Expedition bleibt das Handbuch ein Werk, das in jedem Satz Erinnerungen an Situationen in der Vorbereitungsphase weckt, die nur durch ihre schriftliche Fixierung erhalten geblieben sind.

TGSE-Ausrüstung

Anzahl	Artikel	Gewicht (g)
1.	**Ausrüstung / Gruppe**	
	Lager	
3	Zelte (Salewa) mit Reparaturhülsen ohne Apsiden	9980
1	Überzelt Everest, evtl. mit Stange	2000
3	Kocher (MSR-XGK) mit 1 Reparaturset und 3 Coleman; mit 1 Reparaturset und Trichter	1200
2	Kochapparate	1800
35	Liter Brennstoff (gereinigtes Benzin) in Tanks; 3 Siggflaschen à 1,5 l; 2 Lappen	26650
3	Töpfe und 4 Trichter für Thermosflaschen	1600
3	Anzündmaterialsets; 2 Feuerzeuge; 5 Schachteln Streichhölzer (Sturm)	100
	Marsch	
4	Ski/Paar Fischer (3000) mit Bindungen (Silvretta ohne Fangriemen); Harscheisen	17000
4	Felle/Paar (breite, abgestimmt auf Skier)	2000
4	Stöcke/Paar	2200
30	Fähnchen (für Gletscherbruch)	300
4	Schlitten Schalen incl. (6000); Persenning (300); Deichsel (1000); Zugseile (900); Verbindung Deichsel/Schlitten; Mast/Baum (1500); Takelage (400); Segel klein (800); Wachs (200); 20 kleinste Karabiner; 4 Segel groß (Fritz)	43000
4	Reepschnüre 5 mm (für schlechte Sicht und Reparatur) à 60 m	1200
	Alpines	
1	Seil 45 m / 9 mm	2500
1	Pickel/Titan	600
1	Eisbeil	1000
	Werkzeug	
	Schaufeln	1500
1	Plastikschaufel (Ortovox); 2 Metallschaufeln (Leki)	
1	Reparaturset viel dünner Draht; Klebeband; Zange; Pinzetten; Schraubenschlüssel; Feile; Schrauben; Sägedraht; Nähzeug (Sternzwirn); Angelschnur; Luftpumpe; Reparaturhülsen Zelt; Schraubenzieher	1500
1	Apotheke	1000
1	Liter Ethanol (98 Vol. % + Flasche)	1400
2	Stangen Zigaretten	500
2	Handfeger, Bürste	200
	Jagd	
1	Gewehr mit Zielfernrohr (Blaser-Repetierer, Swarovski-Zielfernrohr 2,2–9×42); Verpackung; 23 Patronen, 338 Win. Magnum (16,2 g, Sako), davon 3 Schuß im Gewehr	4000
	Film/Foto	
1	16-mm-Kamera (Bolex) incl. Verpackung (Lowe); 40 Spulen (9300) incl. Stativ	13800
1	Hasselblad 6×6 cm incl. Tasche; Belichtungsmesser; Filmmaterial; 10 Rollen à 70 Bilder (à 130); Filter; Drahtauslöser	4500
2	Kleinbild-Kameras (Nikon/Rollei); 10 KB-Diafilme; 10 KB-SW-Filme; Taschen; Filter; Batterien	2500
	Orientierung/Funk	
1	Funkgerät (Becker) incl. Batterien; Verpackung; Schrifttum; Flugfrequenzen	1450
1	Sextant (Feiberger) incl. Verpakkung; Reparaturanleitung; Tafeln; Plotting sheets; Dreieck; Stifte; Jahrbuch-Auszug; Spiegel (Libelle)	2500
1	Distanzmeßrad mit Zähler; Reifen; Befestigung am Schlitten; Halterung	2500
3	Karten Auf-/Abstieg; Alternativ Auf-/Abstieg; Ü-Karte; wichtigste Luftaufnahmen	1000
1	Kugelkompaß incl. Befestigung für Deichsel (Silva)	500
1	Höhenmesser (Barigo); 2 Höhenmesser (Thommen)	400
1	Windmesser	400
1	Thermometer	400
2	EPIRB	400
2	Signalraketen (Pillekamp)	250
	Sonstiges	
1	Tagebuch TGSE incl. (50 Blatt DIN A 4); Hülle; Logbuch; div. Bleistifte (weich); feste Schreibunterlage;	200
1	Wissenschaftliche Unterlagen (200); Blackbox; Fragebögen Dr. Baumann	
1	EG-Fahne und andere Fahnen; Stange 3 m; Plastikflasche	1000
1	Gedenktafel incl. Bohrer für Bohrhaken; Schrauben; Dübel; Schraubenschlüssel	2000
1	Mappe mit wichtigstem Schriftverkehr; Expeditionsgenehmigungen; wichtigste Telefon-Nummern; Adressen (Grußkartenadressen, Sponsoradressen)	600
1	Geldbetrag (DKK = 20000 DM) für Flüge, Schiffstransport, privat, usw.	100
2.	**Ausrüstung/Teilnehmer**	
	Schlafen	
4	Schlafsäcke (Greywolf) incl. Gore-Tex-Hülle	11200
4	Liegematten (Bicolor) 60×180 (!); evtl. Zeltauslegeware	1480
	Kleidung	
4	Unterwäsche-Sets (Faserpelz) mit Rollkragen incl. 2 Unterhemden dünn und lang (Odlo); 2 Unterhosen dünn und lang (Odlo); 3 Unterhosen dünn und kurz (Ceceba); 1 Underall dick (Helly Hansen)	8000
4	Paar Strümpfe-Kombinationen incl. 2 Seidensocken (Georges); 2 dicke Strümpfe (Georges); 1 Socken (Helly Hansen); 1 Strümpfe Ge (Raichle)	2840
4	Daunenjacken (Salewa) ohne Kapuze	5400
4	Pullover (Francital)	500
4	Gefütterte Ü-Anoraks (Francital)	4500
4	Gefütterte Ü-Hosen (Francital)	4000
4	Dünne Ü-Anoraks (Heka)	2400
4	Dünne Ü-Hosen (Heka)	2400
4	Paar Schuhe (Raichle) incl. Innenschuhen	11320
4	Paar Biwakschuhe (z. B. Daunen-, Moonboots)	920
4	Paar Thermogamaschen	1600
4	Handschuh-Paare/Sets Walk-H. (Ortovox); dünne Ü-Fäustel-H. (Heka) mit Innenhandschuh; dicke Finger-H. (Ziemer); dünne Seiden-H.; Langlauf-H.	1960
4	Kopfbedeckungssets Gesichtsmaske; Mütze (Heka); Sturmhaube (Ceceba); Mückennetz; Halstuch	840
4	Brillensets incl. 2 versch. Gletscherbrillen mit Hüllen und 1× Ersatzgläser; Skibrillen (100% UV) mit Hüllen	1140

Anzahl	Artikel	Gewicht (g)
4	Kultursets (individuell) incl. Urinflasche; Zahnseide evtl.; Zahnbürste; Zahnpasta (klein); Kamm; Rollen Klopapier (weich); Pflegeöl (Pigmentan); Sonnencreme LSF 15; Lippenstift LSF 15; Labiosan; persönliche Medikamente; Kältecreme (Piz Buin)	3840
4	Armbanduhren (Omega Speedmaster)	200
2	VS-Geräte (Lawinen-Pieps)	440
Alpines		
20	Karabiner	800
4	Twist-Lock HMS	400
4	Paar Steigeisen (mit Kipphebelbindung)	3600
4	Klettergurte/Zuggeschirre	4200
4	Lose Rollen	200
4	Eisschrauben	700
8	Prusiksteigschlingen	1800
8	Prusikschlingen	1200
4	Rucksäcke (groß) mit vielen Riemen; 1 Kraxe (Jansport) mit Expeditionssack	9200
4	Survival-Kits incl. Signalstiften; 5 Raketen; Notration für 3 Tage; Rettungsdecke; Miniapotheke; Notzeichenerklärung; Kartenkopien; Kompaß; Kennkarte; Geld (jeder mind. 2000 DKK); evtl. Kreditkarte; Schecks und Scheckkarte; Tickets; Pfeife; Spiegel; Streichhölzer; Kerze; persönliches Tagebuch; Schreibstift; Portion Salz; Kartenkopien usw. mit Marschzahlen; Notzeichen	18500
Ernährung		
32	Tagesrationen (×4) 1,64×420 g Nutrisport bzw. Biosorbin = 690 g; ¼ Mountainhouse = 160 g; 1 Paket Nüsse = 100 g; 1 Kaminwurzn = 50 g; Mineraldrink = 50 g; Brühwürfel = 20 g; 2 Vitamintabletten (= ca. 5000 Kcal/Tag = ca. 1070 g/Tag); zusätzlich (Dutyfree, Flugzeug, persönlicher Bedarf); Pfeffer; Salz; Kakao mit Milchpulver; Pulverkaffee	136960
4	Essensausrüstungen Thermosflasche 1,5 l; Taschenmesser (Victorinox)/(Puma); Löffel; Berghaferl o. ä.	5760
Gesamtgewicht		**406,23 kg**

Die TGSE-Schlitten

Leistungsverhältnis 1 : 10

Werner

Wenn ich heute zurückdenke an die anfänglichen Diskussionen und Überlegungen zur bestmöglichen Schlittenwahl, fällt mir als erstes unser absolutes »Nichtwissen« zu diesem Thema ein. Keiner von uns hatte damals eigene Erfahrung mit Transportschlitten. Alle hatten schon in Schnee und Eis biwakiert, bei Sturm, Kälte und in großen Höhen gekocht. Gerhard hatte Erfahrung in Astro-Navigation und jeder von uns hatte schon unendlich viele Kilometer und Stunden auf Abfahrts-, Langlauf- und Tourenskiern zugebracht – aber Schlitten, nein, Schlitten hatte noch keiner gezogen und trotzdem wollten wir gerade die verbessern.

Die Bedeutung

Schon Nansen schreibt: »Das Wichtigste bei einer Schlittenexpedition ist natürlich der Schlitten« und wunderte sich, daß die Polarexpeditionen vor ihm (erstaunlicherweise auch noch mehrere nach Nansen, Anm. d. Verf.) dem Schlitten so wenig Bedeutung beigemessen hatten. Viel zu groß und damit zu unhandlich sowie vor allem zu schwer waren ihre Schlitten gewesen. – Das sind auch heute noch Aspekte, die es bei der richtigen Schlittenwahl zu berücksichtigen gilt.

Das Gewicht

Die Schlitten sind »totes Gewicht«, reine »Tara«, eigentlich nur Verpackung und gleitfähige Unterlage für die Ausrüstung. Jeder, der schon einmal einen 60-Liter-Rucksack vollgepackt hat, hat spätestens nach den ersten zwei Gehstunden – neben all dem was er ohnehin zuviel mitgenommen hat – auch die gut zweieinhalb Kilo verflucht, die der blanke Rucksack wiegt. – Nein, mich einen Monat lang bei jedem Schritt über ein zu hohes Schlittengewicht zu ärgern, das hätte ich nicht geschafft!

Die Gleitfähigkeit

Gutes Gleiten könnte ein höheres Gewicht rechtfertigen. Bewußt hat Nansen seine Schlittenkufen mit 9,5 cm rund 30% breiter als bis dahin üblich gewählt. Doch bei hartem Schnee wäre dann wohl wieder eine dünne Kufe besser, und auch der Spurführung müßte das zugute kommen. Welche Kufe mit welchem Belag soll also verwendet werden? Es klingt auf Anhieb unmöglich: Gleitfähigkeit bei *allen* Schneearten und Temperaturen bei gleichzeitiger höchster Verschleißfestigkeit lauten die Forderungen und last but not least soll sich das Kufenmaterial auch noch verarbeiten lassen!

Die Stabilität

Auch noch heute gilt, daß die Möglichkeiten der Gewichtsminimierung nie die Ausfallsicherheit gefährden dürfen – doch wer kennt das Belastungsmaximum bei einer solchen Expedition? Nicht erst beim Einsatz in Eis und Schnee wird der Schlitten zeigen müssen, was er aushält; bereits bei der Anreise kann ein zerbrochener Schlitten das Aus bedeuten, noch bevor ein Schritt auf dem Eis gemacht wurde.

Die Kosten

Lohnen sich die Kosten einer Eigenfertigung oder der Zeitaufwand einer »do-it-yourself«-Aktion oder ist man mit einem gekauften Modell besser beraten? Es harren viele Fragen dessen, der sich mit einer solchen Schlittentechnik ausführlich beschäftigt. Neben dem Nachdenken heißt es Ideen zu haben, zu diskutieren, zu bewerten, festzulegen oder zu verwerfen. Wenn das Ergebnis richtig oder sogar optimal ist, hat sich dieser Aufwand allemal gelohnt. Am besten kann dies ermessen, wer die tiefe Zufriedenheit kennt, die sich etwa einstellt, wenn man beim Skilanglauf den goldenen Griff in die Wachskiste getan hat.

Das Konzept

Erste Lektüre, Studien und unsere Vorbilder der ersten Phase (Peroni) führen uns schnell zum »Wannenkonzept«. »Probieren geht über Studieren!« sagen wir uns. Vor allem dann, wenn eineinhalb Jahre vor Beginn der Expedition praktisch keine Entscheidungsgrundlagen hinsichtlich des zu erwartenden Gewichts oder Volumens vorliegen. Klar ist nur, daß wir beim Schlitten keine Kompromisse eingehen werden: »Also muß ein Testmuster her.« Ich bin verantwortlich für dieses Thema und habe das Muster deshalb zu bauen. Erprobt werden soll es bei einem Gruppenausflug an Ostern. Keine Woche Zeit ist es mehr bis dahin! Also wird improvisiert. Rasch ist aus Spanplatten eine Kiste mit einem runden Auslauf gezimmert. Doch wie fertigt man im eigenen Keller mit begrenzten Werkzeugen eine runde Kufe, noch dazu eine dreidimensionale? – Ganz einfach nach dem alten Rezept zur Anfertigung eines Rohrs: »Man nehme ein Loch und wickle ein Blech darum.« Schnell wird ein Ofenrohr besorgt, aufgebördelt und mit allen Künsten der Blechschlosserei um die widerspenstige »zweite Ebene« gebogen.

Stolz wird dieser Prototyp zum nächsten Treffen bei Walter mitgebracht. Alle sind begierig, die erste »Hardware« der TGSE live zu sehen und groß ist die Begeisterung, als das Unikum in Walters guter Stube liegt.

Doch leider hält das Gefährt nicht was der erste Eindruck versprach. Weder Walters 60 kg noch unsere leichteren »besseren Hälften« sind von Gerhard und Micha durch den aufgeweichten österlichen Schnee im *Bayerischen Wald* zu ziehen. Ganz schön »down« kommen die Freunde von dieser Erprobung zurück. Wie soll das in Grönland werden?

Die schlimmen Schilderungen der Schinderei vor den Schlitten, wie wir sie bei Nansen und Peroni gelesen haben, werden allmählich plastisch.

Jetzt wird es ernst. Nachdem unser erster Plan wie eine Seifenblase platzte, beginnen wir von vorn, allerdings um eine Erfahrung reicher. Einhellig sind wir der Meinung: »Nur eine hundertprozentige Konzeption und Ausführung lohnen das Selbermachen.«

Design nach Gefühl

Heiß sind unsere Diskussionen über das *Schlittenkonzept*. Wanne oder Kufe, Länge oder Breite, Gewicht oder Gleitfähigkeit, Bewährtes oder Neues – alles wird vehement beredet. Fast bei jedem Treffen stehen diese Diskussionen im Mittelpunkt. War das Konzept falsch oder nur die Ausführung? Waren die Verhältnisse an Ostern repräsentativ? Doch alle theoretische Erkenntnis bleibt ohne praktische Vergewisserung, denn Schnee haben wir erst wieder im nächsten Winter, den letzten vor dem Start, und bis dahin muß die Form stehen. Ein neuerliches Mißlingen können wir uns nicht erlauben, und wir wollen auf keinen Fall ohne erprobte Ausrüstung gehen, eine Einstellung, die sich – wie wir später in Grönland sehen sollten – bewährt hat.

Ein Ergebnis bringen die Gespräche allerdings: Die Schlittenform wird eine Wanne sein. Zu viele Argumente, die wir alle nutzen wollen, sprechen für sie: Die Stabilität, das effiziente Beladen, ihr tiefer Schwerpunkt (besonders zum Segeln wichtig) und vor allem die Möglichkeit homogen mit ihr verbundener und optimal geformter Kufen. Der »Busen«, wie wir die wohlgeformten Kufenwölbungen benennen, vermittelt uns die Gewähr, daß sich bei allen Schneearten ein minimales »Einsinken« automatisch durch die Zunahme der projizierten Fläche einstellen wird. Jetzt kann der »Konstrukteur« endlich ans Werk gehen.

Konstruieren wie gelernt

Nach all den subjektiven Streitgesprächen steht fest: »Jetzt müssen konkrete Vorschläge auf den Tisch!« Unser Prinzip, daß »der Verantwortliche bestimmt«, führt weiter, und ich besinne mich auf Altgelerntes. Habe ich nicht vor vielen, vielen Jahren einmal Konstruieren gelernt? Das Reißbrett wird hervorgekramt und Dreiseitenansichten werden zu Papier gebracht. Jetzt gilt es, sich festzulegen, da die Zeichnung unerbittlich Konkretes fordert. Soll der Schlitten jetzt 1,50 m, 1,80 m oder 2 m lang sein? Wodurch wird die Länge beeinflußt? Schlaue Skifahrersprüche wie »Länge läuft« helfen da nicht weiter. Doch nicht nur die Aspekte des Einsatzzweckes gehen in die Überlegungen ein. Wenige Zentimeter entscheiden darüber, ob die Schlitten in den Hubschrauber passen! Ein Zentimeter zuviel kann einen zweiten Flug bedeuten, beim Start wären das nicht nur 15000 Mark zusätzliche Kosten gewesen. Wer weiß, ob überhaupt zwei Flüge hintereinander über eine derartige Strecke möglich sind? Wie oft schon haben Expeditionen in *Angmassalik* Tage oder Wochen verloren, weil das Wetter schlecht war oder am einzigen Tag mit guten Flugwetter ein Krankentransport Vorrang hatte. Mit ein Grund übrigens, warum Nansens Orginalroute so extrem selten begangen wird.

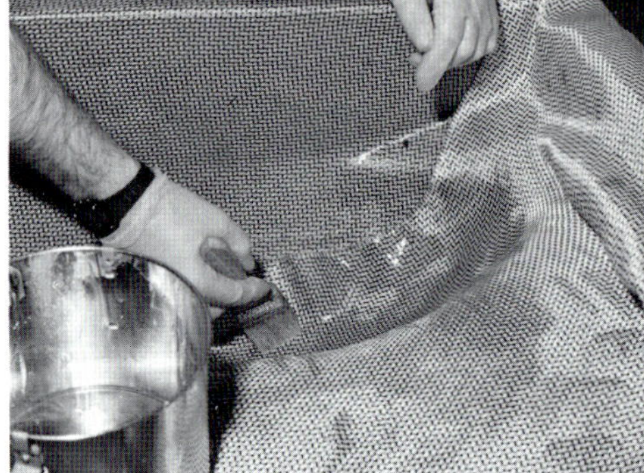

Sorgfältig wird das Kevlar-/Karbongewebe in die Form eingepaßt. Zwei Lagen Gewebe werden an den Ecken durch eine dritte verstärkt.

Die Länge steht fest. Breite und Tiefe werden durch günstige Proportionen für die Aufnahme des Gepäcks und für das Segeln bestimmt. Der Aufriß ist fertig. Noch liegt das Material nicht fest. Der Trend geht zu *Titan*. Nur das Beste sollte für unser großes Abenteuer gut genug sein. Beim Titan waren wir uns sicher. Aber der Preis hat uns schon geschockt. Rund 100 Mark für das Kilogramm – wie preiswert ist dagegen *Aluminium* mit 7 Mark pro Kilo! Aber wird das halten? Wer kann Aluminium sicher schweißen? Bei Titan hätten wir zwar Experten an der Hand, doch wie soll Titan in die Form gebracht werden, die wir uns für unsere kompliziert geformten Kufen ausgedacht haben?

Das Laminieren ist eine hohe Kunst, kommt es doch auf die richtige Menge Harz an.

All das bereitet uns noch Kopfzerbrechen. Gibt es nicht noch eine andere Möglichkeit?

Ein neuer Werkstoff?

Wir haben bisher bei unseren Materialüberlegungen recht wenig über den Einsatz von Kunststoff oder Glasfaser nachgedacht, denn die Erfahrungen sprechen dagegen.

Landläufige Meinungen wie »Kunststoff ist bei tiefen Temperaturen spröde« oder: »Viel zu dick und schwer!« haben uns in der konstruktiven Freizügigkeit behindert. Zu dieser negativen Einstellung beigetragen haben auch Berichte über Erfahrungen, die andere Expeditionen mit Kunststoffschlitten gemacht haben. Die Polyester-Schlitten der Deutschen Grönlandexpedition 1970 wogen stattliche 40 kg pro Stück – allerdings bei einer Auslegung für zwei Mann pro Schlitten – und noch 1985/86 zogen die Männer der englischen »Scott-Gedächtnisexpedition« knapp 20 kg schwere Kunststoffschlitten zum Südpol.

Unsere Vorurteile diesem Werkstoff gegenüber waren also nicht ganz unberechtigt. Aber wie bei so vielen Dingen stellt sich auch bei dieser Technik der Erfolg erst ein, wenn das Metier vollständig beherrscht wird.

High-Chem

Ich erinnere mich an einen Freund, der Kunststofftechnik studiert hat und jetzt bei einer Münchner High-Tech-Firma arbeitet, die für die Luft- und Raumfahrt produziert. Einen Anruf sollte diese Variante wert sein.

Das Gespräch bringt Ereignisse in Gang, die mich noch heute faszinieren. Noch nie zuvor habe ich erlebt, daß sich Menschen – allen voran mein Freund Robert Babl – so engagiert für eine Sache einsetzen, die ihnen persönlich nicht das Geringste einbringt.

Faszinierende Aussichten

Sofort starten die Experten ihre Berechnungen und kommen in der Prognose zu einem schier unglaublichen Ergebnis: *5 kg* wird ein Schlitten wiegen! Diese Aussage elektrisiert uns. Wir sind begeistert und entscheiden uns spontan für die neue Möglichkeit, heißt doch unser Wahlspruch: »Auf Nansens Spuren – by fair means, aber mit moderner Technologie.« Wie könnten wir dem besser gerecht werden, als mit einer solchen Verbesserung des wichtigsten Ausrüstungsteils einer Schlittenexpedition!

Wer soll das bezahlen?

Sobald der Plan konkrete Formen annimmt, präsentiert sich uns aber auch schon die Kehrseite der Medaille: Die Sache wird teuer! Allein das Gewebe kostet 3000 Mark. Doch die Vorteile überwiegen. *Kevlar* und *Carbon*, sowohl fest wie auch elastisch, in Matten gewebt, sollen als Material für das Laminat verwendet werden. Nur 0,4 mm dick ist eine Lage, 220 Gramm wiegt der Quadratmeter und 270 kg Last kann ein Kevlaerfaden von einem Quadratmillimeter tragen. In der Luft- und Raumfahrt hat sich dieses Material der Weberei C. Cramer & Co. aus Heek-Nienborg bereits bewährt.

Als Verstärkung und auch zum Anbringen der Zugeinrichtung werden Titan-Rohre einlaminiert, die aus Termingründen extra für uns angefertigt werden müssen.

Weil das alles nicht vom Dorfschmied oder in der Hinterhofwerkstatt zu machen ist, brauchen wir Firmen mit dem nötigen Know-how und die haben entsprechende Stundensätze.

Rund 40000 Mark werden unsere Schlitten kosten. Dafür wollen wir Sponsoren finden.

Und zum zweiten Mal sind wir überrascht: Die Manager der MAN-Technologie GmbH und der MTU-München GmbH lassen sich für unsere Idee gewinnen. Trotz Termindruck und Dauerstreß nehmen sie sich Zeit und beschäftigen sich mit unserem Thema. Der Reiz des Abenteuers macht auch vor der Chefetage nicht halt. Und mancher der »Bosse« und der vielen, die mitgebaut haben, hat wohl irgendwo in seinem Inneren den Wunsch verspürt, uns zu begleiten und sich ausgemalt, im Schneesturm in einem Zelt in der Eiswüste des grönländischen Inlandeises mit dabei zu sein.

Wieder liegt ein kritischer Meilenstein der Vorbereitung hinter uns. Der Bau der »Hardware« kann beginnen.

Modellbau

Für das Laminieren der Schlitten benötigen wir eine Negativ-Form und für deren Herstellung muß ein 1:1-Modell gebaut werden. Das ist meine Arbeit, habe ich doch vor bald 20 Jahren den Beruf des Modellbauers erlernt. Endlich wieder einmal handwerklich arbeiten – ich freue mich darauf. Nebenbei spart man sich die detaillierte Zeichnung und kann nach Gefühl Form und Kufen optimal gestalten. Als Werkstoff stehen *Styrodur* und *Rohacell* zur Auswahl. Der wesentliche Unterschied ist der Preis – vordergründig – wie sich später herausstellt.

Gelernt ist gelernt

Der *Modellbau* geht flott voran. Trotzdem steckt mehr Arbeit dahinter, als vorher angenommen. Im Büro sieht man mich in dieser Zeit wenig. Bereits nach einer Woche ist der Rohbau fertig. Vorsichtig werden die letzten Übergänge verschliffen, auf den Millimeter genau fluchten die Gleitkufen. Noch am

Abend soll der erste Anstrich aufgebracht werden. Absolut glatt muß die Form sein. Jede Rauhigkeit wird sich in allen Originalen wiederfinden. Als Grundierung empfiehlt man mir eine *Spachtelmasse*. Sehr sorgfältig wird dieses Make-up über die gesamte Oberfläche gestrichen. Spät in der Nacht schließt sich die Werkstattür hinter mir. Ein letzter befriedigender Blick auf das vollbrachte Werk, bis morgen früh bleibt Zeit zum Trocknen ...

Heute wird das Werk vollendet. Nur noch leicht überschleifen, ein oder zwei Schichten schnelltrocknenden *Decklack* auftragen – und meine Arbeit ist getan. Fröhlich, nach links und rechts grüßend, gehe ich durch die Werkshalle zu meiner Kammer, in der ich mich in der letzten Woche eingerichtet habe. Alle kennen mich inzwischen, jeder hat sich für unsere Sache interessiert. Wir haben uns die Tage gut verstanden. Einmal wieder Anzug und Krawatte mit dem Arbeitsanzug zu tauschen, die Ärmel aufzukrempeln und mit eigenen Händen etwas entstehen zu lassen, hat Spaß gemacht.

Emmentaler!

Spannung liegt in der Luft. Argwöhnische Blicke hängen an mir, als ich die Tür zu meinem Werkraum öffne. Eiskalt durchläuft es mich, als der Blick auf das Ergebnis meiner vielen Arbeitsstunden fällt. Wie ein Schweizer Käse liegt die gestern noch makellos glatte Kunststofform vor mir. Die Spachtelmasse hat *Nitro* als Lösungsmittel enthalten und das hat mein billiges Styropor nicht verkraftet. Zentimetertiefe Löcher, handtellergroß, sind aus der glatten Form herausgefressen.

Ich bin entsetzt. Das Ergebnis einer Woche Arbeit ist praktisch vernichtet. Am liebsten würde ich alles hinwerfen und nach Hause gehen. Doch dann kommt Trotz auf und ich sage mir: »Jetzt erst recht! Nicht verzagen, in Grönland wird es härter, und dort kannst du auch nicht aufgeben!« So rühre ich also neuen Spachtel an und baue Schicht für Schicht die zerstörten Flächen wieder auf. Niemals in meiner handwerklichen Karriere habe ich soviel geschliffen wie in dieser Woche. »Alles Training für Grönland!« monologisiere ich, wenn der Arm einmal schwer wird.

Das Negativ

Nachdem auch die letzte Schadensstelle ausgebessert ist, kann mit dem Laminieren des *Negativs* begonnen werden. Die Experten machen das für mich. Am Abend soll die Glasfaserschale trocken sein. Ich kann die Form dann bewundern. Als ich die Werkshalle betrete spüre ich, daß etwas in der Luft liegt. Nicht schon wieder, denke ich. Mit sorgenvollen Gesichtern stehen die Experten um meine Form. Das Modell läßt sich nicht entformen! Zuwenig Trennmittel? Vielleicht aufgesogen von der Unmenge Spachtelmasse, die unter der dünnen Lackschicht liegt. »Keine ausreichende Formschräge« sagen die, die den Fehler lieber beim anderen sehen.

Bergmännischer Abbau

Mit Hammer und Meißel wird das Modell zertrümmert und Stück für Stück aus der Form entfernt. Die bekommt dabei so manche Kerbe. Ergo: Wieder spachteln und schleifen. – Bis ein Uhr morgens und ab sechs Uhr früh reparieren mein Freund Robert und ich das Negativ, und als um sieben Uhr die Schicht beginnt, ist alles wieder in Ordnung: Der erste Schlitten kann laminiert werden.

Vom Ergebnis überrascht

Jetzt zeigen die Profis, daß sie ihr Handwerk verstehen. Der Meister selbst legt mit Hand an. Schnell muß es gehen, denn das Harz wartet nicht mit dem Trocknen. Die Hände fliegen über die Form. Harz auftragen, Matten zuschneiden und auflegen, durchtränken und Überflüssiges abwischen. Das erste Mal arbeite ich an einer solchen Technik mit. Ich bin begeistert, wie schnell alles geht. Oben drauf kommt ein *Abreißgewebe*, das es erlaubt, später, wenn sich die zwei Lagen *Kevlar-Carbon-Gewebe* als zu dünn erweisen sollten, eine dritte Lage aufzubringen. Zum Schluß wird *Absauggewebe* aufgelegt, welches überschüssiges *Epoxydharz* aufnimmt. Das ganze Gebilde wird im *Vakuumofen* ausgehärtet. Am nächsten Morgen wird das Ereignis steigen, der »Erstgeborene« aus der Form genommen werden.

Springform

Diesmal klappt es auch. Nach anfänglichem Zögern springt der erste Schlitten aus der Form. – Alle sind auf das Ergebnis begierig. Hat sich die viele Arbeit gelohnt? Haben die Gewichtskalkulationen gestimmt? Ist die Form stabil genug? All das Fragen, auf die wir in den nächsten Minuten die Antwort erfahren werden.

Ein federleichter Prototyp

Zwei Mann überreichen mir das Produkt, das mich in den letzten Wochen neben den beruflichen, familiären und TGSE-Verpflichtungen jede Minute meiner Zeit gekostet hat. Das Gewicht fasziniert. Man kennt das Phänomen, daß sich die Muskeln auf die Belastung, die auf sie zukommt, einstellen. Eine Mühlsteinattrappe aus Styropor etwa

Prinzip TGSE-Schlitten	
Form:	Wanne mit variabler Kufenfläche, abhängig von der Einsinktiefe
Eiskufen:	8×10 mm, laminiert
Materialien	
Gewebe:	Kevlar 49/Carbon Faser T 300 / 2:1 Hersteller: Cramer
Harz/Härter:	Epoxidharz (L 20 / SL 50) kalthärtend Hersteller: Ciba Geigy
Gleitfläche:	Feinschichtharz, Araldit SW 404 mit Härter HY 2404 Hersteller: Ciba Geigy
Rohrrahmen:	Titanrohr mit 0,5 mm Wanddicke, Rohrdurchmesser 15 mm Hersteller: MTU
Verstärkung im Mastfußbereich:	Aluminium 1,0 mm Hersteller der Schlitten: MAN-Technologie, MTU
Maße	
Länge/Breite/ Höhe:	1,70 m×0,70 m×0,32 m
Gewicht	5800 Gramm

fliegt einem beim Aufheben fast entgegen, weil ein wesentlich höheres Gewicht erwartet wird. Ähnlich ergeht es mir mit dem Schlitten. Ich bin begeistert. Alle Mühen, alle Rückschläge sind vergessen: *Es hat sich gelohnt!*

Das sind die leichtesten Schlitten, die je in Grönland waren. »Das Wichtigste an einer Schlittenexpedition ...«, fällt mir ein. Damit werden wir uns mit jedem messen können.

5,8 kg wiegt unser Leichtgewicht, nur etwa halb soviel wie ein leichtes Fahrrad, eines der höchstentwickelten Transportmittel mit vergleichbarem Last/Gewichts-Verhältnis. Weniger als einen Millimeter dünn sind seine Wände und das Titanrohr hat sogar nur eine Wandstärke von einem halben Millimeter. – Er wird über Schnee und Eis gleiten, wird segeln, und könnte sogar schwimmen und als Notbiwak dienen.

Bevor es jedoch soweit ist, muß der Schlitten noch die harte Erprobung im Hochgebirge bestehen. Erst nach den harten Tests in der *Silvretta* sind wir hundertprozentig von unserem Gerät überzeugt.

Nach-Tarock

Auch während der Tour gab es kein einziges Problem mit den Schlitten. Die *Laufflächen aus Feinschichtharz* vereisten nicht und zeigten auch nach über 400 km keinen Verschleiß. Nur geringe Korrekturen werden für die kleine Serie notwendig sein, die jetzt anlaufen soll.

Unser Schlitten- und Segelkonzept.

Letzte Probleme müssen aus dem Weg geräumt werden – unsere High-Tech-Unternehmen haben wichtigere Projekte und Termine, als für ein paar Spinner Schlitten herzustellen. Doch dann, zum letztmöglichen Zeitpunkt zeigen MAN und MTU, was »Power« ist. In wenigen Tagen stehen vier nagelneue Grönlandschlitten auf dem Werkshof. – Ein wichtiges Kapitel unserer Vorbereitung liegt hinter uns.

Einrichtungen zur Besegelung

»Der Antrieb kommt vom Wind«, fällt mir hier in Anlehnung an den Leitspruch »Der Antrieb kommt von MTU«, meiner Firma, der Co-Sponsorin unserer Schlitten, spontan ein. – Begeistert haben wir in Nansens Buch von einem Tag gelesen, an dem er und seine Männer segelnd mehr als 30 Kilometer zurücklegten. Auf zusammengebundenen Schlitten hißten sie die Zeltböden als Segel, und in sausender Fahrt ging es so schnell dahin, daß Nansen, der auf dem Schlitten saß, abgeworfen wurde. – Natürlich wollen auch wir die Windkraft »by fair means« nutzen.

Zur »Caravan + Boot«, einer Freizeit- und Segler-Fachmesse in *München*, nehmen wir kurzerhand meine Skizze für unser Segelkonzept und einen TGSE-Schlitten mit und wenden uns an professionelle Segler und Hersteller um

Segel	
Spinnakersegel:	Verseidag, 3 m² Hersteller: Segelmacherei Fritz (Prien/Chiemsee)
Sturmspinnaker:	Oceansail, 1,5 m² Hersteller: Hochreiner
Rigg	
Mast:	Aluminium-Rohr, Wandstärke 2 mm, Durchmesser 30 mm, Länge 2,50 m, gesteckt
Spinnakerbaum:	Aluminium-Rohr, Wandstärke 2 mm, Durchmesser 30 mm, Länge 1,50 m
Wanten:	Flachbandschlingen, System Gerhard Miosga: Die Spinnakerschot wurde über eine Curry-Klemme am Mast geführt, daß sie im Notfall aus der Zugposition heraus losgeworfen werden konnte

Zubehör (TGSE-Schlitten)	
Persenning:	Nylon, überlappend und triebschneedicht mit dem Schlitten verschnürt Hersteller: Kober
Zugbügel:	Titanrohr 0,5 mm Wanddicke, 15 mm Durchmesser, vor dem Körper geschlossen, zur Kompaßbefestigung unerläßlich Hersteller: MTU
Zuggeschirr:	Schultergurte aus universell verstellbarem, modifiziertem Rucksacktragegestell Hersteller: Lowe
Hüftgurt:	Weich gepolsterter Klettergurt, im Spaltengelände mit Brust- und Schenkelschlingen kombinierbar, Verbindung zum Schlitten über Flachband Hersteller: Edelrid

Rat. Trotz des unterschiedlichen Echos auf unsere Fragen »Groß- oder Lateinersegel? – Fock oder Spinnaker? – Wie soll das Rig aussehen?« finden wir schließlich zwei Segelmacher-Firmen, die sich für unsere Idee und Fertigung geeigneter *Spezialsegel* gewinnen lassen. – Den Bau der *Masten*, *Rigs* und *Spinnakerbäume* übernimmt Gerhard, dessen Erfahrung uns hier zustatten kommt. Die teilbaren, mit Flachbändern und Curry-Klemmen schnell montier- und demontierbaren Einzelteile aus stabilem Alu-Rohr sind auch zum Verankern der Zelte in Schnee und Eis vorgesehen.

Zur Nachahmung empfohlen

So spektakuläre Streckenerfolge wie Nansen sollten wir in Grönland nicht feiern, da der Wind nur einmal so stark aus der richtigen Richtung blies, daß wir die Felle ablegen konnten. Auch bei geringer physischer Entlastung durch Wind und Segel war der psychologische Effekt, die Schlitten nicht alleine ziehen zu müssen, enorm. Vervielfachte selbst mäßiger Seitenwind bei gesetzten Sturmspis unsere Schubkräfte, so verfielen wir während dieser angenehmen Segeletappen, wenn der Segeldruck auf die Sturmspis einmal so groß war, daß der Schlitten – wie von Geisterhand geschoben – von selbst glitt und uns sogar mit sanftem Druck auf den Hüftgurt vorwärtsdrängte, vollends in Euphorie.

Das Ernährungskonzept

Essentielles

Walter

»Essen und Trinken«, sagt das Sprichwort, »hält Leib und Seele zusammen.« Bei einer Expedition kommt der Ernährung eine ausschlaggebende Bedeutung zu. Daher galt es zunächst, die Anforderungen an die Nahrung zu klären.

1. Wegen der langen Zeitdauer muß sie körpersubstanzerhaltend sein und den Baustoffwechsel garantieren. Es darf zu keinerlei Mangelerscheinungen kommen, denn die Folge wäre eine Verminderung der Leistungsfähigkeit.
2. Sie muß den Energiebedarf für den inneren und äußeren Betriebsstoffwechsel decken, andernfalls wird Körpersubstanz abgebaut, und es kommt zu Abmagerung und Verminderung der Leistungsfähigkeit.
3. Sie muß vom Körper willig aufgenommen werden. Nach schwerer Anstrengung kann man manchen Bissen nicht ohne weiteres hinunterwürgen. Der Geschmack soll so beschaffen sein, daß man selbst nach einem Monat des »Genusses« keinen Widerwillen empfindet. Leichte Resorbierbarkeit im Magen-Darm-Trakt ist äußerst wichtig.
4. Die zu transportierende Nahrung soll bei größter Wirksamkeit (Baustoffwechsel – Betriebsstoffwechsel) ein möglichst geringes Eigengewicht und geringes Volumen haben.
5. Sie soll so beschaffen sein, daß der Magen-Darm-Trakt – etwa nach Verlust der Vorräte – sofort auf rein vegetarische (Flechten, Innenrinde, Gras, Pilze, etc.) oder rein tierische (Würmer, Fische, Vögel, Säugetiere, etc.) Kost umgestellt werden kann.
6. Sie soll unter geringstem Zeit- und Energieaufwand zubereitet werden können.
7. Sie soll kältefest und wasserdicht verpackt sein. Die Verpackung soll leichtgewichtig und von geringem Volumen sein.

Die Expeditionsbedingungen

Eine optimal zusammengesetzte Nahrung ist auf den Energiebedarf, also letztlich auf die Leistung des Menschen abgestimmt. Während ein ruhender Erwachsener etwa zwischen 2000 und 2500 kcal täglich verbraucht, kann sich der Energieverbrauch bei einem Schwerstarbeiter auf über 6000 kcal pro Tag erhöhen.

Für eine Grönlanddurchquerung muß – abgesehen von den zu bewältigenden bzw. wieder zu »vernichtenden« 3000 Höhenmetern – bei der Nahrungsmittelkalkulation und -zusammensetzung in erster Linie von der *Ausdauerleistung* und dem *Wärmeenergiebedarf* auf dem Inlandeis ausgegangen werden. – Zweitrangig ist die erhöhte Kraftanstrengung bei Auf- und Abstieg in schwierigem Gelände oder bei gelegentlichem Gepäcktragen, denn ihr stehen energiebedarfsärmere Ruhetage oder wetterbedingte Zwangspausen gegenüber.

Die Eiskappe läßt bei günstigen Verhältnissen ein kraftsparendes Gleiten auf Skiern vor den Lastschlitten zu, auf denen zu Beginn etwa ein Doppelzentner (später etwas weniger) befördert werden muß. Zu berücksichtigen sind in jedem Falle größere Schneefälle, Gegenwind und unvorhersehbare Hindernisse, welche die Fortbewegung erheblich erschweren und dabei den Energiebedarf drastisch erhöhen.

Insgesamt muß man eine Grönlanddurchquerung hinsichtlich des Energiebedarfs wohl der Leistungskategorie *Ausdauersport unter großem Krafteinsatz* zuordnen.

Die Meinung der Nahrungsmittelexperten

Für die Festlegung der *Nahrungszusammensetzung* zog ich jüngere Forschungsergebnisse (vgl. Literatur im Anhang) zu Rate. Die Autoren der verschiedenen Fachpublikationen geben indes für die gleiche körperliche Belastung unterschiedliche Nährstoffrelationen an. Während die meisten deutschen Sportmediziner noch um 1980 glaubten, daß eine optimale Nährstoffversorgung bei Ausdauerbelastungen etwa 60% der Energie durch Kohlenhydrate bereitstellen sollte, tendieren neuere Empfehlungen von Appenzeller und Kaminsky eher zu einer *Reduktion des Kohlenhydratanteils* zugunsten einer *Erhöhung des Fettanteils*, da sich herausstellte, daß der Energiefluß beim Fettstoffwechsel eine ähnlich hohe Leistungsfähigkeit entfalten kann wie der Kohlenhydratstoffwechsel, wenn eine mindestens dreimonatige Trainingsperiode mit Fastentraining vorausgegangen ist.

Der Diplomchemiker Dr. Reuß (Sportmedizin, Universität Ulm) bestätigte mir dies im Rahmen einer persönlichen Mitteilung: »Es kann heute als gesichert angesehen werden, daß die Fettverbrennung zumindest für den entsprechend trainierten Ausdauersportler eine der Kohlenhydratverbrennung gleichwertige Energiequelle darstellt. Bei allen Sportarten, bei denen der verfügbare Glykogenvorrat nicht für die gesamte Belastungsphase ausreicht, sollten Fett- und Kohlenhydratstoffwechsel möglichst gleichzeitig und gleichmäßig genutzt werden.«

Nach Hack et al. steht überdies fest, daß der Ausdauersportler bei niedriger Temperatur einen größeren Anteil der Energie aus der Fettoxidation gewinnt als unter gleicher Belastung bei höherer Temperatur. – Eskimos schließlich dekken laut Donath et al. bis zu 90% der täglichen Energie durch tierische Fette.

Die Ernährung anderer Expeditionen

Ein wichtiger Erfahrungsfundus waren auch die verschiedenen Ernährungskonzepte früherer Expeditionen.

Nansens Verpflegung beschreibt er selbst mit den Worten: »Ich hatte im voraus berechnet, daß wir pro Tag ¼ kg oder etwas mehr gedörrtes Fleisch, ein ebensolches Quantum Fett, sowie ein etwas größeres Quantum gedörrtes Brot gebrauchen würden, dazu kamen dann verschiedene andere Sachen, wie Schokolade, Zucker, Fleischpepton, Erbsensuppe usw., so daß sich die Ration pro Kopf täglich auf ein Kilogramm oder ein wenig mehr feste Nahrung belaufen würde. Unsere Tagesration pro Mann würde ungefähr folgendermaßen lauten: 200 g Eiweiß, 240 g Fett, 230 g Mehlstoff und Zukker.«

Demnach hat Nansen den Energiebedarf pro Kopf und Tag zu 20,5% mit Eiweiß, zu 55,8% mit Fett und zu 23,6% mit Kohlenhydraten abgedeckt. Addiert man 200 g Eiweiß, 240 g Fett und 230 g Kohlenhydrate, so erhält man 670 g Nahrung. Die Differenz auf »ein Kilogramm oder ein wenig mehr« beträgt mindestens 330 g. Wenn unter diesen »anderen Sachen« nur 150 g energieliefernde Stoffe waren, so erhält man, je nachdem, ob es sich um Eiweiß bzw. Kohlenhydrate (Faktor 4,1) oder Fett (Faktor 9,3) gehandelt hat, zu den täglichen 4 000 kcal pro Mann weitere 615 oder 1 395 kcal, und man darf wohl davon ausgehen, daß Nansen und seinen Gefährten täglich etwa 5 000 kcal zur Verfügung standen. Trotzdem hatte Balto das Gefühl, »kein einziges Mal satt« geworden zu sein. Und Sverdrup sagte, nachdem eine Festmahlzeit auf dem Inlandeis mit doppelten Rationen verzehrt worden war: »Ich bin hungrig wie ein Wolf.«

Scotts Versuch, den Südpol zu erreichen, scheiterte 1911. Die Vermutung, daß die Scott-Expedition primär an den Folgen eines Mangels an Nährstoffen und eines Energiedefizits litt, liegt nahe.

Die Expedition »*Auf den Fußstapfen von Scott*« (1984-86) verwendete Haferbrei, heiße Schokolade, Konzentratsuppe, Schokoladenriegel, Salami, Kekse, gefriergetrocknete Lebensmittel, Gebäck, Butter, pflanzliches Speiseöl und ein Multivitaminpräparat. Die tägliche Energieaufnahme betrug 4 900 kcal pro Person. – Nachträgliche Berechnungen von Stroud ergaben, daß durchschnittlich 5 975 kcal notwendig gewesen wären. Dies führte bei den Teilnehmern nach einem Marsch von 1 400 km zu Gewichtsverlusten von 10 kg und mehr.

Die Ernährung der TGSE

Unsere »Expeditionsdiät« setzte sich aus den folgenden Bestandteilen zusammen (s. obenstehende Tabelle):

Vollbilanzierte Pulvernahrung mit optimaler Nährstoffrelation, sogenannte Formuladiät (leicht verdaulich, ballaststoffarm, mit Mineralstoffen und Vitaminen, in Wasser einzurühren)

a) mit Bananengeschmack
b) geschmacksneutral (Geschmack durch Zusätze wie z. B. Schokolade bestimmbar, optimal resorbierbar durch hohen Anteil mittelkettiger Fettsäurereste

Mineraldrink, Elektrolytpulver (wasserlöslich)

Fertiggerichte (dehydriert, mit heißem Wasser zuzubereiten)

Hartwürste (luftgetrocknet), sogenannte »Kaminwurzn«

Nüsse

Brühsuppe (mit heißem Wasser zuzubereiten)

Vitamintabletten

Die *Verpackung* wurde belassen, aber zur Entlüftung angestochen und nachträglich mit Klebestreifen verschlossen. Jeweils vier Tagesrationen wurden in einem großen Beutel zusammengefaßt.

Nahrungsmittelbilanz

Aus der Tabelle sind das *Gewicht* (g) und die *Energiemengen* (kcal) einer durchschnittlichen Nahrungsmittelration pro Mann und Tag ersichtlich (s. Tabelle auf S. 142):

Verteilung der Nahrungsmittel über den Tag

Zum Frühstück wurde die Pulvernahrung in warmes Wasser eingerührt und dann ausgelöffelt. Sie stellte ohne große Belastung für den Verdauungstrakt sowohl über den Kohlenhydrat- als auch den Fettstoffwechsel schnell die notwendige Energie zur Verfügung. Die Vitamintablette sorgte dafür, daß auch bei zu hohem Erhitzen der Pulvernahrung eine ausreichende Vitaminversorgung gewährleistet war.

Bei dieser Gelegenheit wurde so viel Schnee geschmolzen, daß die Thermosflaschen (Volumen ca. 1½ l) mit einem

	Gesamte Nahrung g	kcal	Kohlenhydrate g	kcal	Eiweiß g	kcal	Fett g	kcal
A **Pulvernahrung**								
a) Formuladiät	420	2040	236	968	80	328	80	744
b) Formuladiät MCT	267	1199	147	603	59	242	40	**354**
Anmerkung zur Formuladiät MCT: **354** kcal (statt 372 kcal) wegen **MCT!**								
B **Elektrolytpulver**	50	164	40	164	–	–	–	–
C **Fertigmenü**	156	648	83	340	32	131	19	177
D **Hartwurst**	90	512	–	–	25	103	44	409
E **Nüsse**	60	379	11	45	18	74	28	260
F **Suppe**	10	38	5	21	2	8	1	9
G **Vitamintabletten**	–	–	–	–	–	–	–	–
H **Ethanol**	5	35	–	–	–	–	–	–
Tägliche Gesamtmengen	1058	5015	522	2141	216	886	212	1953
Nahrungsanteil	100%		43%		18%		39%	
I **Wasser**	4500 -6000							

(Durchschnittswerte in mathematisch gerundeten Zahlen)

mehr oder weniger flüssigen Gemisch von *Pulvernahrung* und warmem Wasser gefüllt werden konnten. Dieser sämige bis flüssige Brei wurde täglich bei mehreren Gehpausen getrunken und durch nachgefüllten Schnee, der darin schmolz, nach und nach verdünnt. In den Pausen aßen wir auch gerne Nüsse.

Am Abend mußte zunächst der Durst gelöscht werden. Die Auflösung von *Elektrolytpulver* oder *Suppe* in warmem Wasser ergab ein von allen Teilnehmern sehnlichst erwartetes Getränk. Danach wurde das jeweilige *Fertiggericht* gekocht und gegessen. Als Nachspeise gab es die »Kaminwurzn«, eine luftgedörrte *Hartwurst*, von der ein Teilnehmer einmal behauptete, daß sich alle seine Begierden seit Stunden auf sie konzentriert hätten.

Die genußsüchtigen Mitglieder der TGSE wollten nicht auf die kleinen Freuden des Lebens verzichten: Eine Tasse Kaffee, Kakao oder Tee und natürlich der »Lumumba«, den wir aus Kakaopulver, viel Wasser und wenig Alkohol mixten, wurden als willkommene Bereicherung der gleichförmigen Ernährung begrüßt.

Drei Mitglieder der TGSE waren noch sechs Monate vor der Abfahrt Raucher. Einer davon beschloß, um diese Zeit das Rauchen aufzugeben, damit er nicht während der Tour an den Folgen des Entzugs zu leiden habe. Den anderen beiden wurde in Anbetracht von Nansens mitgeführtem Tabak die Mitnahme von Zigaretten zugestanden. Es handelte sich wahrhaftig um ein Zugeständnis, denn eine Vereinbarung lautete: Es werden nur Dinge mitgenommen, die vorher diskutiert und von allen gutgeheißen wurden. Selbstverständlich reichten diese Zigaretten nicht für den ganzen Zeitraum der Tour. – Als in der Schlußphase während des Marsches durch die Tundra einmal eine schärfere Gangart eingeschlagen wurde, äußerte sich einer der beiden Nichtraucher über die gerade Vorauseilenden: »Ihr rennt wahrscheinlich so, weil ihr nichts mehr zum Qualmen habt.«

Das Körpergewicht der Teilnehmer

Leider konnten wir vier nicht unmittelbar nach dem Erreichen der Zivilisation gewogen werden, hatten aber das Gefühl, abgemagert zu sein und aßen alles, was auf den Tisch kam.

Betrachtet man die Gewichtsangaben der Tabelle und zieht man für die Kleidung 2 kg ab, so ergibt sich für zwei Personen das Startgewicht, während zwei Teilnehmer sogar etwas zugenommen haben, was sie natürlich der hervorragenden grönländisch-dänischen Küche verdanken.

Navigation auf dem Eis

Es steht in den Gestirnen

Gerhard

Eine Durchquerung des Grönländischen Inlandeises ist navigatorisch mit einer Ozeanüberquerung in einem Segelboot vergleichbar: Ist die Küste einmal den Augen entschwunden, so gibt es keine Marken mehr, an denen man sich orientieren könnte. Von jeher weisen tagsüber die Sonne und nachts die Sterne dem Seefahrer die Richtung. Technische Hilfsmittel sind *Kompaß* und *Log* (Entfernungs- bzw. Geschwindigkeitsmesser), um Richtung und zurückgelegte Distanz zu bestimmen. Kennt man den Ausgangspunkt, kann die gegenwärtige Position durch den Eintrag von Kurs und Marschstrekke in die Karte bestimmt werden. Dieses Navigationsverfahren, die *Koppelnavigation*, hat jedoch den Nachteil, daß sowohl der gesteuerte oder marschierte Kurs als auch die gemessene Strecke leicht fehlerhaft sein können, was nach und nach zu erheblichen Fehlbestimmungen der Position führt. Die Koppelnavigation muß deshalb durch andere Navigationsverfahren ergänzt werden, die es gestatten, diese Fehler zu korrigieren und einen möglichst genauen Standort zu ermitteln. Die Lösung hierzu steht in den Gestirnen.

Die *Astronomische Navigation* dient den Seefahrern seit vielen hundert Jahren als verläßliche Methode, sicher die Meere zu befahren und zuverlässig ihren Zielhafen zu treffen. Vielen galt und gilt die Astronavigation als schwarze Kunst, als ein Buch mit sieben Siegeln, als eine nur sehr mühsam erlernbare Fertigkeit, die nur wenigen vorbehalten bleibt.

Jeder Kapitän zur See, aber auch jeder Segler auf großer Fahrt muß die herkömmliche Astronomische Navigation mit Sextant, nautischen Tafelwerken und genauer Uhr erlernen, auch wenn heute zusätzliche moderne Hilfsmittel zur Verfügung stehen.

Fridtjof Nansen hat bei seiner Grönlanddurchquerung auch astronomisch navigiert. Seine Ausrüstung – ein »Sextant mit künstlichem Horizont« – beschreibt er genau: »Es war ein kleiner Taschensextant von Perken, Son & Rayment in London, ein feines kleines Instrument, das uns vorzügliche Dienste leistete. Zum Horizont verwendeten wir Quecksilber – um die Mittagsstunde war es niemals so kalt, daß dies fror. Da Quecksilber sehr schwer ist, glaube ich, daß z.B. Öl zweckmäßiger für den Horizont zu verwenden wäre.«

Unser Ziel war es, Grönland *»by fair means«* – also ohne modernste technische Hilfsmittel – im Stil von Nansen zu durchqueren, und so haben wir uns auch für die althergebrachte Astronomische Navigation entschieden.

Unsere Ausrüstung

Ein Seefahrer kann auf den künstlichen Horizont verzichten, denn die Kimm ist ein guter natürlicher Horizont für die Höhen-Winkelmessung eines Gestirns. Auf dem Lande oder auf dem Inlandeis benötigt man dagegen einen künstlichen Horizont, da der natürliche nicht eindeutig definiert ist.

Wir entschieden uns für einen künstlichen Horizont von Freiberger, einen Schwarzspiegel, der mittels zweier Libellen sehr genau nivelliert werden kann. Öl erschien uns nicht geeignet, da sich bereits bei geringem Wind die Oberfläche kräuselt und kein scharfes Spiegelbild zu beobachten ist.

Als Sextanten verwendeten wir einen Yachtsextanten, ebenfalls von Freiberger. Zunächst hatten wir mit einem Sextanten von C. Plath aus Hamburg experimentiert, der eine im Okular eingespiegelte Libelle als künstlichen Horizont benutzt. Doch keiner von uns konnte bei den praktischen »Trockenübungen« eine Messung der Sonnenhöhe mit der üblichen Genauigkeit von einer Bogenminute, was einer Seemeile (1,853 km) entspricht, erzielen.

Die alten Zeiten sind vorbei!

Der Navigator von heute ist nicht länger auf die Methoden zur Standortbestimmung angewiesen, die aus vergangenen Jahrhunderten stammen. Moderne Elektronik und Satellitentechnologie ermöglichen es heute per Knopfdruck, in Sekundenschnelle und unabhängig von Sicht und Wetter, einen Standort zu bestimmen. Die bodengestützten Verfahren DECCA, OMEGA und LORAN, sowie die Satelliten-Navigationsverfahren TRANSIT (SATNAV) und GPS (*Global Positioning System*) ermöglichen eine bequeme Standortbestimmung.

DECCA scheidet aus, weil es für Grönland keine Überdeckung bietet und OMEGA, weil das Gerät während der Gesamtdauer der Eisdurchquerung eingeschaltet bleiben müßte, was vom Stromverbrauch her problematisch wäre. LORAN hat diesen Nachteil nicht, würde sich aber lediglich für den südgrönländischen Küstenbereich eignen. Das von der US-Navy entwickelte TRANSIT, auch SATNAV genannt, ist das derzeit einzige operationelle Satellitenverfahren, weil sich GPS noch im Aufbau befindet. GPS benützt stationäre und umlaufende Satelliten und wird in Zukunft das Transitverfahren ablösen, das sich auf sechs umlaufende Satelliten stützt. GPS hat den Vorteil, daß weltweit an jedem Ort zu jeder Zeit sofort eine Standortbestimmung durchgeführt werden kann. Bei TRANSIT kann nur dann ein Standort ermittelt werden, wenn sich gerade ein Satellit im »Sichtbereich eines Empfängers« befindet. Das kann bis zu vier Stunden dauern, wäre aber bei einer Grönlanddurchquerung kein Problem.

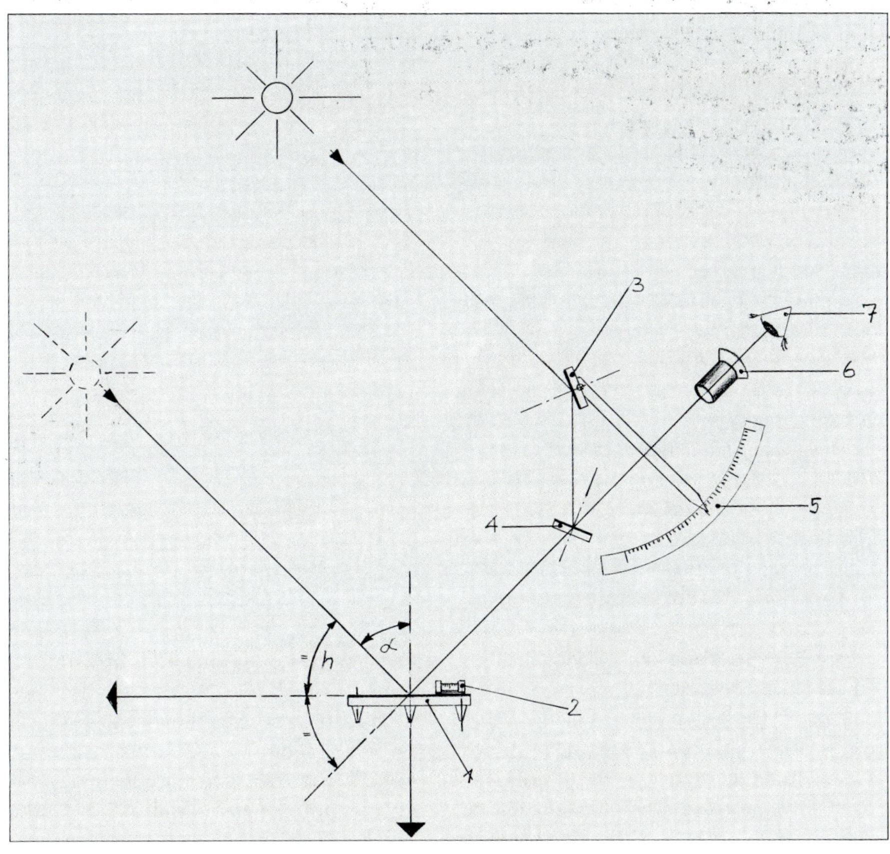

Bestimmung der Gestirnshöhe mit Sextant und künstlichem Horizont. 1) Schwarzspiegel wird mit zwei um 90° versetzte Libellen horizontal ausgerichtet. 2) Libelle mit einer Genauigkeit besser 0.5 Bogenminuten. 3) Beweglicher Spiegel des Sextanten. 4) Horizontspiegel (Halbspiegel oder 50% durchlässig). 5) Alhidade; Ablesung des Winkels. 6) Okular. 7) Beobachter. α = Winkel zwischen Gestirn und Erdlot. (Höhenwinkel h = 90° – α. Man beachte, daß der am Sextant abgelesene Winkel doppelt so groß ist wie der Höhenwinkel h des Gestirns.)

TRANSIT wurde von *Arved Fuchs* bei seiner Grönlanddurchquerung von West nach Ost mit Schlittenhunden erfolgreich eingesetzt. Weniger erfolgreich war eine Expedition, die sich ausschließlich auf TRANSIT verließ, denn nach wenigen Tagen war das Gerät defekt. Die Expedition verstand es nicht, herkömmlich zu navigieren und mußte sich mit dem Hubschrauber aus dem Eis retten lassen.

Wir haben uns mit TRANSIT sehr eingehend beschäftigt. Ich hatte bereits praktische Erfahrungen auf einem Transatlantiktörn sammeln können und seine bequemen Seiten schätzengelernt. Man schaltet das Gerät ein und erhält spätestens nach vier Stunden die Position nach Geographischer Länge und Breite angezeigt, dazu auch noch Angaben über zurückgelegte Wegstrecken, Kurs und Distanz zum nächsten Zielpunkt. Das Gerät nimmt einem das Denken und Rechnen ab.
Dennoch haben wir uns aus Gründen der Fairneß für die gute alte Astronavigation entschieden.

Standortbestimmung

Zur Standortbestimmung benötigt man mindestens die Höhenwinkel von zwei Gestirnen mit einem Azimutunterschied von mehr als 30 Grad, um zwei sich nicht zu flach schneidende Standlinien zu erhalten, deren Schnittpunkt dann den Standort oder die Position ergibt. Für die Errechnung der Standlinie muß das Nautische Dreieck berechnet werden. Dies kann man heute schnell und bequem mit jedem besseren Taschenrechner tun. Unter bewußtem Verzicht hierauf und unter Inkaufnahme des höheren Transportgewichtes benutzten wir statt dessen die *HO 249-Tafeln* und die entsprechenden Seiten des *Nautischen Jahrbuches*. Ich hatte mir drei Jahre vorher die astronomische Navigation für den Atlantiktörn im Selbststudium angeeignet und entwikkelte für unsere Inlandeisüberquerung ein Rechenschema zur Bestimmung der Standlinie, um möglichst keine Fehler bei Rechenarbeiten unter Streßbedingungen zu fabrizieren.

Ein Navigator ist zu wenig!

Wir haben unter uns zwar Aufgaben verteilt und Kompetenzbereiche festgelegt, um die Vorbereitung und Durchführung der Expedition zu optimieren, jedoch den Grundsatz vertreten, daß die wichtigen Dinge, zu denen zweifellos auch die Navigation gehörte, von mindestens zwei Teilnehmern, nach Möglichkeit aber von allen beherrscht werden sollten.

Der Beschluß, die astronomische Navigation zu erlernen, war schnell gefaßt, doch der Weg dahin gestaltete sich beschwerlicher als gedacht. Ich versuchte zunächst, den anderen meine Kenntnisse zu vermitteln. Sie kauften sich ein Taschenbuch über Astronavigation, aber richtig durchgearbeitet hat es kei-

HO 249 TGSE '88

	DATUM		15.08.1988	. .1988
	GEGISSTER ORT – BREITE	ϕ_{OG}	64 – 06 N	64 – N
	GEGISSTER ORT – LÄNGE	λ_{OG}	48 – 30 W	– W
	KURS-DISTANZ – OBJEKT ⊖ ☾ *		⊖	–
	UHR		15h 22m 29s	h m s
	± CORR		—:—.	—:—.
	= UT 1		15h 22m 29s	h m s
SEXTANT	SEXTANT-ABLESUNG IA/2	IA	39-44.3 79-29.5	
	± INDEXBERICHTIGUNG	IB	– 0.5	
	= KIMMABSTAND	KA	39 – 43.8	
	- REFRAKTION	R	– 1.1	
	= BEOBACHTETE HÖHE	H_o	39 – 42.7	
	+ HP · COS (H_o)	P		
	= BEOB. HÖHE MOND	H_o		
NAUT. JAHRBUCH	☾ (Horizontparallaxe)	(HP)	( )	( )
	☾ (Unterschied Grt/δ)	(Unt)	( )	( )
	Grt (h)	Grt	43-54.4	
	+ Zuwachs (m, s)		5-37.3	
	☾ + Verbesserung (Unt)			
	= Grt (h, m, s)	Grt	49-31.7	
	(Länge Gegisster Ort)	λ_{OG}	(48 – 30)	( )
	- LÄNGE RECHENORT($\lambda_{OG} \pm \Delta\lambda < 30'$)	λ_{OR}	48 – 28.3	
	= ORTSSTUNDENWINKEL(Ganzz.)	LHA(t) ▲	1°	
	DECLINATION (h) (Tend ↑↓)	δ	13 – 51.4	
	☾ ± Verbesserung (aus Schaltt.)	Vb	– 0.4	
	= DECLINATION (h, m)	DEC ▲	13 – 51.0	
	BEZUGSBREITE (aus ϕ_{OG})	LAT ▲	64	
H.O. 249	LHA < 180°, dann 360 - Z		360	360
	- Z (aus Ho 249)	♦	179	
	= AZIMUT	●		
	± d (aus Ho 249)	♦	(+60)	( )
	H_c für DEC° (aus Ho 249)	♦	39-00	
	± CORR für DEC' (Tafel 5)		00-51	
	= BERRECH. HÖHE	H_c	39-51	
	- BEOB. HÖHE	H_o	39-43	
	= INTERCEPT - hin + weg	Δh ●	+07	
	MITTAGSBREITE		090 – 00.0	090 – 00.0
	+ DECLINATION	DEC	13 – 51	
			103 – 51	
	- BEOB. HÖHE	H_o	39 – 43	
	= BREITE	LAT	64 – 07	

Kimmabstand	'
3	-14,4
3,5	-12,9
4	-11,8
4,5	-10,8
5	- 9,9
5,5	- 9,1
6	- 8,5
6,5	- 7,9
7	- 7,4
7,5	- 7,0
8	- 6,6
8,5	- 6,2
9	- 5,9
9,5	- 5,6
10	- 5,3
11	- 4,8
12	- 4,4
13	- 4,1
14	- 3,8
15	- 3,6
16	- 3,3
17	- 3,1
18	- 2,9
19	- 2,8
20	- 2,6
22	- 2,4
24	- 2,2
26	- 2,0
28	- 1,8
30	- 1,7
35	- 1,4
40	- 1,1
45	- 1,0
50	- 0,8
55	- 0,7
60	- 0,6
70	- 0,4
80	- 0,2
90	- 0,0

▲ Eingang Ho 249 ♦ Aus Ho 249 ● Standlinie

Dieses Rechenschema zur Bestimmung einer Standlinie nach HO 249 wurde eigens für unsere Bedürfnisse entworfen, um unter Streßbedingungen möglichst fehlerfrei rechnen zu können.

ner, und es erwies sich als zu wenig geeignet für einen Schnellkurs. Der Besuch eines entsprechenden Lehrgangs in einer Segelschule schied wegen des zeitlichen Aufwandes und der für Prüfungen üblichen Fülle von Ballaststoff aus.

Da war *Volkmar Ukena*, langjähriger Skipper auf der *Freydis*. Micha und Walter hatten ihn vor zwei Jahren auf der arktiserprobten Stahlyacht als souveränen Kapitän kennengelernt. Die beiden waren damals mit ihrem Kanu in südgrönländischen Fjorden und anschließend an Bord der *Freydis* von *Julianehåb* nach *Island* unterwegs gewesen. Ein Wochenende lang hat er uns die wichtigsten Fertigkeiten der astronomischen Standortbestimmung beigebracht. Jetzt fühlten wir uns sicherer, und das Vertrauen in meine navigatorischen Künste fand durch Volkmar seine Bestätigung.

Geübt haben wir zunächst zu Hause; jeder hat die Koordinaten seines Hauses astronomisch durch mehrfache Messungen der Sonnenhöhe exakt bestimmt. Wärend einer Testtour in den *Stubaier Alpen* haben wir unter realistischeren Bedingungen gemessen, gerechnet und zufrieden festgestellt, daß wir uns auf dem Stubaier Gletscher befanden. Erst jetzt waren wir uns unserer Sache sicher.

Navigation in Grönland

Unser navigatorisches Konzept stützte sich ferner auf die klassische Koppelnavigation. Wir verfügten hierzu über einen am Zugrahmen des Schlittens befestigten *Kugelkompaß* von SILVA und

Der Kugelkompaß von SILVA wies eine gute Dämpfung auf und war gut ablesbar.

Der Ciclomaster, der sichere Beweis unseres täglichen Fortschritts.

ein Distanzmeßrad oder *Odometer*. Dieses hatte Werner, unser Radrennfahrer, unter Verwendung eines Rennrad-Vorderrades konstruiert. Ein geeichter Drehzahlmesser zeigte uns die zurückgelegte Distanz an. Kurs und zurückgelegte Strecke bestimmten den Koppelort. Diesen haben wir im Bereich des Auf- und Abstieges terrestrisch durch Peilungen von markanten Bergspitzen bestimmt.

Im Inlandeis konnten wir uns mehrmals durch das »Schießen der Sonne« mit dem Sextanten »himmlische« Gewißheit über unseren »irdischen« Standort verschaffen. Dies geschah entweder durch mehrere Messungen der Sonnenhöhe morgens und mittags, um zwei Standlinien zu erhalten, oder durch mehrere Messungen vor und nach der Kulmination der Sonne (Mittagsbreite und -länge).

Die Mißweisung

In Deutschland beträgt die Abweichung der magnetischen von der geographischen Nordrichtung, die sogenannte Mißweisung, zwischen einem und zwei Grad West. Das bedeutet, daß die Magnetnadel bei uns nicht genau nach »geographisch Nord« zeigt, sondern ein bis zwei Grad zu weit nach Westen. In Grönland ist diese Abweichung wesentlich größer. Das ist vor allem durch die Nähe des magnetischen Nordpols bedingt, der in der Nähe der nordkanadischen Insel Bathurst liegt und jährlichen »Wanderungen« unterliegt.

Auf Nansens Route entlang des 64. Breitengrades variiert die Mißweisung heute zwischen 33 Grad West an der Ostküste und 38 Grad West an der Westküste. Das bedeutet, will man in Grönland wie wir genau nach Westen (= 270 Grad) gehen, so muß man bei einer mittleren Mißweisung von 35 Grad West einem Kompaßkurs von 305 Grad folgen. Wir hatten uns die Formeln vorher auf die Karte geschrieben, um ja nicht in Zweifel zu geraten und besonders hinsichtlich des Vorzeichens (+/−) keine Fehler zu machen.
Für die westliche Mißweisung gilt:

Kompaßkurs = Kartenkurs + Mißweisung

oder umgekehrt für den Kartenkurs aus einer Peilung mit dem Kompaß:

Kartenkurs = Kompaßkurs − Mißweisung

Berücksichtigt man diese Mißweisung nicht oder gar falsch, so wäre das fatal. Es wird von einer Grönland-Expedition berichtet, die 150 Kilometer zu weit nördlich an der Westküste ankam und wegen eines Navigations- oder Vorzeichenfehlers gerettet werden mußte.
Halten wir's lieber mit Cäsar:
»*Ceterum censeo navigare necesse est!*«

Der Chill-Faktor

Von objektiven und subjektiven Temperaturen

Gerhard

Der von Anneliese liebevoll an den Kapuzen unserer Anoraks angenähte Pelzbesatz aus Fuchsfell sollte uns bei Wind und Wetter vor Erfrierungen im Gesicht schützen. Seine langen Haare verhinderten das Vereisen des Kapuzenrandes und damit den direkten Kontakt der vereisten Textilien mit der Haut. Gegen den starken Wind führten wir Sturmhauben aus Wolle sowie Gesichtsmasken mit, die nur noch Augen und Mund freiließen.

Gerade die exponierten Körperstellen wie Hände und Gesicht sind sehr anfällig. Das Problem dabei ist, daß man ein Erfrieren der Nasenspitze oder der Ohren in aller Regel erst bemerkt, wenn es zu spät ist.

Wind-Chill

Nicht allein die Temperatur ist es, die zu Erfrierungen führt. So wird trockene Kälte angenehmer empfunden als feuchte. Erst das Zusammenwirken von Temperatur *und* Wind bestimmt das physische Temperaturempfinden des Menschen. Im Fachjargon wird diese Tatsache *Wind-Chill* genannt.

Der Körper empfindet zum Beispiel eine Lufttemperatur von −10° C bei einer Windgeschwindigkeit von 30 km/h subjektiv als −27° C und bei einer Windgeschwindigkeit von 70 km/h bereits als −35° C. Die Erfrierungsanfälligkeit wird durch den Wind-Chill bestimmt und nicht nur durch die physikalische Temperatur. Die Ursache dafür ist, daß durch die stärkere Verdunstung an der Hautoberfläche und die raschere Abführung der Körperwärme durch den Wind die Haut faktisch schneller auskühlt.

Der Chill-Faktor

Der Zusammenhang zwischen objektiver Temperatur und windabhängig empfundener subjektiver Temperatur wird durch den *Chill-Faktor* beschrieben. Streng genommen handelt es sich dabei nicht um einen Faktor, sondern um einen funktionalen Zusammenhang zwischen physikalischer Temperatur und windabhängig empfundener Temperatur. Dieser Zusammenhang ist nichtlinear und wird deshalb in Tabellen oder als Graphik dargestellt.

In der hier wiedergegebenen Tabelle ist die *subjektiv empfundene Temperatur* in ° C eingetragen. Am linken Rand ist die effektive (physikalische) Lufttemperatur und am oberen Rand die Windgeschwindigkeit in km/h vermerkt. Große Gefahr besteht bei einer effektiven Temperatur von −20° C und einer Windgeschwindigkeit von 50 km/h. Hier wird eine subjektive Temperatur von −60° C empfunden, d. h. die Lufttemperatur wird dreifach so kalt empfunden.

Unsere eigene Erfahrung war, daß bereits bei einer Lufttemperatur von −5° C, bei einer Windgeschwindigkeit von 60 km/h und tropfender Nase leichte Erfrierungen an der Nasenspitze auftraten.

Erfrierungen

Erfrierungen im Gesicht und an den Händen erkennt man im Anfangsstadium als kleine leichenblasse Flecken. Bei Erfrierungsgefahr sind häufige gegenseitige Beobachtungen besonders wichtig. Umgehende Erwärmung, Reiben und die Behandlung mit Spezialcremes sind beim Auftreten solcher Flekken sofort vorzunehmen. Besser ist allerdings das rechtzeitige Aufbringen geeigneter Frostschutzcremes und das Anlegen von Gesichtsmasken.

In der hier wiedergegebenen Tabelle ist die subjektiv empfundene Temperatur in °C eingetragen. Am linken Rand ist die effektive (physikalische) Lufttemperatur und am oberen Rand die Windgeschwindigkeit in km/h vermerkt. Große Gefahr besteht bei einer effektiven Temperatur von −20°C und einer Windgeschwindigkeit von 50 km/h. Hier wird eine subjektive Temperatur von −60°C empfunden, d. h. die Lufttemperatur wird dreifach so kalt empfunden.

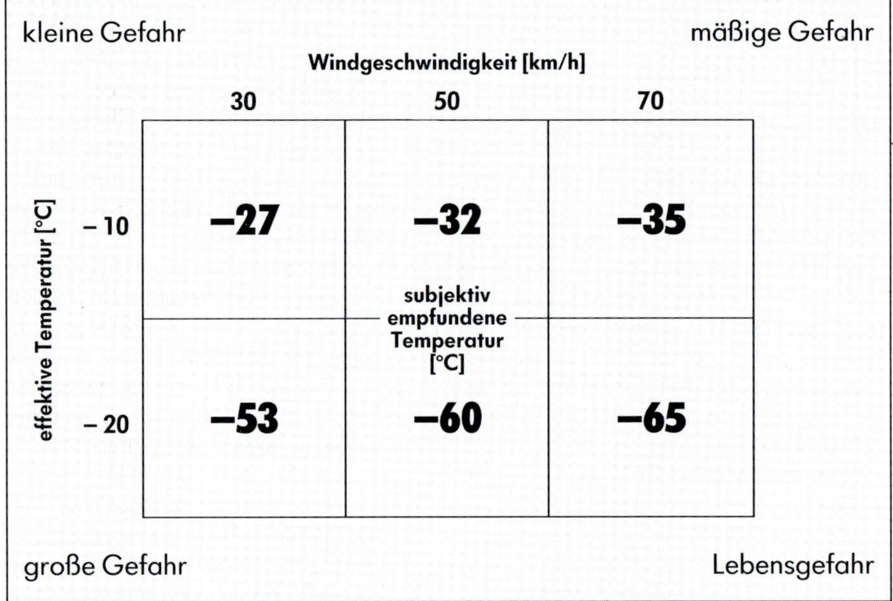

Search and rescue

Die Chancen, zu überleben ...

Gerhard

SAR (*search and rescue*) ist ein internationaler Begriff für Suche und Rettung in Not geratener Menschen zu Wasser und zu Land. Um diese Aufgabe kümmern sich mehrere internationale Organisationen. Am bekanntesten ist der Seenotrettungsdienst, der früher ausschließlich von speziellen Schiffen ausgeübt wurde und heute durch Flugzeuge und Hubschrauber unterstützt wird. Im Zeitalter orbitaler Satellitentechnik sind weltweit Satellitensysteme für SAR im Einsatz. Erste Voraussetzung für eine Rettung ist die Übermittlung der Position der in Not geratenen Personen. Hierzu sind ein Sender oder Funksprechgeräte erforderlich, die im Notfall die entsprechenden Notsignale ausstrahlen können. International wurden deshalb Notfrequenzen (500 kHz, 2128 kHz, 121.5 MHz, 243 MHz und 156.8 MHz) festgelegt, die von verschiedenen Funkdiensten benützt werden und unterschiedliche Reichweiten haben.

Für Satellitensysteme eignen sich nur Frequenzen über 100 MHz. Alle am zivilen Flugverkehr teilnehmenden Flugzeuge müssen mit einem Funksprechgerät mit der Notfrequenz 121.5 MHz ausgerüstet sein. Militärische Flugzeuge verwenden zusätzlich die 243-MHz-Notfrequenz. Alle Verkehrsflugzeuge sind verpflichtet, die Notfrequenz ständig empfangsbereit zu schalten.

Die Satellitensysteme sind für den Empfang der beiden Notfrequenzen im Flugfunkband ausgerüstet. Sie können nicht nur die Signale des Notsenders empfangen, sondern darüber hinaus auch noch die Position des Notsenders feststellen und an eine Bodenzentrale übermitteln, die dann die Rettungsmaßnahme einleitet.

Die Notausrüstung

In unserem Gepäck waren zwei Notsender und ein Flugfunksprechgerät. Für die Genehmigung einer Expedition in Grönland ist das Mitführen eines solchen Senders obligatorisch.
Wir führten zwei kleine *EPIRB*-Geräte (*E*mergency *P*osition *I*ndicating *R*adio *B*eacon) vom Typ *LTD 26* der englischen Firma LOCAT Developments Ltd. mit. Das geringe Gewicht von lediglich 500 Gramm war für uns entscheidend.

Funken im Eis

Als weiteren – lange diskutierten – Sicherheitsfaktor hatten wir ein tragbares *Flugfunksprechgerät,* Typ *AR 3201* von BECKER (118 – 136.975 MHz), in unserem Gepäck, mit dem wir direkten Kontakt mit Airlinern aufnehmen wollten, die auf der Atlantikroute Grönland überfliegen. Ein Problem warf allerdings die Stromversorgung auf, denn der Bleiakku entlädt sich – auch ohne Benutzung des Gerätes – bei grönländischen Außentemperaturen innerhalb von zwei Wochen. Weil wir aus Gewichtsgründen nicht auch noch Solarzellen mitnehmen wollten, bot sich als Lösung einzig die Verwendung einer *Lithiumbatterie* an.

Es war meine Aufgabe, das Gerät entsprechend zu modifizieren und auszutesten. Die Lithiumbatterien haben, vom hohen Preis abgesehen, gegenüber anderen Batterien nur Vorteile. Sie sind bei gleicher Kapazität leichter, bewahren vor allem bei tiefen Temperaturen nahezu die volle Kapazität und besitzen bei einer sehr geringen Selbstentladung eine Lebensdauer von mindestens fünf Jahren. Sie sind jedoch nicht wieder aufladbar, was natürlich ein Nachteil gegenüber einem Akku ist.

Wir haben eine Lithium-Batterie (mit einer Nennspannung von 14V, einer Kapazität von 6Ah und einem Leistungsvolumen von 75Wh) vom Typ *5 G 20 – ST 1* des Herstellers Silberkraft Leichtakkumulatoren GmbH in Duisburg mitgeführt. Die Kapazität dieser Batterie hätte für 60 Stunden Empfang oder eine Stunde Dauersendebetrieb ausgereicht, was uns für einen eventuellen Notfall ausreichend erschien. Ihr Gewicht beträgt 500 Gramm und ist damit um mehr als die Hälfte leichter als ein Bleiakku gleicher Leistung.

Rettung vom Inlandeis – eine teure Sache

Ein Notfall im grönländischen Eis ist eine heikle Angelegenheit. Da Selbsthilfe nur schwer möglich ist, muß dann, wenn ein Menschenleben in Gefahr ist und der Notfall erklärt wird, eine gigantische Maschinerie in Gang gesetzt werden. Es kommen dabei Suchflugzeuge und Hubschrauber – unter Umständen tagelang – zum Einsatz. Das kostet Unsummen. Deshalb verlangt das Grönlandministerium den Abschluß einer *hohen Versicherung* (vgl. Kapitel »Bücher, ...«).

Was passiert, wenn etwas passiert?

»Es darf nichts passieren!« hieß unsere Parole. Es war Teil unserer Vorbereitung, nichts dem Zufall zu überlassen und uns auch mit der Situation eines möglichen Unfalls oder widrigen Vorfalls mental auseinanderzusetzen und verschiedene derartige Situationen durchzuspielen. Wir haben uns *Leitsätze* gegeben, von denen einige hier aufgeführt seien:

1. Das Leben des Einzelnen ist wichtiger als das Ziel der Expedition
2. Es darf nichts passieren
3. Wir gehen nie außer Sichtweite
4. Ab dem Startpunkt gibt es kein Zurück, es gibt nur ein Ziel, die Westküste, denn die nächstgelegene Siedlung ist 200 km entfernt
5. Es gibt keinen ›point of return‹!
6. Wenn einer von uns stirbt, ist die Expedition gescheitert

Wir haben dann noch festgelegt, was zu tun ist, wenn etwas passiert, etwa:

1. Einer oder zwei geraten außer Sichtweite
2. Einer verletzt sich so, daß der Weitermarsch unmöglich wird
3. Einer erkrankt ernsthaft
4. Einer ist total erschöpft
5. Einer dreht durch
6. Einer verletzt sich tödlich oder stirbt

Die Überlebenschancen

Wir haben versucht, alles so sorgfältig zu planen, daß wir nicht unerwarteten Situationen ratlos gegenübergestanden wären.

Die Rettungschancen sind mitten im Eis bei einem ernsthaften Unfall oder einer schweren Erkrankung, die umgehende ärztliche Hilfe erfordern, sicherlich nicht all zu groß. Das war jedem von uns klar, und wir waren bereit, dieses Risiko einzugehen. Wir hatten uns schließlich ärztlich testen lassen und waren körperlich gut trainiert.

Welche Überlebenschancen hat z.B. ein Segler mitten auf dem Atlantik, wenn er sofortige ärztliche Hilfe benötigt? – Besteht da ein Unterschied zu einer Inlandeisdurchquerung? Der nächste Flugplatz war in unserem Fall 300 Kilometer entfernt, für einen Hubschrauber sind das zwei Flugstunden, wenn er uns gleich findet, wenn das Wetter einen Flug überhaupt zuläßt, wenn der EPIRB funktioniert, wenn, wenn, wenn ...

Bei all den technischen Möglichkeiten, über die wir heute verfügen, verbleibt bei jeder Expedition ein bestimmtes Restrisiko, ein Quentchen Ungewißheit. Darin liegt ja gerade der gewisse Reiz, sich dem Abenteuer einer arktischen Expedition zu stellen.

Für Fridtjof Nansen gab es kein SAR. Für ihn gab es nur ein Ziel, die Westküste zu erreichen. Darin bestand die einzige Chance, zu überleben.

Bücher, Kenner und Kontakte

Informatives

Gerhard

Expeditionen und längere Ausflüge ins Inlandeis, aber auch Kajaktouren bedürfen einer Genehmigung durch das *Grönlandministerium* in Kopenhagen. Man teilt dem Ministerium die beabsichtigte Unternehmung mit und erhält ein mehrseitiges Antragsformular zugeschickt. Gleichzeitig informiert das Ministerium den ›*Arctic Expedition Adviser*‹ *Gunnar Jensen*, der den Antragstellern seine Dienste anbietet (vgl. ›Adressen‹). Er hat bereits viele internationale Expeditionen beraten, für die Dänische Regierung eine Station im Nordosten Grönlands aufgebaut und viele Unternehmungen koordiniert. Die zahlreichen Posters an der Wand seines Büros sowie die Danksagungen wissenschaftlicher und sportlicher Expeditionen dokumentieren seine Tätigkeit.

Wichtige Adressen	
Gunnar Jensen Kastanie Allé DK 3520 Farum	Arctic Expeditions Advisor Beratung, Erledigung aller Formalitäten
Statsministeriet Grønlandsdepartement Hausergade 3 DK 1128 København K	Expeditionsantrag
Justitsministeriet Slotsholmgade 10 DK 1216 København K	Genehmigung Gewehr
Grønlands Tekniske Organisation (GTO) Hauser PL. 20 DK 1127 København K	Genehmigung Funkgerät
Geodætisk Institut Rigsdagsgåden 7 DK 1218 København K	Landkarten, Luftbilder
Grønlandsfly (Greenlandair) DK 3900 Nuuk	Inlandflüge
Greenlandair Charter A/S P.O. Box 1012 DK 3900 Nuuk	Hubschrauber Charter-Kosten: Bell 212: ca. 19000 DKK/h Bell 206: ca. 9000 DKK/h
KNI (Kalaallit Niuerfiat) Postbox 8100 DK 9220 Ålborg	

Chronologische Bibliographie	
Fridtjof Nansen	Paa ski over Grønland, 2 Bde., Kristiania 1890
Fridtjof Nansen	Auf Schneeschuhen durch Grönland, 2 Bde., Verlagsanstalt & Druckerei AG, Hamburg [1]1891 und [2]1897
Fridtjof Nansen	In Nacht und Eis, 2 Bde., Leipzig 1897, und 1 Supplementband von Nordahl/Johansen, Leipzig 1898
Alfred Wegener	Mit Motorboot und Schlitten in Grönland, Velhagen und Klasing, Hamburg 1930
Heinz Sprusel	Fridtjof Nansen – das Gewissen der Welt, Büchergilde Gutenberg, Frankfurt/M. 1951
Alfred Wegener	Tagebuch eines Abenteuers (mit 9 Pferdeschlitten quer durch Grönland), Brockhaus, Wiesbaden 1961
Peter Lechart	Deutsche Grönlandexpedition 1970, Private Mitteilung
Rolf Bökemeier	Leben im hohen Norden – Grönland, Mondo Verlag, Lausanne 1980; ISBN 3-7169-1116-X
Helmut W. Flügel	Alfred Wegeners vertraulicher Bericht über die Grönlandexpedition 1929, Akademische Buch & Verlagsanstalt, Graz 1980; ISBN 3-201-01128-2
Fridtjof Nansen	Auf Schneeschuhen durch Grönland, Ullstein (Safari TB Nr. 3204), Frankfurt/M. 1981; ISBN 3-548-32041-4
Arved Fuchs	Abenteuer Arktis, Pietsch, Stuttgart 1982; ISBN 3-87943-901-X
Arved Fuchs	Spuren im Eis, Pietsch, Stuttgart 1984; ISBN 3-87943-969-9
Hans Egede	Die Heiden im Eis, Thienemann (Edition Erdmann), Stuttgart 1986; ISBN 3-522-60150-5
Walter Stein	Astronomische Navigation, Delius Klasing, Bielefeld 1986; ISBN 3-87412-019-8
Rita Traversier	Sermiligaq (wo die Eisberge herkommen), Steiger, Bärwang i. Tirol 1986; ISBN 3-85423-057-5
Alfred Ludwig	Grönland – Mai's Weltführer Nr. 35, Reiseführer mit Landeskunde, Buchschlag bei Frankfurt 1987; ISBN 3-87936-165-7
Robert Peroni	Der weiße Horizont, Ullstein (Nr. 34377), Frankfurt/M. 1987; ISBN 3-548-34377-5
Michael Vogeley	Wo Berge segeln, in: Berge '88 – Alpenvereinsjahrbuch, Bergverlag Rudolf Rother, München 1987; ISBN 3-7633-8084-5
Gerd Zipper	Grönland, Syro, Gleichen 1987; ISBN 3-921885-67-1
Michael Köhlmeier	Spielplatz der Helden, Piper, München 1988; ISBN 3-492-03203-6
Heide Wilts	Wo Berge segeln – Mit der Freydis in die Arktis, Delius Klasing, Bielefeld 1988; ISBN 3-7688-0605-7

Literatur zum Thema Nansen als Skipionier	
W. C. Brögger, N. Rolfsen	Fridtjof Nansen 1861–1896, Berlin 1898
Arthur E. Imhof	Grundzüge der nordischen Geschichte, Darmstadt 1985
Fridtjof Nansen	Norwegen und die Union mit Schweden, Leipzig 1905
Ludwig Nockher	Fridtjof Nansen, Stuttgart 1955
Adolf Erik Freiherr von Nordenskjöld	Grönland, Leipzig 1886
Rolf A. Odiin	Kollen – konger i 100 år, Oslo 1979
Österreichischer Ski-Verein	Zwanzig Jahre Österreichischer Ski-Verein, Wien 1912
Julius Freiherr von Payer	Die österreichisch-ungarische Nordpol-Expedition in den Jahren 1872–1874, Wien 1876
Wolfgang Sonntag	Fridtjof Nansen – Ein Held des Friedens, Weimar 1957
Heinz Sponsel	Fridtjof Nansen, Frankfurt/M. 1952
Jakob Vaage	Norske ski erobrer verden, Oslo 1952
Klaus C. Wildt	Daten zur Sportgeschichte, Teil 2 (Europa von 1750 bis 1894), Schorndorf 1972

Literatur zum Thema Ernährung/Leistung	
F. Reuss (Universität Ulm)	Persönliche Mitteilung 1989
N. Kaminsky	Fuel Metabolism in the Long Distance Runner in: Appenzeller, O. and Aktison (Eds.), Sportsmedicine, Baltimore 1983, p. 99
O. Appenzeller	Lipid Metabolism in: Appenzeller, O. and Aktison (Eds.), Sportsmedicine, Baltimore 1983, p. 76
F. Hack, G. Seefried, U. Brauner, W. Gassner, M. Weiss, H. Weicker	Einfluß der Außentemperatur auf leistungsphysiologische, thermoregulative und hormonellmetabolische Sofortreaktionen in Ruhe und unter submaximaler Belastung in: Kurzfassungen der Autorenreferate, Deutscher Sportärztekongress, Berlin 1984
R. Donath, K. P. Schüler	Ernährung der Sportler Sportverlag Berlin 1979, S. 55

Der *Fragebogen* ist sorgfältig auszufüllen. Es werden genaue Angaben über die beabsichtigte Routenführung, Zeitplan, Ausrüstung und die persönliche Erfahrung der einzelnen Teilnehmer verlangt.

Das Ministerium kann im Zweifelsfall die Erlaubnis verweigern. Für die Genehmigung einer Expedition ist der Abschluß einer *Versicherung* sowie das Mitführen eines *Notsenders* (EPIRB) zwingend vorgeschrieben.

Die erforderlichen *Versicherungssummen* betrugen für die TGSE:

1. SAR (Suche und Rettung) 400000 DKK
2. Ambulanz 250000 DKK
3. Bergung 250000 DKK

Unsere Schlitten auf dem Flugplatz von Nuuk, der Hauptstadt von Grönland. Von hier gehen die meisten Flugverbindungen.

Man kann sich vorstellen, daß es nur wenige Gesellschaften gibt, die solche Risikoversicherungen abschließen. Unser Abschluß mit einem namhaften Assekuranzunternehmen kam dank der Vermittlung unseres Schirmherrn Josef Ertl unproblematisch zustande.

Für die Benützung eines Flugfunksprechgerätes ist ein entsprechender Antrag an die *Grönlands Tekniske Organisation (GTO)* zu richten. In der Regel wird verlangt, daß mindestens ein Teilnehmer ein *Flugfunksprechzeugnis* besitzt.

Ebenso ist das Mitführen eines *Gewehres* genehmigungspflichtig. Der Antrag hierfür ist an das Justizministerium zu richten. Der Bürokratismus wird vermieden, wenn man das Gewehr vor Ort in Grönland besorgt, wo man es in vielen Läden unproblematisch kaufen kann.

Transport

Die ›gewichtige‹ Expeditionsausrüstung, die in unseren Fall über 400 kg betrug, schickt man am besten per Schiff voraus. Vom dänischen Hafen *Ålborg* aus werden alle wichtigen Häfen an der West- und Ostküste Grönlands von der *KNI* (Kalaallit Niuerfiat) angelaufen. Ganzjährig ist *Nuuk* an der Westküste per Schiff erreichbar.

Flugverbindungen

Von Europa ist Grönland entweder über Reykjavík oder Kopenhagen per Flugzeug zu erreichen. Die beste und preiswerteste Verbindung bietet die *SAS* von *København* (Dänemark) nach *Søndre Strømfjord* als APEX-Flug an. Diese Flugverbindung wird mit einer bequemen *DC10* im Sommer dreimal wöchentlich aufrechterhalten.

Von *Reykjavík* (Island) werden Flugverbindungen nach *Angmagssalik* an der Ostküste von einer privaten Fluggesellschaft angeboten. Die isländische Fluggesellschaft *Icelandair* fliegt *Narssarssuaq* im Süden der Insel an. Inlandflüge werden von der Grönländischen Fluggesellschaft *Grønlandsfly* (Greenlandair) mit viermotorigen *Dash 7*-Maschinen und vor allem mit *S61*-Hubschraubern durchgeführt, dem wichtigsten Verkehrsmittel auf der Insel. Wir haben für unsere Anreise die Verbindung von München über Kopenhagen nach Søndre Strømfjord an der Westküste gewählt. Von dort mußten wir allerdings nach Angmagssalik zur Ostküste zurückfliegen. Flugverbindung und Wetter ermöglichten uns eine schnelle Anreise zu unserem Startpunkt in *Umivik* in nur zwei Tagen.

Kartenmaterial

Vom *Dänischen Geodätischen Institut* werden sowohl Karten als auch Luftbilder vertrieben. Es gibt eine Übersichtskarte von Grönland im Maßstab 1:5 Mio. und von den Küstengebieten Karten im Maßstab 1:250.000. Von der Umgebung von *Nuuk* gibt es sogar eine im Maßstab 1:100.000. Eine nützliche Ergänzung sind die Fliegerkarten im Maßstab 1:1 Mio. der US-Air-Force, die sogenannten *ONC-Karten*. Alle Karten erhält man z. B. in der GEO-Buchhandlung in München.

Vom Küstenbereich *Umivik* (Start und Aufstieg) und vom *Austmannadalen* (Ankunft und Abstieg) besorgten wir uns Luftbilder im Maßstab 1:150.000 und 1:40.000. Da sie mit entsprechender Überlappung aufgenommen worden sind, konnten wir sie unterm Stereoskop betrachten. Der dreidimensionale Eindruck war wegen der Überhöhung geradezu furchterregend, und die Spaltenzone erschien als unbegehbares Gelände.

Auf den Spuren des Skilaufs

Nansen – ein Skipionier?

Ekkehart Ulmrich

Keine Sportart kann das Geburtsjahr ihrer modernen Entwicklung so genau angeben wie der Skisport: Mit Fridtjof Nansens erfolgreicher Durchquerung Grönlands auf Skiern in 42 Tagen vom 16. August bis 26. September 1888 begann seine ›Wiederentdeckung‹. In einem atemberaubenden Sturmlauf von nur knapp zwei Jahrzehnten eroberte der Ski die Welt. Anfangs versuchten sich – bespöttelt, verlacht und meist vergebens – die ersten Nansenverehrer in dieser neuen und schweren Bewegungskunst auf sperrigen Hölzern. Doch schon 1897 glückte dem 24jährigen Studenten Wilhelm Paulcke mit seinen Schwarzwälder Freunden die Durchquerung der Berner Alpen auf Skiern, und bereits 1904 standen die ersten Skiläufer auf Europas höchstem Berg, dem Montblanc.

Nach 100 Jahren ...

Hundert Jahre nach Nansens Grönlandfahrt treiben etwa 40 Millionen Menschen in der ganzen Welt Skisport, über 20.000 Seilbahnen und Lifte ersparen den Alpinfahrern die Mühen des Aufstiegs. Seit 1924 ist der Skisport olympisch, Skiweltmeisterschaften fanden im ›Sommer‹ in der südlichen Hemisphäre statt. Selbst auf Hawaii gibt es ein seilbahnerschlossenes Skigebiet. Steilwandfahrer scheuen vor den steilsten Bergflanken nicht zurück, und sogar Himalajariesen werden auf Skiern befahren. Die hohe Kunst des Skilaufs wurde von den Freestylern ins Akrobatische gesteigert. Der Geschwindigkeitsrekord auf Skiern liegt jenseits der Grenze von 200 Stundenkilometern, und die Skiflieger haben Mühe, wieder auf der Erde zu landen.

All dies hat Fridtjof Nansen durch seine wagemutige Grönlanddurchquerung ausgelöst. Ohne ihn wäre die Geschichte des Skisports gemächlicher verlaufen.

Der Polarforscher Fridtjof Nansen (Porträt aus Originalausgabe).

Nordischer Nationalsport

»Das Schneeschuhlaufen ist der nationalste aller nordischen Sports und ein herrlicher Sport ist es; – wenn irgend einer den Namen des Sports aller Sports verdient, so ist es dieser. Nichts stählt die Muskeln so sehr, nichts macht den Körper elastischer und geschmeidiger, nichts verleiht eine größere Umsicht und Gewandtheit, nichts stärkt den Willen mehr, nichts macht den Sinn so frisch wie das Schneeschuhlaufen. Kann man sich etwas Gesünderes oder Reineres denken, als an einem klaren Wintertag die Schneeschuhe unter die Füße zu schnallen und waldeinwärts zu laufen? Kann man sich etwas Feineres oder Edleres denken als unsere nordische Natur, wenn Schnee ellenhoch über Wald und Berg liegt? Kann man sich etwas Frischeres, Belebenderes denken, als schnell wie der Vogel über die bewaldeten Abhänge dahinzugleiten, während die Winterluft und die Tannenzweige unsere Wangen streifen und Augen, Hirn und Muskeln sich anstrengen, bereit, jedem unbekannten Hindernis auszuweichen, das sich uns jeden Augenblick in den Weg stellen kann? Ist es nicht, als wenn das ganze Kulturleben auf einmal aus unseren Gedanken verwischt wird und mit der Stadtluft weit hinter uns zurückbleibt, – man verwächst gleichsam mit den Schneeschuhen und der Natur. Es entwickelt dies nicht allein den Körper, sondern auch die Seele, und hat eine tiefere Bedeutung für ein Volk, als die meisten ahnen.«

Neu waren nicht nur die Bewunderung erregenden Bewegungsformen dieses Skisports, sondern auch seine Nomenklatur: Das norwegische »ski« mußte in Nansens Buchtitel noch mit »Schneeschuhe« übersetzt werden, und unter einer »Schanze« konnte sich der Leser damals noch kaum das Richtige vorstellen.

Nansens Jugend

Fridtjof Nansen waren seine Erfolge nicht unbedingt in die Wiege gelegt: Fridtjof wird 1861 auf einem Gut, unmittelbar in der Nähe der Hauptstadt Kristiania (dem heutigen Oslo), geboren. Vierjährig steht er erstmals auf Skiern. Er hält sich nicht lange an die Anweisung, nur von halber Höhe über die Schanze zu springen. Mit zwanzig Jahren erreicht er am *Holmenkollen,* bei dem bis heute traditionsreichsten und bedeutendsten Springen der Welt, den siebten Rang. Im selben Jahr wirbt in Kleve am Niederrhein anläßlich der *Internationalen Jagdausstellung* in der großen norwegischen Skischau ein Plakat für den neuartigen Freiluftsport, das den jungen Fridtjof Nansen zeigt.

Nansens Leistungen in der Schule schwanken. Naturwissenschaftliche Probleme löst er bisweilen auf verblüffende Weise, andererseits ist er oft wenig bei der Sache. Seine Geschwister hänseln ihn als ›Trödelfritzen‹, wenn er gedankenverloren vergißt, seinen zweiten Strumpf anzuziehen. Stubenhocker will er nicht sein, deshalb studiert er Zoologie. »Was ist Leben, wo ist sein Anfang, sein Ende? Sein Professor rät ihm, mit einem Robbenfänger ins Eismeer zu fahren, um das dortige Tierleben wissenschaftlich zu beobachten, ebenso Wind und Wetter, Schnee und Eis. Diese Seereise bestimmte Nansens weiteren Lebensweg.

Auf Skiern durch Grönland?

»Auf Schneeschuhen durch Grönland beginnt mit den Sätzen: »Es war im Sommer 1882, als ich an Bord des norwegischen Seehundfängers ›Viking‹ unter dem noch unbekannten Theil der grönländischen Ostküste ... im Eise stecken blieb. 24 Tage lagen wir dort fest, und mit jedem Tage wurden wir zum Entsetzen der Besatzung der felsigen Küste näher getrieben. Die Berggipfel und Gletscher dort hinter dem Treibeise lagen am hellichten Tage da und glänzten. Am Abend und zur Nachtzeit, wenn die Sonne sie bei ihrem Rundgang berührte und den Horizont hinter ihnen in ein Feuermeer verwandelte, trat ihre wilde Schönheit noch mehr hervor. Daß das Fernrohr vom Großmast aus mehr als einmal am Tage gen Westen gerichtet wurde, und daß diese ganze unbekannte Welt meine junge Seele zu sich hin zog und lockte, ist wohl kaum zu verwundern. Unablässig grübelte ich darüber nach, *wie* diese Küste zu erreichen sei, die so Viele vergebens gesucht haben, und ich kam zu dem Resultat, *daß* sie zu erreichen sein, wenn nicht *durch* das Eis vermittels eines Schiffes – wie man das früher versucht hatte – so doch *über* dasselbe, und zwar indem man Boote hinter sich herzog. Ich wollte sogleich einen Versuch machen und allein über das Eis an Land spazieren. Dies Vorhaben scheiterte jedoch an dem Kapitän, der es unter den obwaltenden Verhältnissen nicht verantworten zu können glaubte, daß irgend jemand das Schiff auf längere Zeit verließ.«

Vorbild und Förderer Nansens war der schwedische Forscher *Adolf Erik Freiherr von Nordenskjöld.* Wie die Nachricht von dessen Grönlandexpedition auf ihn wirkte, hat Nansen in seinem Buch festgehalten: »Es war an einem Herbstabend im darauffolgenden Jahr – also 1883 – , ich erinnere mich dessen, als sei es gestern gewesen. Ich saß und hörte gleichgültig zu, wie aus Zeitungen vorgelesen wurde. Da fesselte meine Aufmerksamkeit plötzlich ein Telegramm, welches berichtete, daß Nordenskjöld glücklich von seiner Expedition nach Grönlands Innerem zurückgekehrt sei, daß er keine Oasen, sondern nur endlose Schneefelder gefunden habe, auf welchen seine beiden Lappen in kurzer Zeit eine unglaubliche Strecke zurückgelegt und sich äußerst günstig über die Schneeschuhbahn geäußert haben sollten. Der Gedanke, Grönland auf Schneeschuhen von einer Küste bis zur anderen durchzudringen, durchzuckte mich wie ein Blitz. Der Plan war fertig, so wie er später vorgelegt und ausgeführt wurde. Mein Plan war in Kürze der folgende: Wenn man eine Expedition kräftiger Schneeschuhläufer auf zweckmäßige Art ausrüstete, so mußten diese imstande sein, Grönland zu durchqueren, falls sie von der richtigen Seite anfingen; dieser letzte Punkt aber war von großer Wichtigkeit.«

Kein Zurück!

Nansens Plan war es, sich – entgegen allen bisherigen Versuchen – von der unwirtlichen Ostküste zur zivilisierten Westküste durchzuschlagen, in der nüchternen Erkenntnis, daß »die Ostküste kaum einen einzigen zur Umkehr verlocken würde, während vor uns die Westküste liegt, die uns mit allen Annehmlichkeiten der Civilisation winkt und zu sich zieht. Da ist keine andere Wahl – nur vorwärts! Die Parole würde lauten: Der Tod oder Grönlands Westküste. Im Grunde hatten alle Expeditionen vor ihm versucht, mit *Seeleuten* an Land vorwärts zu kommen. Nansen wählte dagegen Landsleute aus, die hervorragende und in erster Linie ausdauernde Skiläufer waren. Und vor allem: Nansen war der beste von ihnen.

Nansen – das Gewissen der Welt

Blickt man auf Nansens Leben zurück, so war seine erfolgreiche Grönlandexpedition erst der Anfang eines ereignisreichen Werdeganges, der vom Polarforscher hin zum leidenschaftlichen Patrioten führte, der Norwegen mit zu seiner nationalen Selbständigkeit verhalf und der weiterführte zu jenem *Friedenspionier Fridtjof Nansen*, der für seine humanen Missionen in Rußland, Griechenland und Armenien, bei denen er im Auftrag des Völkerbundes nach dem Ende des Ersten Weltkrieges die entsetzlichen Nöte und Leiden zahlloser Menschen lindern half und

Unser Zeltplatz am Morgen des 17. August (Nansen).

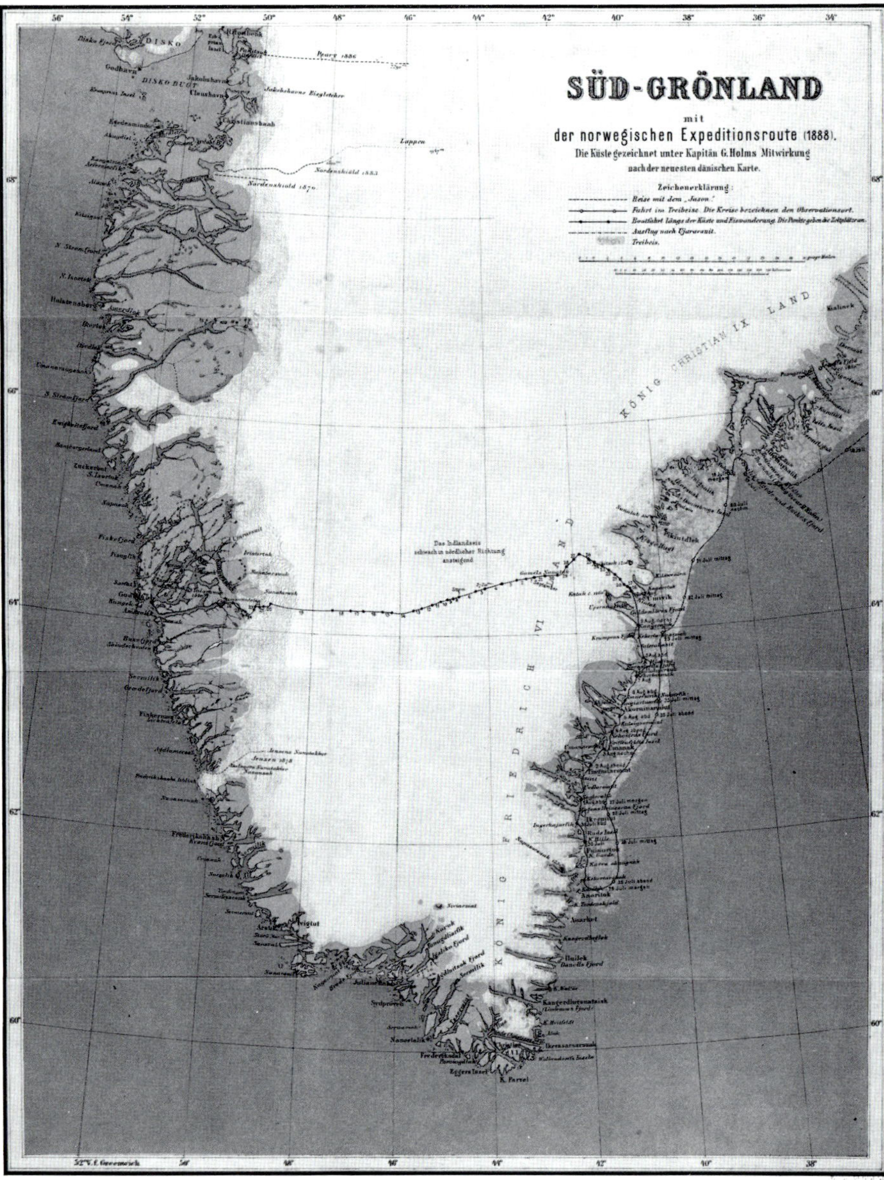

Weit nach Süden mußte F. Nansen mit seinen Booten bis er durch den Packeisgürtel an die Küste gelangte. Mühsam ruderte er und seine Gefährten nach Norden zum Startpunkt seiner Inlandeisdurchquerung. Die Karte zeigt die Anreise mit den Booten und die Route durchs Inlandeis.

den *Nansen-Paß* einführte, 1922 mit dem *Friedensnobelpreis* geehrt wurde. Als Fridtjof Nansen am norwegischen Nationalfeiertag am 17. Mai 1930 beerdigt wurde, sagte der Rektor der Universität Kristiania an seiner Urne: »In seiner Versöhnungsarbeit sehen wir den Keim zu einem neuen Völkergeist und Völkerrecht, zu einer Entwicklung, die vielleicht einmal in der Zukunft seinem Leben eine größere Bedeutung geben wird, als wir heute zu überschauen vermögen.« Nicht umsonst ist er der erste Bürger der Welt genannt worden. Sogar der *Simplicissimus*, damals Europas gefürchtetste satirische Zeitschrift, verneigt sich in Achtung vor dem Toten: »Norwegen hat ihn geboren. Die Welt hat ihn verloren.«

Norwegen und der Skilauf

Wenn wir Nichtskandinavier Nansen als Begründer des modernen Skisports in Beschlag nehmen, so sehen wir ihn durch die Brille des ›nur‹ Sportbegeisterten. Im Grunde wollte er mit seinem Buch etwas ganz anderes erreichen. Er schrieb es zuallererst für seine norwegischen Landsleute, um ihr patriotisches und politisches Selbstwertgefühl zu wecken und zu stärken, zu einer Zeit, in der Norwegen, eine von dieser Welt nicht beachtete Provinz mit kaum mehr als zwei Millionen Einwohnern, durch *Björnson*, *Ibsen*, *Grieg* und

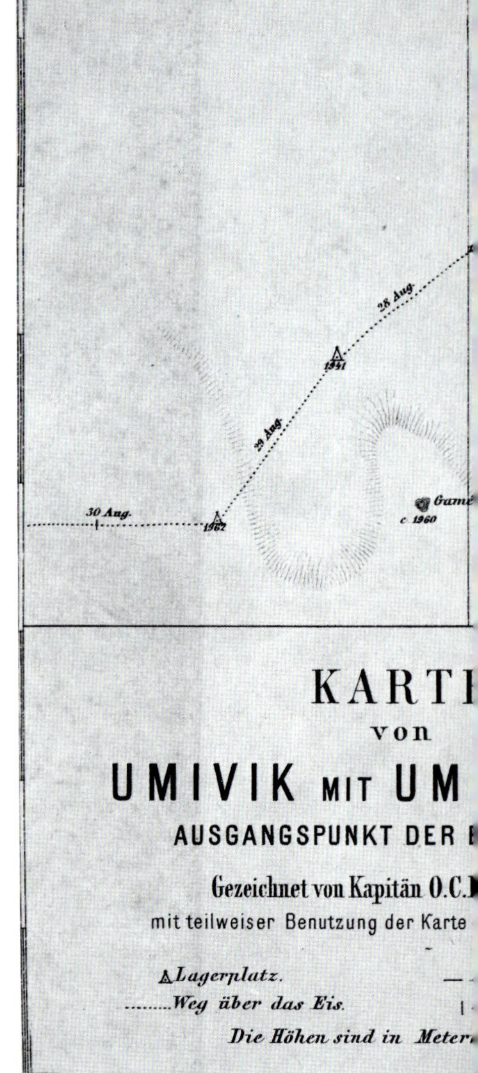

Die Karte zeigt den Aufstieg zum Inlandeis von F. Nansen im August 1988. Die Nunatakker wurden von ihm vermessen und benannt.

Munch ins Rampenlicht des Weltinteresses rückt. Nur auf diesem geschichtlichen Hintergrund wird die nationale Begeisterung für die ›Welterfolge‹ Nansens verständlich. Als er nach seiner zweiten, drei Jahre dauernden Polarexpedition 1896 zurückkehrt, schildert er den Empfang durch seine Landsleute so: »Die ganze Bucht von Pepperviken war eine einzige Masse von Booten und Leuten und Flaggen und wehenden Wimpeln. Dann donnerten von jedem Kriegsschiffe dreizehn Schüsse, und das alte Fort Akershus folgte mit seinen dreizehn dröhnenden Salven, daß es von den Hügeln ringsum widerhallte.«

Die Rede

Am 17. Mai 1905 fordert *Fridtjof Nansen* in seiner von aller Welt beachteten Rede zum Nationalfeiertag »Recht und Freiheit nach außen«, und erklärt: »Wir bedauern oft, daß wir nur ein armes Volk sind. Aber haben wir wirklich Anlaß, die mächtigen Staaten zu beneiden? Ich glaube nicht. Denkt einmal die kleinen Nationen aus der Welt weg! Was bleibt? Fast immer sind die großen Fortschritte der Menschheit von den kleinen Völkern ausgegangen, angefangen vom Zeitalter der Juden und Griechen über die kleinen italienischen Republiken der Renaissance bis in unsere Gegenwart. Dies hat einen tiefen Grund. Nicht große Mächte und Menschenmassen fördern die wahre Kultur. Die großen Staaten verschwenden ihre Macht für ihr Prestige, für die Zerstörungsmittel, mit denen sie ihre Macht verteidigen müssen. Wir kleinen Staaten aber können an uns selbst arbeiten! ... Eines ist außer Zweifel: In Schornsteinen, Warenhäusern und Kriegsschiffen können wir niemals mit den großen und reichen Ländern in Wettbewerb treten. Aber das Wachstum und die Tiefe des geistigen Lebens sind von ganz anderen Dingen abhängig als von Volksmasse,

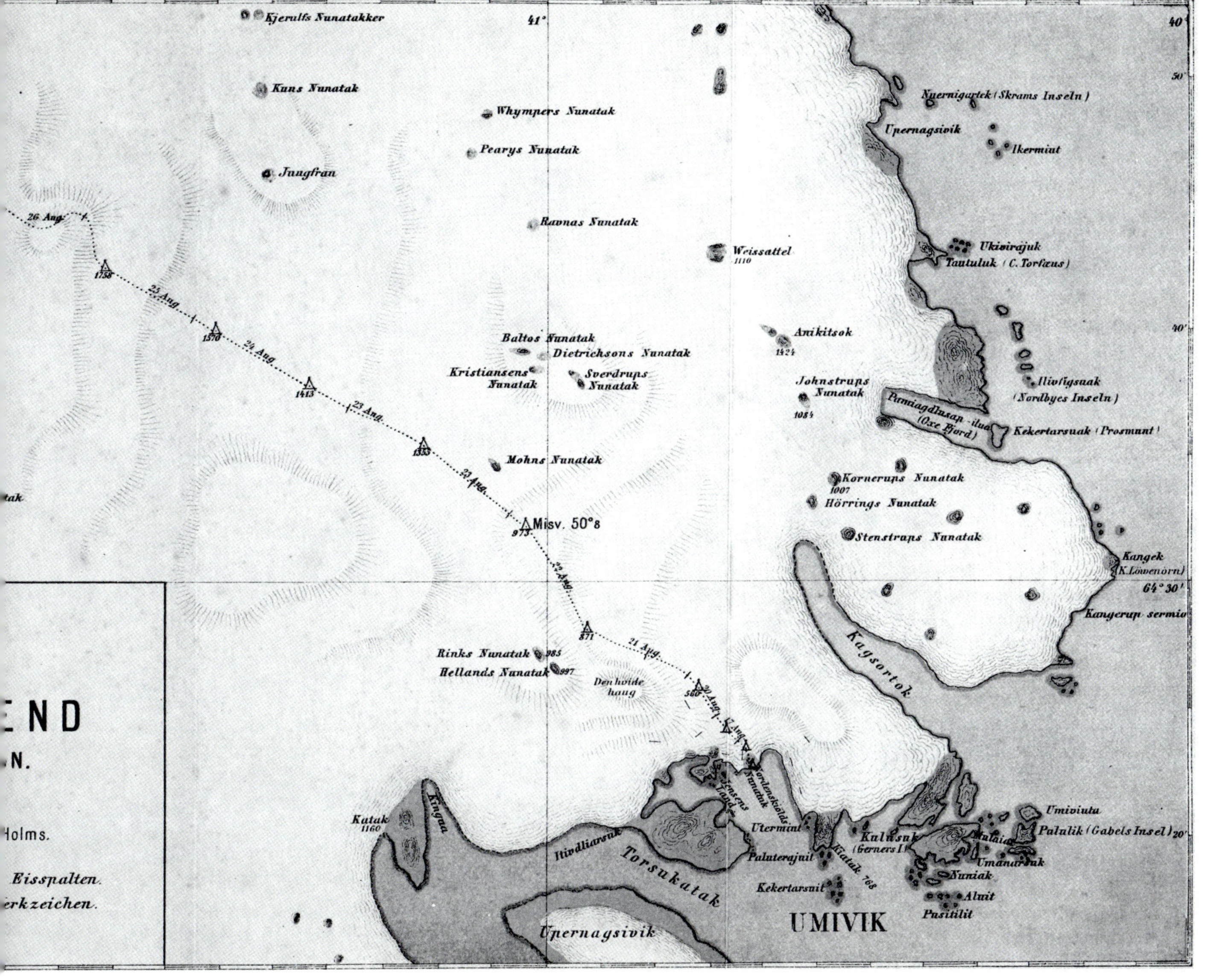

von der Kraft des Kapitals und der Anzahl der Geschütze. Wir sind ein Volk, das die Geduld und den Frieden liebt. Doch eines sollen alle wissen: Wir lassen uns nicht in den Boden treten! Es gibt im Leben des Volkes wie im Leben des Einzelmenschen Augenblicke, in denen es gilt, lieber ehrenvoll (zu) fallen als schmachvoll (zu) leben. Mit unserem Recht wollen wir stehen oder fallen.«

Diese Sätze haben für uns noch heute eine bestürzende Aktualität. Sie zählen zu den großen Worten, die in der Geschichte der Menschheit den Schwachen Mut machten, sich der Macht der Starken nicht zu beugen.

Drei Monate nach dieser Rede geben 368392 Norweger ihre Stimme für die Unionsauflösung mit Schweden ab, 184 sind dagegen. Schweden antwortet mit Kriegsdrohung, und beide Länder mobilisieren. Nansen reist nach London und ringt der englischen Krone eine Art Garantieerklärung für das unterlegene Norwegen ab: Die Krise ist gebannt. Im Oktober begibt sich Nansen als »privater Repräsentant der Regierung nach Kopenhagen, um Prinz Carl die norwegische Krone anzutragen. Im November zieht Carl als Haakon VII., König von Norwegen, in die Hauptstadt ein. Nansen lehnt es ab, in die Regierung einzutreten, ist jedoch bereit, für zwei Jahre den Botschafterposten in London anzunehmen.

Skipioniere und nordische Tradition

Die Schwarzwälder um *Wilhelm Paulcke*, die Schweizer um ihren Skivater *Cristof Iselin* haben vor allen anderen gespürt, daß sie mit dem Skilauf nicht nur eine Sportart, sondern lebendiges norwegisches Kulturgut übernahmen. Paulcke war von allen Skipionieren, deren Wirken nicht zufällig und vereinzelt, sondern historische Folgen hatte, der einzige, der den Skisport in Norwegen mit eigenen Augen gesehen und in sich aufgenommen hatte. Mit Ehrfurcht vor dem großen Lehrmeister Norwegen verstanden sich diese Männer als Schüler, und sie achteten darauf, sich die hohe Kunst des Skilaufs unverfälscht anzueignen. Deshalb die Hingabe, sich als Norweger zu kleiden, sich nordisch zu geben, Norweger als die großen Vorbilder nach Europa einzuladen, um sich von ihnen in die Geheimnisse des Laufens und vor allem des Springens einweihen zu lassen. Noch lange nach dem Zweiten Weltkrieg war es bei großen internationalen Skispringen üblich, nach dem Wettbewerb in gemeinsamer Runde ein norwegisches Skilied zu singen. Nicht nur der erste alpine *Skiclub in Todtnau* sicherte sich Fridtjof Nansen als Schutzpatron und ernannte ihn zum Ehrenmitglied, auch der *Österreichische Skiverein* trug ihm die Ehrenpräsidentschaft an, vergab *Nansenmedaillen* für die Sieger in nordischen Skiwettbewerben und nannte die erste Skihütte in den Alpen auf dem 1733 m hohen Stuhleck nach ihm. Noch heute steht nahe Mürzzuschlag das *Nansen-Heim*.

Bergabwärts im Walde. F. Nansen gilt als Begründer des alpinen Skilaufs.

Der Sprung. F. Nansen war auch ein Meister im Skispringen. Die Norweger wurden zu Lehrmeistern der Europäer im Skilauf und Skisprung.

Jakob Vaage, langjähriger Leiter des Holmenkollen-Skimuseums, nennt 1952 sein Buch über die Norweger, die den Skilauf aus dem Land hinaustrugen, »Norske ski erobrer verden« – Norwegische Skier erobern die Welt:

Der Heimat des Skisports mit ihrem großen Sohn Fridtjof Nansen zu gedenken und zu danken war Anlaß, nach hundert Jahren auf historischen Spuren erneut Grönland auf Skiern zu durchqueren.

Das Prinzip: Ausdauerleistung

Die Grönlanddurchquerung aus sportmedizinischer Sicht

Dr. med. Kurt Steininger

Am Anfang dieses Kapitels möchte ich es als Oberarzt der Abteilung Sport- und Leistungsmedizin der Universitätsklinik Ulm (Leiter: Prof. Dr. M. Stauch) nicht versäumen, den Teilnehmern der *T*rans*G*rönland-*S*chneeschuh *E*xpedition für die vollbrachte psychische und vor allem physische Leistung meine Bewunderung und Anerkennung auszusprechen. Ich glaube, daß nur Menschen, die solche oder ähnliche Strapazen überstanden haben, wissen, wo die Grenze der körperlichen Leistungsfähigkeit liegen kann. Es ist gewiß auch nicht so, daß jeder Mensch eine derartige Belastung durchstehen bzw. ohne Schaden überstehen kann. Denn um ein solch lebensgefährliches Abenteuer unbeschadet hinter sich zu bringen, sind natürlich gewisse Voraussetzungen unabdingbar.

Wichtige Grundeigenschaften

Im Vordergrund steht hierbei neben der notwendigen materiellen Ausrüstung die *Fitness* der Beteiligten, wobei dieser Begriff in zwei große Teilbereiche zerlegt werden kann. Gemeint ist damit der psychische oder geistige und der physische oder körperliche Bereich.

Nur bei Intaktsein und harmonischem Zusammenspiel dieser beiden Teilbereiche ist der Mensch zur absoluten Höchstleistung fähig. Gerade für solch eine extreme Belastung, wie es die TGSE mit sich brachte, muß ein Höchstmaß an *Willenskraft* und *Motivationsfähigkeit* vorliegen, ebenso wie die Fähigkeit zur optimalen Streßverarbeitung. – Doch ich möchte hier nicht zu sehr in den psychischen Bereich vordringen, sondern mich mehr mit den körperlichen Voraussetzungen befassen.

Um eine solche Leistung wie die vorliegende zu vollbringen, ist meines Erachtens schon mehr als nur ein gewisses körperliches Wohlbefinden nötig. Der solcherart belastete Mensch muß in der Ausprägung seiner motorischen Grundeigenschaften weit über dem Durchschnitt liegen, und – eine weitere wesentliche Voraussetzung – er muß sowohl hinsichtlich seiner Organe (vor allem Herz-Kreislauf) als auch des Haltungs- und Bewegungsapparates vollkommen *gesund* und ausbelastbar sein.

Obwohl sich die wichtigen fünf motorischen Grundeigenschaften *Ausdauer*, *Kraft*, *Beweglichkeit*, *Schnelligkeit* und *Geschicklichkeit* im Rahmen der normalen Entwicklung des Menschen immer mehr verbessern, würde diese Grundlagenentwicklung ohne geeignetes Training sicher nicht ausreichen, eine derartige Belastung durchzustehen. Eine ganz spezielle *Vorbereitung*, ein Höchstmaß an gezieltem *Training* und eine entsprechende *Trainingsüberwachung* oder *-kontrolle* der körperlichen Vorbereitungsmaßnahmen ist nötig, um das gewünschte und auch notwendige Hochleistungsniveau zu erreichen.

Die mit Abstand wichtigste motorische Grundeigenschaft für eine solche Art von Belastung (ununterbrochene körperliche Leistung über einen langen Zeitraum) stellt natürlich die *Ausdauer* dar. Ausdauer ist die Ermüdungswiderstandsfähigkeit bei länger dauernden (muskulären) Belastungen. Je nach Energiebereitstellung wird zwischen der aeroben (Energiebereitstellung unter Sauerstoffaufnahme) und anaeroben (Energiebereitstellung ohne Sauerstoffverbrauch) Ausdauer unterschieden.

Aerobes und Anaerobes

Bei der durchgeführten Expedition stand aufgrund der langen Fußmärsche die aerobe Ausdauerleistungsfähigkeit im Vordergrund, d.h. die Energiebereitstellung für die körperliche Leistung wird in erster Linie durch eine entsprechende *Sauerstoffaufnahme* gewährleistet. Die maximale Sauerstoffaufnahme oder körpergewichtsbezogene Sauerstoffaufnahme stellt also die entscheidende Größe für die aerobe Ausdauerleistungsfähigkeit dar.

Diese Sauerstoffaufnahme ist bei sportmedizinischen Belastungsuntersuchungen einer der wichtigsten Meßparameter. Sie ist alters-, geschlechts- und vor allem trainingszustandsabhängig (vgl. Tabelle). Durch gezieltes regelmäßiges *Ausdauertraining* (Laufen, Skilanglauf, Radfahren, Schwimmen, Bergwandern, etc.) kann man die Sauerstoffaufnahmefähigkeit und damit natürlich die Ausdauerleistungsfähigkeit steigern. Dies geschieht durch ganz bestimmte *Anpassungsvorgänge* im Organismus:

1. Die Herzgröße nimmt zu, damit verbunden auch das Blutauswurfvolumen in Ruhe und bei Belastung
2. Die Kraftwerke für den aeroben Prozeß in der Muskulatur (die sogenannten Mitochondrien) vermehren sich
3. Das Blutvolumen steigt an
4. Die gesamte Sauerstoffwechselsituation verbessert sich

In der erweiterten Vorbereitungsphase auf die Expedition wurden die Teilnehmer einer solch exakten sportmedizinischen *Belastungsuntersuchung* unterzogen und zeigten glücklicherweise bereits vor Aufnahme eines auf die Expedition ausgerichteten speziellen Ausdauertrainings eine Sauerstoffaufnahmekapazität, die weit über dem altersgemäßen Durchschnitt lag.

Neben der rein aeroben Ausdauerleistungsfähigkeit, bei der die Muskulatur nur unterschwellig in Anspruch genommen wird (z.B. bei einem Marathonlauf), ist bei einer solchen Strapaze wie der *T*rans*G*rönland*S*chneeschuh-*E*xpedition sicher auch das *anaerobe Leistungsvermögen* von entscheidender Bedeutung. Es waren immer wieder auch Strecken bzw. Anstiege zu überwinden, die entsprechende Anforderungen an das Stehvermögen bzw. an das Kraftausdauerleistungsvermögen stellten. Hierbei ist Voraussetzung, daß der Athlet seine Muskulatur einsetzen kann, d.h., daß er in der Lage ist, hoch zu übersäuern (Milchsäure bzw. Laktat aufzubauen) und trotzdem seine Muskulatur noch koordinativ über einen gewissen Zeitraum belasten zu können (wie z.B. ein 400-Meter-Läufer).

Alter	25–30	30–40	50–60	über 60
männlich				
Hochleistungssport	> 69	> 60	> 51	> 42
sehr gut	63–69	54–60	45–51	36–42
gut	57–63	48–54	39–45	30–36
befriedigend	51–57	42–48	33–39	24–30
ausreichend	45–51	36–42	27–33	18–24
schlecht	< 45	< 36	< 37	< 18
weiblich				
Hochleistungssport	> 58	> 50	> 43	> 35
sehr gut	52–58	44–50	37–43	29–35
gut	46–52	38–44	31–37	23–29
befriedigend	40–46	32–38	25–31	17–23
ausreichend	34–40	26–32	19–25	11–17
schlecht	< 34	< 26	< 19	< 11

Maximale Sauerstoffaufnahme in ml/kgKG.min (nach Astrand/Ceretelli)

Auch dieses anaerobe Leistungsvermögen wurde bei der bereits erwähnten Untersuchung bestimmt, und auch hier zeigten sich bei den Teilnehmern überdurchschnittlich gute Werte. Aufgrund der bei der Laufbandbelastung erstellten *Laktatleistungskurve* (vgl. Tabelle oben) war es möglich, den Teilnehmern exakte Trainingsanweisungen zu geben, um durch entsprechende Laufgeschwindigkeiten oder Herzfrequenzkontrollen ihre aerobe wie auch anaerobe Ausdauer noch weiter zu verbessern.

Muskelkraft

Auch die zweite sportmotorische Hauptbeanspruchungsform, die *Kraft*, hat bei solch einem Unternehmen einen gewissen Stellenwert. Sie ist natürlich in engem Zusammenhang mit dem muskulären Zustand zu sehen und stellt die Grundlage für eigentlich alle körperlichen Belastungen dar. Muskuläre Schwächen, muskuläre Verkürzungen, muskuläre Dysbalancen (z.B. wenn die linke Oberschenkelmuskulatur stärker ausgeprägt ist als die rechte) oder muskuläre Vorschädigungen (z.B. ein alter Muskelfaserriß) sind die Ursachen, die bei solch einer Mammutbelastung zum vorzeitigen Leistungseinbruch, zu Verletzungen oder zu den gefürchteten Überlastungsreaktionen (Hartspann, Muskelkater etc.) führen. Deshalb ist es von größter Wichtigkeit, im Vorfeld eines solchen Unternehmens diese Schwächen bzw. Defizite festzustellen und sie durch gezielte Maßnahmen wie physikalische Therapie, muskuläres Aufbautraining oder spezielle Gymnastik (Stretching) zu beseitigen. Auch in diesem Bereich wurden entsprechende Ratschläge und Trainingshinweise an die Teilnehmer gegeben.

Weitere körperliche Voraussetzungen

Ähnlich verhält es sich mit der dritten Eigenschaft, der *Beweglichkeit*. Seit langem ist bewiesen, daß mangelhaft ausgeprägte Beweglichkeit in den Gelenken zur schnellen Ermüdung beiträgt; außerdem besteht natürlich ein erhöhtes Verletzungsrisiko. Die Feststellung der Beweglichkeit bei den einzelnen Teilnehmern und Hinweise zur Beseitigung derartiger Mängel gehörte mit zum »Eignungstest«.

Die anderen beiden motorischen Grundeigenschaften, wie die *Schnelligkeit* und *Geschicklichkeit*, spielen im Vergleich zu den drei erstgenannten eine untergeordnete Rolle, sollten jedoch bei einem solchen Vorhaben nicht gänzlich außer acht gelassen werden. So ist es möglich, durch geeignete Tests (maximale Laufbandbelastung mit hoher Geschwindigkeit, Reaktionstests, Koordinations- bzw. Geschicklichkeitsübungen etc.) auch diese beiden Faktoren zu überprüfen und bei Defiziten entsprechende Verbesserungsvorschläge zu machen.

Neben der erforderlich hohen konditionellen Grundlage ist natürlich die *Gesundheit* der Teilnehmer Voraussetzung für ein derartiges Unternehmen. Deshalb betraf der zweite Aspekt der durchgeführten »TGSE-Tauglicheitsuntersuchung« die Gesundheit der Teilnehmer.

Die Überprüfung der optimalen Funktionsfähigkeit aller Organe, auch in höheren Belastungsstufen, die therapeutischen Empfehlungen zur Ausheilung bestehender Erkrankungen oder Schwächen und Ernährungshinweise fielen unter diesen Bereich.

Ich hoffe, daß diese Art *Vorsorgeuntersuchung mit maximaler Ausbelastung*, wie sie bei den Teilnehmern durchgeführt wurde, einschließlich der daraus resultierenden Trainingshinweise und -empfehlungen, zu einem kleinen Teil zum Gelingen der Expedition beigetragen hat und wünsche allen Beteiligten für ihr nächstes Vorhaben – falls ein ähnliches geplant sein sollte – den gleichen großartigen Erfolg.

Der Schlüssel: Selbstdisziplin

Gruppendynamische Prozesse der TGSE

Dr. Sigurd Baumann

Walter Obster beantwortete die Frage nach den Beweggründen für das Vorhaben, auf Skiern Grönland zu durchqueren: »Wir wollen uns damit einen Jugendtraum erfüllen!«

Träume in unserer Jugend sind auf Ziele gerichtet, die unerreichbar erscheinen. Wunschträume handeln von fernen Bildern, die in unserer durchorganisierten Zivilisation keinen Raum haben. Erlebnishöhepunkte, die unser ganz persönliches Leben bereichern, gehen in der strukturierten Eintönigkeit unserer Alltags- und Berufsarbeit unter. Ist es verwunderlich, daß die Menschen von Erlebnissen träumen, die ihnen die Realität vorenthält, die nur in ihrer Phantasie existieren?

Walter Obster, Micha Vogeley, Gerhard Miosga und Werner Schiller haben einen Traum verwirklicht, der aus dem dramatischen Urbedürfnis der Menschen nach Bewährungsproben, nach forschendem Streben, nach Selbsterkenntnis durch Leistung entspringt. – Soziale und persönliche Identität bedingen sich gegenseitig, keine kann ohne die andere existieren.

Disziplin oder Selbstdisziplin?

Nach Meinung der vier Expeditionsteilnehmer war »Disziplin der Schlüssel zum Erfolg«. Es wäre indes zu einfach, die fein abgestimmten Vorbereitungen, die persönliche Unterordnung in das gemeinsame Programm, die Zurückstellung von persönlichen Wünschen im Verlauf des Unternehmens oder das hohe Ausmaß an psychischer Steuerung in den Belastungs- und Konfliktsituationen mit dem Begriff Disziplin zu vereinfachen. Disziplin bedeutet Zucht und Ordnung. Auch beim »Wahnsinnsunternehmen« von Fridtjof Nansen 1888 war Disziplin eine tragende Voraussetzung für das Gelingen.

Nansen heuerte seine Männer an. Sie sahen in ihm den *Führer*, mit dem sie sich identifizieren konnten. – Die *TGSE* besaß dagegen keine derartige Führerpersönlichkeit. Es gab niemand, der in seiner Persönlichkeit symbolhaft Tugenden verkörperte, die eine vertikale Sozialbeziehung von Führer und Untergebenen möglich gemacht hätte.

Und doch war auch hier Unterordnung eine Bedingung der Disziplin. Die Unterordnung unter das gemeinsame *Ziel*, die Erkenntnis, daß nur die konfliktfreie Übernahme gemeinsamer Aufgaben und das vorbehaltlose Anerkennen der gleichrangigen Persönlichkeit der anderen zum Gelingen führen konnten. – Es war die Disziplin der Freiwilligkeit und mithin *Selbstdisziplin*.

Sie orientierte sich an der klaren Strukturvorgabe planerischer Organisation und der mannschaftlichen Interaktion. Jeder der TGSE-Teilnehmer kannte seine Position, seine Rolle und seine Aufgaben: Klare Positionen, definitiv beschriebene Rollen und eindeutige Aufgabenverteilung verliehen psychische Sicherheit.

Nansens Leistung – eine Herausforderung

Über viele Jahre hinweg haben die vier TGSE-Männer extremste Touren und Unternehmungen erfolgreich durchgeführt. Gab es überhaupt noch eine Steigerung in ihrem Abenteuerprogramm?

Die unglaubliche Leistung Fridtjof Nansens wirkte auf Micha, Walter, Werner und Gerhard als Herausforderung, etwas zu vollbringen, das alles erforderte, was der Mensch an psychischer Energie, vitaler Stärke und vollständiger Hingabe im Zusammenspiel von Gefühlen, Gedanken und Körper zu geben in der Lage war.

Weder vor noch während der Expedition empfanden sie das Unternehmen als Bedrohung. Trotz der objektiv gegebenen Gefahren kamen zu keiner Zeit Ängste auf. Echte Herausforderungen bedürfen des unerschütterlichen Glaubens an sich selbst und sein Können.

Diese positive Ausgangssituation war der wichtigste psychische Bedingungsfaktor für ihr offensives Denken und die nie erlahmende Willenskraft während des Unternehmens. Sie wurzelt in den biographischen Vorgeschichten und der psychischen Vorbereitung der Expedition.

Das Schlüsselwort: Akzeptanz

»Wir werden uns gegenseitig anstinken!« Schon diese von Walter Obster geäußerte Bemerkung machte deutlich, daß im Verlauf der Expedition viele kleine, durch die Extremsituation bedingte persönliche Reizeinflüsse die gegenseitigen Reaktionen beeinflussen würden. Das Leben auf engstem Raum in Minizelten kann günstige Bedingungen für das Aufkommen von Aggressionen, Aversionen, Regressionen oder anderer abweichender Verhaltensweisen sein. Als eine Konsequenz wurde beschlossen, die Zeltbesatzung täglich zu ändern. Die Gruppenmitglieder versuchten, sich Situationen vorzustellen, die eine Störung der positiven Beziehungen untereinander zur Folge haben könnten. Die gedankliche Vermeidung und Lösung der vorgestellten Konflikte wurde mit dem Schlüsselwort *Akzeptanz* assoziiert. Auf diese Weise wurde dieser Begriff symbolisch erweitert. – Der Auftrag lautet: »Wenn du dich ärgerst, wenn du böse bist, bleibe stehen, halte ein, atme ruhig und denke an das Wort: *Akzeptanz*!«

Die Kraft der mentalen Vorbereitung

Das Ziel der mentalen Vorbereitung der TGSE-Teilnehmer bestand darin, alle positiven Faktoren ihrer geistigen Leistungskraft, ihre körperlichen Fähigkeiten und die sorgfältige Sachvorbereitung in den Mittelpunkt der Aufmerksamkeit zu stellen. Wer sich schon vorher als Verlierer sieht, wird auch verlieren. Wer sein Bestes gegeben hat und seine positiven Kräfte ungebremst eingesetzt hat, wird auch eine Niederlage akzeptieren, denn er weiß, daß er mehr nicht geben konnte. – Folgende gemeinsam erstellte Vorsätze wurden sowohl gedanklich wiederholt, bewußt gemacht, als auch verbal geäußert:

1. Wir wissen, was uns erwartet!
2. Wir werden es packen!
3. Es wird gelingen!
4. Die Reise ist eine Herausforderung.
5. Wir freuen uns darauf.
6. Wir erfüllen uns einen Traum.
7. Wir können es kaum erwarten, bis es losgeht!
8. Wir haben bestens trainiert!
9. Wir sind optimal vorbereitet.
10. Wir fühlen uns stark und fit!
11. Wir werden als Freunde gehen und als Freunde wiederkehren.
12. Wir werden uns gut vertragen.
13. Wir werden alles tun, um unsere Freundschaft zu erhalten.
14. Wir werden uns gegenseitig stets tolerieren.
15. Wir werden uns gegenseitig »anstinken«, aber es wird uns nichts ausmachen.
16. Ich akzeptiere die anderen, weil auch sie mich akzeptieren.
17. Wir werden uns das Schlüsselwort »Akzeptanz« immer wieder vergegenwärtigen.
18. Wir vertrauen darauf, daß wir schwierige Situationen meistern.

Folgende Faktoren der positiven mentalen Vorbereitung können bei einer analytischen Darstellung gemäß nebenstehender Tabelle genannt werden.

Das Vorbild Fridtjof Nansens durchdrang alle handlungswirksamen Persönlichkeitsbereiche. Wenn auch nicht immer im vollen Bewußtstein der vier Freunde präsent, wirkte es doch in einer mehr mitbewußten Art auf alle psychischen Instanzen ein. Nansen war in seiner identifikatorischen Funktion motivierende Leitfigur, Energiespender, konditionelles und fachkundiges Vorbild und Gegenstand menschlicher Bewunderung in einem.

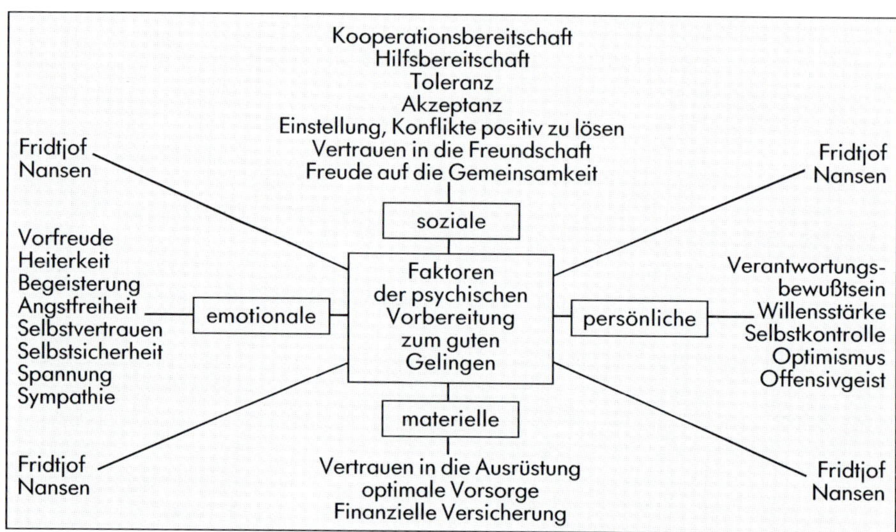

Psychisches Umfeld mit Faktoren zum guten Gelingen der Expedition.

Die experimentelle Untersuchung

Die psychologischen Aufgaben der Expedition verfolgten einen antizipatorischen, einen psychoregulativen und einen verlaufsdiagnostischen Schwerpunkt. Sie lassen sich gliedern in die *psychische Vorbereitung auf die Belastungssituation und die begleitende Untersuchung psychologischer Dimensionen* im Verlauf der Expedition. – Hier standen vornehmlich zwei Zielaspekte im Mittelpunkt der experimentellen Untersuchung:

1. Individuelle, psychische Verarbeitungsweisen der Belastungssituationen
2. Gruppendynamische Veränderungen im Verlauf der Expedition

Die Methode

Um die häufig auftauchende Frage: Sind das vier »Spinner«, vier »Abenteurer« oder vier »Normale«? zu klären, wurde der begleitenden Untersuchung ein persönlichkeitsdiagnostisches Inventarium vorgeschaltet.

1. Eingehende anamnestische Befragung, d.h. biographische Erhebungen zu den einzelnen Lebensläufen
2. Der ›MMPI Saarbrücken‹, ein psychometrisches Testinstrumentarium zur Diagnose extremer Persönlichkeitszüge von Hathaway/McKinley
3. Persönlichkeitsdiagnostische Erhebungen zu Gedankenverläufen während der Expedition
4. Variierte Ausführung (Krüger) der Kurz-Skala Stimmung/Aktivierung von Binz/Wendt (KUSTA)

Probleme der praktischen Durchführung

Bei der Wahl experimenteller Praxis mußten mehrere limitierende Faktoren berücksichtigt werden:

1. Die außergewöhnliche körperliche Belastung
2. Die geringe Zeit zur Beantwortung psychologischer Fragen und Protokollierungen von Tageserlebnissen (abends unter beengten Verhältnissen in einem Zwei-Mann-Zelt)
3. Die Gefahr einer Beschädigung des Testmaterials durch Witterungseinflüsse oder unvorhergesehene Ereignisse
4. Das möglichst geringe Eigengewicht des Testmaterials
5. Das Verhindern nachträglicher Überprüfung oder Korrektur der Aussagen der Teilnehmer durch sie selbst

Nach eingehender Überlegung und Erprobung verschiedener technischer Möglichkeiten wurden folgende Materialien ausgewählt:

1. Der »Psycho-Beutel«
Für jeden Teilnehmer wurde ein kleiner faltbarer Sack aus wasser- und reißfestem Material in der Größe 30 × 20 cm angefertigt. In die Öffnung einer Schmalseite wurde eine 15 cm lange, 2 cm hohe, sehr leichte Leiste eingenäht. Sie enthielt einen 2 mm breiten, 12 cm langen Schlitz. Dieser »Briefkasten« wurde an der Innenseite des Rucksacks bei jedem Teilnehmer angebracht. Die täglich hineingeworfenen Protokollbögen konnten auf diese Weise nicht mehr eingesehen werden. Die verschlossenen Säckchen wurden nach der Rückkunft zur Auswertung abgeliefert.

2. Papier und Schreibmaterial
Das Papier, eine Spezialanfertigung, war vollständig wasserunempfindlich, reißfest und knitterfrei. Es wurde mit den Befragungskategorien bedruckt. Die Schreibstifte waren »gefriertruhenbeständig« und speziell für das Papier geeignet.

Der KUSTA-Fragebogen

Hierbei handelt es sich um ein methodisches Instrument zur Erfassung von Stimmungs- und Aktivierungsverläufen sowie zur Ermittlung emotionaler Verhaltensbedingungen, insbesondere von Depressionen, Angst- und inneren Spannungszuständen.

Auf der oberen Blatthälfte sind fünf Faktoren mit einer siebenstufigen Wertskala gekoppelt, deren mittlere

Stufe den indifferenten Bereich vorgibt. Des weiteren sollten die Teilnehmer ein positives bzw. negatives Ergebnis des Tages kurz schildern.

Die Tagesbefragung

Die Rückseite des KUSTA-Blattes (vgl. Abb.) enthielt jeweils eine Tagesbefragung zur Aufhellung von Veränderungen in den gegenseitigen Beziehungen und der Funktionen von Gedanken und Gefühlen und ihrer verhaltens- und handlungsbeeinflussenden subjektiven Verarbeitung. Zur Beantwortung wurde ein freier Raum gewährt.

Voraussetzung für die Gültigkeit der Erhebung waren die hohe Motivation, die Freiwilligkeit und der explizite Wunsch der Teilnehmer, eine unverfälschte Beantwortung der Fragen im Sinne der Sache zu gewährleisten.

Das MMPI Saarbrücken

Beim *Minnesota Multiphasic Personality Inventory (MMPI)* handelt es sich um einen objektiven Persönlichkeitstest, d.h. einen Test, der frei von subjektiven Bewertungen und Verrechnungen in *Saarbrücken* ausgewertet wird. Er verwendet eine 566 Feststellungen umfassende indirekte Fragebogentechnik, zu deren Durchführung etwa eine Stunde benötigt wurde. Die einzelnen Skalen betreffen 11 Persönlichkeitsdimensionen:

1. Hypochondrie
2. Depression
3. Hysterie
4. Psychopathie
5. Maskulinität
6. Femininität
7. Paranoia
8. Psychasthenie
9. Schizophrenie
10. Hypomanie
11. Soziale Introversion

Zur Auswertung gelangten nicht nur die einzelnen Skalenwerte, sondern das Verhältnis der Skalen miteinander. Mit einbezogen wurden Anamnese, Daten des KUSTA sowie die Antworten der Tagesbefragung.

Vergleichende Persönlichkeitsanalyse

Gemeinsames Merkmal stellt die *hohe Motivation und Leistungsbereitschaft* dar. Hinreichende strukturelle Unterschiede weisen darauf hin, daß die vier nicht »aus dem gleichen Holz geschnitzt« sind. Diese deutlichen *individuellen Charakteristika* liegen, wenn auch bei jedem Teilnehmer anders, sämtlich im Bereich des Normalen und zeigen überzeugend auf, daß die vier weder neurotische, noch psychotische, noch verhaltensabnorme Syndrome aufweisen.

Die psychische Befindlichkeit während der Tour

Die aufgezeichneten KUSTA-Dimensionen zeigen deutlich, daß die Situationen individuell unterschiedlich interpretiert wurden, daß Belastungen äußerer und psychischer Art trotz der nach außen hin erscheinenden Mannschaftshomogenität bei jedem einzelnen sehr verschiedene Reaktionen auslöste.

Walter Obster

Walter war das Leichtgewicht. Er wog 58 kg. Das hatte zur Folge, daß er trotz guter Ausdauer in der Kraftleistung Nachteile in Kauf nehmen mußte. Das Gewicht des Schlittens überforderte ihn streckenweise, so daß ein Teil seines Gepäcks umgeladen wurde. Es war weniger die konditionelle Anstrengung, als mehr die aus ihr resultierende psychische Belastung, die ihm zu schaffen machte. Die Vorstellung, daß er vielleicht eine Verzögerung der Tour verursachen könnte, drückte seine Stimmung und belastete seine Gedanken. Nach einer kurzen regressiven Phase, in der er seine Gedanken auf expeditionsferne Dinge lenkte, etwa daß er in seiner Freizeit gerne ein Buch schreiben würde, dominierte jedoch rasch wieder seine positive und optimistische Einstellung. Es gelang ihm, seine Schwäche erfolgreich zu rationalisieren (»Ein Bräuroß zieht nun mal besser als ein Haflinger«). Dieses Erlebnis senkte sowohl seine Stimmung, sein Bedürfnis, mit den anderen zusammen zu sein, als auch seine innere Anspannung. Schon zwei Tage später, es war der 13. Tag, hatte er sich wieder gefangen und erlebte die folgenden Tage im Vollbesitz seines Selbstvertrauens.

In der ersten Phase kreisten seine Gedanken um zahlreiche Einzelheiten, die für das Gelingen der Tour bedeutsam waren. Er machte sich Sorgen um die Belastung des Hubschraubers oder dachte darüber nach, daß die körperliche Unversehrtheit eine wesentliche Voraussetzung für das Gelingen der Tour wäre. Seine Blasen an den Füßen belasteten ihn weniger wegen der Schmerzen, als vielmehr durch den Gedanken, daß sie unter Umständen nicht heilen würden und somit zu einem Hindernis für alle werden könnten.

Nach dem 13. Tag zeigen seine Reaktionen deutlich erhöhte positive Werte. Der Rhythmus der Expedition hatte ihn erfaßt, anfängliche Besorgnisse waren überwunden.

Im gesamten Verlauf der Expedition tauchen immer wieder Meinungsverschiedenheiten über das Tempo, Einlegen von Pausen bzw. über den Zeitpunkt des Weitermachens auf. Walter Obster versucht stets im positiven Sinne für das Gruppenklima zu wirken. Seine positive Einstellung zur Mannschaft und seine psychischen Steuerungfähigkeiten der Selbstkontrolle und der reflexiven Einsicht tragen wesentlich zur Aufrechterhaltung der Freundesbeziehungen bei. Dies wird besonders in den kleinen Entscheidungen offenkundig. Er akzeptiert mit großer Wehmut, daß sein Gewehr zurückbleibt, da sein Traum, ein Caribou zu schießen, nicht in Erfüllung gehen wird. Er zeigt Toleranz bei Disputen um Alltagsprobleme oder akzeptiert es, wenn ihm Micha in der Enge des Zeltes während des Schlafs die Ellbogen in den Leib stößt. Er sorgt sich um Gerhards Fuß- und Michas Kreuzschmerzen, seine Gedanken schweifen hin und wieder nach Hause, oder er macht sich, angesprochen durch die unberührte Natur, Sorgen um die müllproduzierende Menschheit.

Er ist kein Draufgänger, sondern wägt in risikoreichen Situationen vorhandene Mittel und Zielsetzung sorgfältig und vorsichtig ab. – Seine Aktivität war niemals in Gefahr, zu erlahmen; die Vielfalt seiner Gedankenrichtungen hatte keinen Einfluß auf seine positive Beziehung zu den anderen. Er zeigte sich erfolgsorientiert und suchte Ursachen von Konflikten, Meinungsverschiedenheiten oder von Störsituationen erst mit sich zu bereinigen, bevor er sie seinen Kameraden zuordnete.

Micha Vogeley

Vier Jahre hatte sich Micha auf die Expedition innerlich eingestellt. Vier Jahre der Aktivierung, Erregung, Spannung und Phantasie. Diese mentale Vorbereitungszeit wirkte durch ihre zeitliche Länge tief in all seine Persönlichkeitsbereiche. Sie schuf eine motivierte Einstellung, die in ihrer langfristig erreichten Stabilität schon zu Beginn der Reise sein Handeln bedingte. Er begann die Reise wie ein bereits heißgelaufener Motor, ausgerüstet mit genügend Leistungsreserven für eine lang andauernde Belastung.

So wundert es nicht, daß seine Befindlichkeitsdaten schon vom ersten Tag an in den äußerst positiven Bereichen erscheinen und nur geringe Schwankungen aufweisen. Jeder erfolgreiche Tag wurde durch die erbrachte Leistung als Bestätigung der Planung und Aufmunterung zu erneuter Anstrengung erlebt. Er war sich seiner Kondition bewußt und auf die geforderten Leistungen in all seinen psychischen Fähigkeiten eingestellt. Bis zum 22. Tag befindet er sich in ungetrübter Stimmung ungebrochener Aktivität, die durch positive Gedankenführung gestützt und durch die aus seiner Sichtweise gut funktionierenden Freundschaftsbeziehungen seine gleichbleibende Freude verständlich werden läßt. Ein Höhepunkt, der die Freundschaftsbeziehungen intensivierte, war seine Geburtstagsfeier, wo es deutlich wurde, wie sehr die anderen ihn schätzten.

Schlechtes Wetter machte ihn betroffen, denn es hinderte ihn an der aktiven Bewältigung der vorgenommenen Leistung. Immer mehr tritt zu Tage, daß für ihn die Tour primär ein Leistungserlebnis darstellt.

Auch die Gefahren in den Gletscherbereichen drücken auf seine Stimmung und wecken seine Besorgnis und Ungeduld, jedoch weniger aus Gründen persönlichen Gefahrenbewußtseins als vielmehr durch die Aussicht, daß sich Hindernisse auf dem Weg zum Erfolg einstellen könnten.

Da sich das Leistungsmotiv in seiner Motivhierarchie ganz oben befindet, besteht die Gefahr des Konflikts mit dem Freundschaftsmotiv. Die Dominanz seiner Zielorientiertheit schränkt in Situationen, die den Erfolg bedrohen, seine subjektive Erkenntnisfähigkeit oder sein Verstehen der Wünsche anderer ein, sofern diese nicht ebenso leistungsorientiert sind. Es scheint weniger mangelndes soziales Einfühlungsvermögen zu sein, als vielmehr Ausdruck unterschwelliger Unsicherheit, die aus der Bedrohung des Erfolgs erwächst. Die Tendenz zu ungeduldigen Formulierungen gegenüber langsameren Kameraden resultiert ebenfalls hieraus.

Aus seiner subjektiven Sicht bleibt der Wunsch nach Freundschaft ungebrochen bestehen. In den Schlüsselsituationen psychischer Belastung war vor allem er es, der durch die Anwendung des Codeworts »Akzeptanz« von der Gruppe gestützt wurde.

Werner Schiller

Werner fiel es zu Beginn der Expedition schwer, sich von zu Hause zu lösen und seine Gedanken und Gefühle konzentriert auf die vor ihm liegende Aufgabe zu lenken. Nach einer Woche hatte er zu einem stabilen psychischen Gleichgewicht gefunden, das es ihm ermöglichte, auch Erlebnisse negativer Art positiv zu verarbeiten.

Sein sensibles Gerechtigkeitsempfinden, seine mehrmals aufkeimende Ungeduld, die eigene Schuldzuweisung beim Verlust einiger Unterlagen durch sein Mißgeschick oder die Kompensation des Monotonieerlebnisses während des Schlittenziehens durch Gedanken an zu Hause zeigen exemplarisch eine ausgeprägte soziale Bindungsfähigkeit und emotionale Beeindruckbarkeit auf. Daraus wird verständlich, daß der soziale Konflikt, der durch das Zurücklassen von Walter Obsters Gewehr entstand, ihn besonders belastete und kurzzeitig das Verhältnis zu den beiden anderen trübte. Seinen Gefühlen ist er jedoch nicht ungesteuert ausgeliefert. Wenn es auch eine gewisse Zeit dauert, so ist er in der Lage, das Für und Wider der Konfliktsituation abzuwägen und sich selbst einer kritischen Reflexion zu unterziehen. Seine generell positive Einstellung zur Leistung und zur Freundschaftsbeziehung, sein heiteres Wesen und die Fähigkeit, sich mit Erreichbarem zufriedenzugeben, verhindern, daß soziale Mißstimmungen längerfristig an Bedeutung gewinnen könnten. Die Vielfalt der Situationen, die von monotoner Dauerkonzentration bis zu dramatischen lebensgefährlichen Höhepunkten der Einbrüche und Flußdurchquerungen reichte, spiegelt sich in seinen Gefühlsreaktionen wider. Sie reichen von ungeduldigem Vorwärtsdrang über entspannte Zufriedenheit bis zu konflikthafter Erregung.

Es entspricht seiner emotionalen Vitalität, daß er gerade in Risikosituationen mit absoluter Konzentration und uneingeschränktem persönlichen Einsatz handelte. Bei weniger belastenden Situationen eilen seine Gedanken voraus zur nächsten Etappe, nach Hause oder in die Zeit nach der Rückkunft, die aus der Sicht des gegenwärtigen Abenteuers für ihn eine neue Dimension besitzt. Er hat Freude an dieser Expedition, an der körperlichen Belastung, an der extremen Zielsetzung. Doch er ist kein Abenteurer. Stets ist er bereit, sich selbst kritisch zu befragen und positiv auf die sozialen Beziehungen der Gruppe einzuwirken. Er freut sich auf zu Hause und ordnet die Expedition als gelungenen Erfolg und tiefes Erlebnis in sein Persönlichkeitskonzept ein. Gerade die Bereitschaft, sich selbst zu analysieren, sein Rollenverhalten und seine Persönlichkeit bewußt im Beziehungsgefüge der Gruppe zu erkennen und zu bewerten, verweist trotz einer Tendenz zu psychodynamischen Schwankungen auf ein stabiles Persönlichkeitsgefüge, das von einer gelungenen Synthese persönlicher und sozialer Kompetenz getragen wird.

Gerhard Miosga

Seine Einstellung ist vom ersten Tag an von Zuversichtlichkeit, Selbstvertrauen und großer Willensspannkraft gekennzeichnet. Ihm war die Leistung Nansens besonders gegenwärtig. Die gedankliche Identifikation mit Nansens Situation vermittelte ihm eine vertiefte Sinngebung des eigenen Unterfangens. Seine Befindlichkeitsverläufe zeigen deutlich die ausgeglichene Gemütslage, die bei ihm über den gesamten Tourenverlauf anhält. Gut gelaunt, aktiv und psychisch entspannt, akzeptiert er sowohl die Monotonie des Schlittenziehens als auch die Schwierigkeiten und Hindernisse, die unvorhergesehen auftraten und mit letzter Hingabe zu bewältigen waren. – Seine positive Gedankenführung hilft ihm, die starken Schmerzen wundgelaufener Füße zu überwinden. Seine positive Grundstimmung wird durch die erfolgreichen Tagesleistungen im ersten Tourenabschnitt deutlich stabilisiert. Tiefes Naturerlebnis, bewußtes Leistungserlebnis und das intensive Sozialerlebnis der Freundschaft mit den Kameraden fügen sich bei ihm zu einer integrativen Persönlichkeit, die – frei von Spannung, Zweifeln oder Unsicherheit – in steter Zielstrebigkeit ihr Bestes gibt.

Trotz dieser inneren Ausgeglichenheit ist er bereit, sein Verhalten selbstkritisch zu hinterfragen. Es ist ihm anfänglich entgangen, daß Walter Schwierigkeiten hatte. Die daraus entstandene persönliche Betroffenheit drängt ihn zur selbstkritischen Ermahnung, in Zukunft sorgfältiger achtzugeben. Die Harmonie der Gruppe bedeutete ihm sehr viel, deshalb erlebt er mit großer Erleichterung die Aussprache und Bereinigung der sich andeutenden Konflikte zwischen Walter und Micha. Eisige Flußdurchquerungen und Dauerregen vermögen seiner Freude keinen Abbruch zu tun, eher schon der Zivilisationsmüll, der sich in den letzten Tagen auch in Grönland zeigte. Mit hoher Erlebnisfähigkeit, Selbstkontrolle, Realitätsbindung, sozialer Bindungsbereitschaft und steter Zielorientiertheit scheint Gerhard Miosga prädestiniert für extreme Mannschaftsleistungen.

Der psychoregulative Effekt der Untersuchung

Ein in seiner Tragweite bei der Planung des Experiments nicht vorgesehener Effekt ergab sich durch das allabendliche Ausfüllen der Fragebögen, bei dem die Erlebnisse, die Gedanken und Gefühle des Tages einmal allein reflektiert und formuliert wurden. Diese Aufgabe entspannte die Situation, nahm den äußeren Bedingungen über kurze Zeit ihre Dominanz und veranlaßte jeden Teilnehmer, »in sich zu gehen«, sich verdrängten Impulsen zu stellen und sich selbst zu finden. Dieser Effekt der Selbstanalyse trug wesentlich zur positiven Dynamik aller zwischenmenschlichen Interaktionsformen bei.

Zusammenfassung

Die Untersuchung lieferte Erkenntnisse über Möglichkeiten der mentalen Vorbereitung von Expeditionen und deren diagnostische Verlaufsdarstellung. In beiden Bereichen könnten bei weiteren Unternehmungen noch effektivere Maßnahmen ergriffen werden. Unter diesem Aspekt kann die Untersuchung als *wegweisende Pilotstudie* betrachtet werden.

Nach Beendigung des *TGSE* kann im Hinblick auf die psychologische Begleituntersuchung ein positives Fazit gezogen werden. Die psychoregulative Vorbereitung durch mentale Vorsatzbildung, das Schlüsselwort *Akzeptanz* und die Vorwegnahme möglicher Gefahrensituationen erwiesen sich im nachhinein als hilfreich bei der realen Bewältigung. Aus der diagnostischen Erhebung mittels der »Briefkastenmethode« geht hervor, daß gemeinsame und sehr unterschiedliche Persönlichkeitsmerkmale das Geschehen während der Tour bestimmten. Als gemeinsamer Antrieb und gruppenstabilisierender Faktor können die über lange Zeit aufgebaute *Zielsetzung* und hohe *Motivation* herausgestellt werden.

Belastungen ergaben sich in erster Linie durch auftretende Meinungsverschiedenheiten innerhalb des Dreiecks Micha – Walter – Werner. Durch gemeinsame Aussprachen und die wechselnde Zeltbesatzung konnte die ausgeglichene Gruppenbeziehung erhalten und gefestigt werden.

In der Einsamkeit Grönlands gelang es jedem der vier Teilnehmer, die Balance und den Einklang der Eigenart eigener Bedürfnisse mit den Erwartungen und dem Verhalten der übrigen Gruppenmitglieder zu finden. In einem intensiven Wechselspiel der Übernahme von Erwartungen der anderen und der Kundgabe eigener Wünsche aus der veränderten eigenen inneren Haltung heraus, die gleichsam auch auf die anderen zurückstrahlte, entstand eine tiefe *emotionale Befriedigung*.

Am Ende der Tour stand das Gefühl, »ein Traum sei in Erfüllung gegangen (Micha Vogeley), das Gefühl, sich selbst, seine Vorstellungen, Erwartungen und Bedürfnisse verwirklicht und all das, was man ursprünglich wollte, in einer personalen Dimension gewonnen zu haben. Diese Stufe der *Identitätsfindung* erlebte zwar jeder etwas anders, alle aber erfuhren sie das damit gekoppelte *Hochgefühl* aus der Harmonie der gemeinsamen Planung, der Durchführung und dem Gelingen ihres Unternehmens.

Extremisten oder Idealisten

Die Teilnehmer aus der Sicht ihrer Frauen

Martin Locher

Vier wagemutige, unerschrockene Familienväter haben Grönlands Eiswüste bezwungen, zu Fuß, auf Skiern, und mit gewichtigen Schlitten im Schlepp. Sie selbst und ihre Freundschaft gingen gestählt aus diesem Unternehmen hervor. Was man sich selbst oder – wie bei der TGSE – in Absprache mit den Freunden gemeinsam abverlangt und auferlegt, ist eine Sache. Wie steht es aber mit den betroffenen »Familienresten«, den besseren Hälften und den Kindern? Was hatten sie zu tragen? Wie haben sie die Expedition, die Zeit davor und danach erlebt?

Tolle Kerle oder Egoisten?

Meine Frage nach einer demokratischen Familienratsitzung bewirkt ein mildes Lächeln bei Ulla, Christl und Hanni. »Na ja, eine Abstimmung hat eigentlich nie stattgefunden«, tönt es in der Runde, zu der wir uns – ohne Gudrun, die wegen ihrer verunglückten Mutter in letzter Minute absagen mußte – eingefunden haben. »Wir waren das ja schon von früheren Wildwasser-, Ski- und Klettertouren unserer Männer in der Sierra Nevada, im Atlas, im Hoggar, in Montenegro, auf dem Jostedahlsbreen und auch von der ersten Grönlandtour mit dem Kanu her gewöhnt«, erklärt Christl, »da ist zuerst die Idee, dann wird einem der Entschluß offenbart, und man steht vor der Tatsache, daß der Mann diese Herausforderung einfach braucht. Unangenehm ist lediglich das pointierte Unken der Schwiegermütter und die Aussicht, daß die Touren von Jahr zu Jahr immer extremer und länger werden: Als nächstes stehen schon Alaska oder das Kap Hoorn an.« Ulla sieht darin die Gefahr einer Entfremdung, bemerkt aber: »Unsere Männer sind keine Machos, die ihren Luxus auf unseren Rücken ausleben. Bei der Entscheidung ›Grönland – ja oder nein?‹ hätten wir durchaus ein Veto einlegen können.« Hanni zuckt die Achseln: »Man tritt jedesmal die Flucht nach vorn an. Zuerst ist alles noch weit weg, bis dann plötzlich die Situation da ist. Weil das Familienleben während der Vorbereitungen zweitrangig ist, bleibt natürlich einiges auf der Strecke. Der Sohn tat das mit der Bemerkung ›der Vater spinnt‹ ab und ging etwas auf Distanz. Erst während der TGSE, als er Werner – vor allem beim gewohnten sportlichen Training – vermißte, bemerkte ich eine gewisse Besorgnis.«

Strohwitwendasein

Der Abschied am Flughafen verlief – abgesehen von ein paar Tränen Gudruns und Ullas – undramatisch. »Nach all dem Vorbereitungsstreß für die TGSE waren wir regelrecht froh, daß unsere Männer endlich aus dem Haus waren«, berichtet Ulla und Christl fügt hinzu: »Besonders, weil Wohnzimmer und Terrasse wieder frei von allen aufgestapelten Ausrüstungsgegenständen waren, die dort samt den Schlitten über Monate den Platz wegnahmen.«

Überraschend und herzlich war der Empfang am Flughafen Riem.

Für die Zeit der Abwesenheit ihrer Ehemänner hatten sich die Damen – »Nicht etwa aus Langeweile!«, wie sie betonen – auch etwas einfallen lassen, nachdem sie die Idee, in Nuuk auf ihre »Extremisten« zu warten, wegen Gudruns Weigerung fallengelassen hatten: Ulla machte nach einer Fahrradtour in Wales einen langersehnten »Einsamkeitstrip« im Gartenhaus, Gudrun und Christl zog es zum erholsamen Insel-Hopping in die blaue Ägäis, und Hanni genoß sonnige Tage im türkischen Badeort Sarimsalik. Die Kids erfreuten sich zu Hause unterdessen der sturmfreien Buden und ... Walter ist jetzt Großvater einer entzückenden Enkelin.

»Angst um unsere Abenteurer hatten wir in der Zwischenzeit nicht, auch wenn wir jene Amulette Michas mit den eingravierten Namen unserer Gatten nicht mehr trugen. Nach einer indiskreten Pressenotiz waren wir von jedermann ständig darauf angesprochen worden und verwahrten sie in der Folge lieber in der Handtasche oder im ›Nachtkastl‹. – Ich hatte Bedenken, ob es zwischen den Männern während der sieben Wochen nicht zu Machtkämpfen kommen würde«, erinnert sich Ulla, und Christl bekennt: »Mehr Sorgen als über eine Kursabweichung oder eine Eisbärenbegegnung machte ich mir darüber, ob Walter wegen seiner kleineren Statur und Schrittlänge mit dem Tempo der Freunde würde mithalten können.« Beruhigend wirkte auf alle eine »Ente«: »Der Funkspruch Gerhards aus der Spaltenzone mit Greenlandair erreichte uns so spät, daß wir dachten, unsere Männer hätten das Eis bereits hinter sich«, erzählt Ulla, »Angst bekam ich erst, als wir aus Nuuk hörten, daß etwas nicht planmäßig verlief und eine Suchaktion nach dem Gepäck notwendig war.«

Wieder vereint!

»Trotz aller Wiedersehensfreude in Riem gab es für uns nach so langer Trennung einen Emanzipationsschock«, offenbart Christl. Hanni fährt fort: »Wir waren mittlerweile darauf eingerichtet, alles selbst in die Hand zu nehmen und zu entscheiden. – Zu Hause ist mir bei Werner aufgefallen, daß er in der ersten Zeit nach der Rückkehr in Gedanken oft ganz woanders weilte.« Und Ulla resümiert: »Da gab es wohl bei uns allen kleine Gewöhnungsprobleme, schließlich waren auch wir vorher im Urlaub!«

EPILOG

Rotpunkt durch Grönland

Resümee einer Idee

Micha

Der »Steinmann«, den wir aufschichteten, visualisierte einen hundertjährigen Erfolg: An diesem Punkt des *Austmannatjern* betrat auch Nansen wieder festen Boden. Spärlich zeigten sich das erste Grün, die ersten Blumen im Blockwerk, und mit ihnen wuchs die Gewißheit:

»Wir haben es geschafft!«

Nansen erzählt über diesen historischen Moment: »Eine wahre Wonne durchrieselte uns, als wir mit unseren Füßen das Heidekraut berührten und der würzige Duft von Gras und Moos uns in die Nase stieg. Hinter uns lag das Inlandeis, sich in einer langen, kalten und grauen Abschrägung nach dem See senkend, vor uns aber weideten wir uns an dem Anblick des bloßen Landes. Durch das Tal hindurch erblickten wir einen Hügelrücken nach dem anderen, die sich wie Woge auf Woge am Horizont erhoben. Hier mußten wir weiterziehen; dieser Weg führte uns an den Fjord.«

Sind wir verrückt?

»Du bist ein Hasardeur!« – »Warum bekommst Du den Hals denn nie voll?« – »Muß es denn immer etwas Gefährliches sein?« – »Hast Du sexuelle Probleme?« – »Du bist noch immer in der Pubertät und wirst nie erwachsen!« – So oder ähnlich lauten die kritischen Stimmen, wenn ich wieder einmal einen Plan, eine »verrückte Idee fern aller bürgerlichen Normalität« habe. Und auch Gerhard, Werner und Walter, die ich für dieses Abenteuer gewinnen und begeistern konnte, erging es ähnlich.

»Ihr flüchtet vor der Realität des Lebens!« – Nein! Wir flüchten nicht – wir stellen uns voll Freude den täglichen Aufgaben. Wir haben alle unsere normalen Berufe: Gerhard Miosga als Wissenschaftler und Ingenieur, Werner Schiller als Maschinenbau-Ingenieur und Datenverarbeitungsfachmann, Walter Obster als Gymnasiallehrer in der Leitung einer großen Schule, und ich als »Manager«.

Wir sind keine Hasardeure. Unser Grundsatz ist: »Das Können ist des Dürfens Maß.« Wollte man kein Risiko eingehen, wäre der Elfenbeinturm der rechte Platz. Wir haben gelernt, mit Gefahren umzugehen. Und wir hatten uns beispielhaft vorbereitet, hatten »zwei Jahre lang Grönland durchquert« und uns damit mental, physisch und psychisch auf eine der letzten Grenzsituationen eingespielt, die dieser Globus hergibt.

Wie Nansen brachen wir aus einem gesicherten Leben aus. Aber auch – anders als er – mit geringerem Risiko. Jede Zeit hat eben ihre Eigenheiten.

Jan Fleming läßt seinen Helden James Bond in einem seiner Bücher denken: »Ich werde meine Tage nicht damit vergeuden, sie zu verlängern. Ich werde meine Zeit nutzen.« Nansen hat ähnlich gedacht, ich ebenfalls und meine Freunde auch! Das hat nichts mit Todessehnsucht, Hasardeurgehabe oder Leichtsinn zu tun.

Nansen und wir

Nansens Teltplads: Bis hierher hatte der kühne Norweger mit seinen fünf Begleitern 42 Tage und Nächte gebraucht. Wir vier Bayern haben in den verwehten Skispuren Nansens Grönland durchquert und waren zehn Tage schneller: Exakt so, wie geplant. Ein »Rekord« der – unwichtig in der Retrospektive – für unsere Essenskalkulation lebenswichtig war. Die Idee und der Traum, sie haben sich erfüllt. – Nansen berichtet über diesen Platz am Meer, der seitdem seinen Namen trägt: »Eine Schwierigkeit, die von vielen Sachverständigen, ja von der großen Mehrzahl als unüberwindlich betrachtet wurde, war jetzt siegreich überwunden.«

»Wir machen keinen Expeditionsvertrag. Wir wollen als Freunde gehen und als Freunde ankommen«, formulierte ich unseren Anspruch vor dem Start. Auch dieses Ziel – das wesentliche – wurde erreicht. Die Expeditionen der letzten hundert Jahre, die vor uns gingen, waren oft zerstritten und wurden uns zum abschreckenden Beispiel.

Der Mensch wird in die Gesellschaft hineingeboren und muß dorthin zurückkehren. Über 500 Kilometer lagen hinter uns, vom Meer zum Meer. Daniel Lukassen lobte: »You have all reason to be proud.« Ein bißchen waren wir es auch. Was übrig bleibt, ist die Erinnerung an den Zauber des Inlandeises, die wallenden Schleier des Nordlichts, die Sonne, das endlose Weiß, das Fjell, das große Schweigen ... und die Harmonie unserer Freundschaft.

Wir vollzogen mit zeitgemäßer Technik, aber »by fair means«, das nach, was uns Nansen vor 100 Jahren vorgemacht hat. Wir dachten an die Worte des kompetenten Dänen Gunnar Jensen: »Eure Chancen bei einer Inlandeisdurchquerung liegen unter 50 Prozent. In den letzten Jahren gab es bei sieben Expeditionen sieben Tote und drei Rettungsaktionen.«

»Eigentlich war es wie eine Kur«, flachsten wir, »viel Schlaf, täglich Bewegung, gesundes Essen, kaum Alkohol ...« Und da war doch noch etwas? Walter zog salopp Bilanz: »Für mich hat es sich gelohnt, ich habe im Schafkopf gewonnen.« Gerhard resümierte: »Die Tage auf dem Eis haben mich reich gemacht.« Nach der ersten Nacht im Bett war Werner enttäuscht: »Draußen, auf der Iso-Matte im Zelt, hab' ich besser geschlafen.« Und ich, am Ende aller Ziele: »Mein Respekt vor Nansen ist noch größer geworden. Er ist es, der zu bewundern ist.«

Fünf Wochen Wildnis lagen hinter uns, von der ein französischer Philosoph behauptete, daß darin die Rettung der Erde liegt.

Heimkehr

In München-Riem, am 3. September, empfing uns eine Blaskapelle. Die Flughafenhalle war gedrängt voll.

Wir dachten an das Schlußwort Nansens in seinem Buch: »Als wir uns dem

Hafen von Kristiania näherten und den Festungswall und alle Brücken ganz schwarz von Menschen sahen, sagte Dietrichson zu Ravna: ›Ist es nicht hübsch mit all diesen Menschen, Ravna?‹ Und der einfache Lappe antwortete: ›Ja, sehr hübsch, – wenn es nur alles Rennthiere wären!‹«

Warum auf den Spuren Nansens?

Wir verlegten die Vertikale der Berge in die Horizontale des grönländischen Eises. Die bergsteigerischen Ideale nahmen wir mit und versuchten, sie dorthin zu transferieren.

Unsere Idee war nicht nur, eine Inlandeisdurchquerung zu machen. Seit Nansen hat es nicht weniger als 50 Traversierungen auf verschiedensten Routen quer durch diese Insel gegeben, also im Schnitt alle zwei Jahre eine, viele davon mit Motorkraft oder Schlittenhunden. Jede Durchquerung aus eigener Kraft ist ein brutales Unternehmen, eine physische und psychische Höchstleistung. Egal, auf welcher Route, auch heute noch. Wir jedoch wollten vor allem dem historischen Vorbild folgen:

Als *Jahreszeit* wurde – wie bei Nansen – der Sommer gewählt. Die beste Expeditionszeit ist dagegen das Frühjahr, da dann die Spaltenzonen noch zugeschneit sind.

Navigiert wurde – wie bei Nansen – mit einem *Sextant.* Wir Bergsteiger drückten nochmals die Schulbank, um die komplizierte Technik der Seefahrer zu erlernen. Satellitennavigation ist auf dem Inlandeis üblich geworden: Schalter umlegen und wissen, wo man ist!

Auf den Spuren von Fridtjof Nansen...

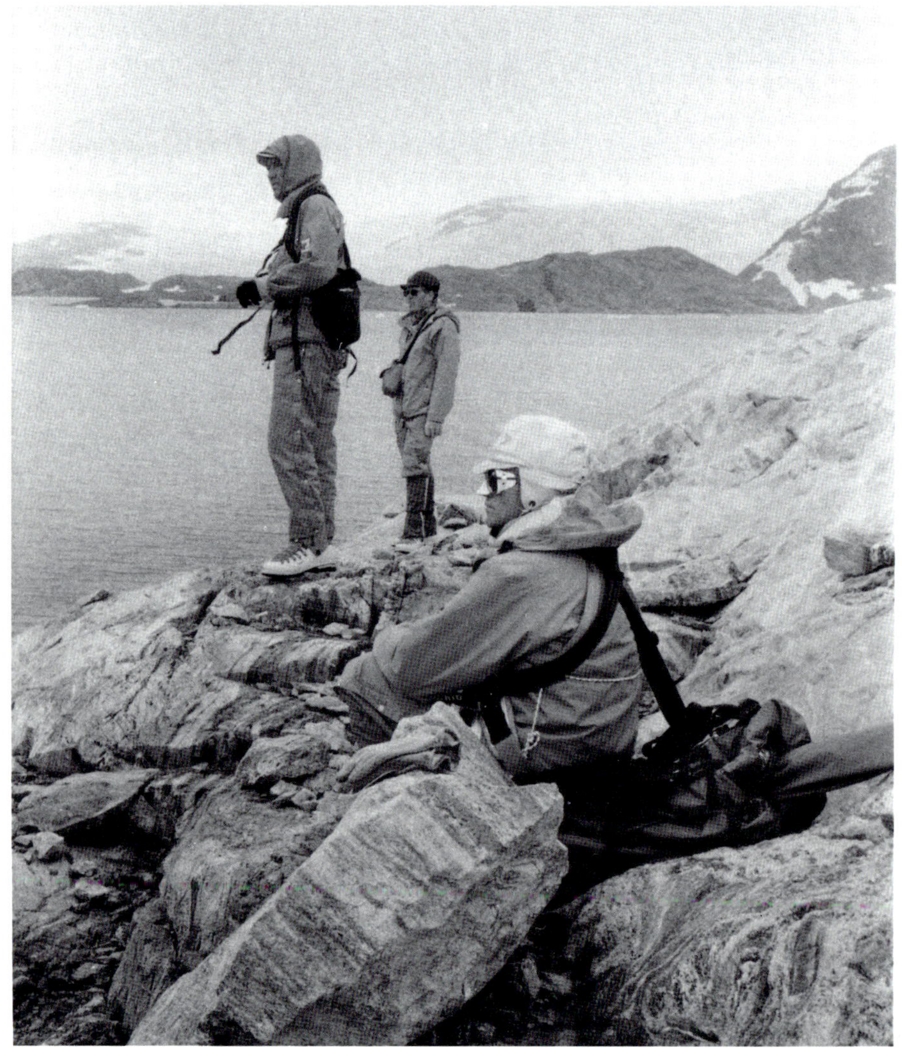

Wir konnten – wie Nansen – auf der Originalroute *keinen Zivilisationskontakt* haben. Expeditionen durch Südgrönland nehmen heute vermehrt nördlichere Wege. Auf diesen »Normalwegen« liegen mitten im Eis Frühwarnstationen der Amerikaner.

Wir arbeiteten – wie Nansen – mit *besegelten Schlitten.* Obwohl wir uns vor dem Start mit Parawings, gleitschirmähnlichen Windsegeln, vertraut gemacht hatten, verwarfen wir diese Alternative aus Gründen der Idee. Damit lassen sich bei günstigen Winden und entsprechender Übung 100 Kilometer und mehr pro Tag machen.

Der Hubschrauber ist in Grönland oft die einzige Möglichkeit, an den Startplatz einer Eiskappenüberschreitung zu kommen. Expeditionen nutzen dies oft, um sich oberhalb der wildesten Brüche absetzen zu lassen. Wir starteten nach einem »überflüssigen« Abstieg mit unseren Schlitten – wie Nansen – *am Meer.*

Wir folgten *exakt* Nansens Originalroute vom Startplatz an der Ostküste bis zur Ankunft im Ameragdla-Fjord und waren damit »... die ersten Deutschen nach Nansen«, wie unwichtig das auch immer ist.

Das Nansen-Jahr war auch das Jahr der Bergjubiläen. – Wenn wir zum 50jährigen Jubiläum der ersten Eigernordwand-Begehung diese Tat hätten würdigen wollen, so hätten wir sie »rotpunkt« – also besonders stilrein und fair – auf der Route der Erstbegeher erklettert. Auf welcher anderen machte es sonst Sinn?

Analog diesem Begriff aus der Alpinkletterei waren wir unterwegs:

»Rotpunkt« auf den Spuren Nansens!

Alles andere wäre – im Sinne der historischen Mission – eine Verwässerung gewesen ...

Unsere Bewunderung gilt
Fridtjof Nansen,
ihm, dem Pionier, dem wir als Skibergsteiger alles zu verdanken haben.

Danksagung

Unterstützung von Vereinen und Firmen

Gerhard/Micha/Walter/Werner

Maßgebend für besondere Leistungen sind besondere Ideen. Nur wenige Erfindungen, Erforschungen und Entdeckungen sind ein Geschenk des Zufalls. Die meisten mußten schwer, oftmals mit großen Opfern verbunden, errungen werden.

Wenn das Ziel ein wirtschaftliches Ergebnis erbringen kann, fällt es leichter, die notwendigen Mittel verfügbar zu machen. Denn ein finanzielles Risiko einzugehen, ist für den Kaufmann eine gewohnte Entscheidung.

Weniger konkret läßt sich der Wert einer Expedition einstufen, die weder spektakulär verläuft, noch Einmaliges leistet.

Dennoch waren wir von der uns entgegengebrachten Hilfsbereitschaft von allen von uns angesprochenen offiziellen und privaten Personen begeistert. Dieser Teil der Expeditionsvorbereitung war ein besonderes Erlebnis.

Kaum einer der Angesprochenen hat seine Hilfe verweigert! Der Grad der Hilfsbereitschaft reicht von einem guten Tip über finanzielle Unterstützung bis hin zum tagelangen persönlichen Arbeitseinsatz derer, die uns mit ihren Fähigkeiten und Fachkönnen geholfen haben.

Wir danken allen, die ihre Verbindungen, ihren Namen und ihre Position für uns eingesetzt haben. Wir hatten keine berühmten Namen zu bieten, aber unsere Idee, unsere Faszination, sie waren auch nicht selbstsüchtig, galt es doch einer Tat zu erinnern, die auch vor einem Jahrhundert nicht nach dem Preis gefragt hat. Nansen würdigte die großzügige finanzielle Unterstützung seines Unternehmens durch den Kaufmann Gamel mit der Benennung eines Nunataks nach diesem Sponsoren ...

Die TGSE dankt allen voran Herrn Josef Ertl für die Übernahme der Schirmherrschaft.

Die TGSE dankt folgenden Institutionen und Ihren Mitarbeitern, die sich für uns verwendet haben, für ihre Unterstützung:

DEUTSCHER ALPENVEREIN e.V., Hauptverein, München

DEUTSCHER ALPENVEREIN e.V., Sektion Bayerland

DEUTSCHER ALPENVEREIN e.V., Sektion München

DEUTSCHER ALPENVEREIN e.V., Sektion Amberg

DEUTSCHER SKIVERBAND, Krailling b. München

KOMMISSION DER EUROPÄISCHEN GEMEINSCHAFTEN, Brüssel und Bonn

LANDESHAUPTSTADT MÜNCHEN, Schulreferat/Sportamt

LANDRATSAMT STARNBERG

SPORTMEDIZINISCHES INSTITUT, Ravensburg

UNIVERSITÄT WÜRZBURG, Sportzentrum

Unser aller Dank geht auch an die über 90 Firmen, die trotz der vielen Möglichkeiten, die das Marketing bietet, sicher nicht nur an Werbemaßnahmen gedacht haben, sondern ihre Leistungen aus Überzeugung zu ihren Produkten und aus Begeisterung für die Idee zur Verfügung stellten.

Wir können die von uns verwendeten Ausrüstungsgegenstände ohne Einschränkung als tauglich für den härtesten Einsatz bei Ski- und Eisunternehmungen empfehlen.

Die TGSE dankt den folgenden Unternehmen und Ihren Mitarbeitern, die sich für uns verwendet haben, für ihre Unterstützung:

M. ALBERTS Jagdbedarf GmbH, Wiehl

AMBERGER ZEITUNG, Amberg

ARAG Allgemeine Versicherungs-AG, Düsseldorf

ATOMIC Skifabrik, Wagrein

H. BAHLSEN Keksfabrik, Hannover

BARIGO Barometerfabrik GmbH, Rastatt

BLENK GmbH Blaser-Jagdwaffen-Export, Isny

BRAUN Siebdruck, Dachau

CECEBA Wirk- und Strickwarenfabrik, Balingen

CIBA GEIGY AG, München

C. CRAMER & Co. KG Weberei, Heek-Nienborg

EDELRID Litzen- und Kordelfabrik GmbH & Co., Isny

EUROPA Sportartikel GmbH, Herrsching

FISCHER GmbH, Skifabrik, Ried im Innkreis

FRANCITAL Sport- und Freizeitbekleidung-Vertriebs-GmbH, Schongau

GEORGES Strumpffabrik GmbH, Wiesau

GOSSEN GmbH Meß- und Regeltechnik, Erlangen

GREITER GmbH, Kressbronn

HEKA Sportartikel GmbH, Krailling

HELLY-HANSEN GmbH, Hamburg

C. J. HERBERTZ, Solingen

HERMAL K. Hermann, Reinbek bei Hamburg

E. HIMMELSEHER Assekuranz-Vermittlung GmbH, Köln

K. W. HOCHSCHORNER GmbH, Stockdorf

HOFFMANN-LA ROCHE AG, Grenzach-Whylen

J. HUBER Orthopädie-Schuhtechnik, Zorneding

KASPER & RICHTER Feinmechanischer Apparatebau, Uttenreuth

D. KLETT Sportartikelvertrieb, Altstadt

M. KOBER GmbH Sportartikelfabrik, Ostfildern

KONG S.P.A., Monte Marenzo

KÖNIG Produktion, Prod. Trad. de France, Sindelfingen

LEKISPORT AG, Ramsau

MAN-Technologie GmbH, Karlsfeld

METZELER Schaum GmbH, Memmingen

MOUNTAIN SPORT GmbH, Puchheim

MTU Motoren- und Turbinen-Union GmbH, München

OCEANSAIL H. Hochreiner, Salzburg

ODLO Sports GmbH, Brüggen

OMEGA Uhrenhandelsgesellschaft, Bad Soden

ORTHOTECH GmbH, Gauting

ORTOVOX Ingenieurbüro Gerald Kampel GmbH, Unterhaching

PARADIES GmbH Gebr. Kremers, Neukirchen-Vluyn

PFANNI-Werk Otto Eckart KG, München

PFRIMMER & Co. Pharmazeutische Werke, Erlangen

PIGMENTAN-Cosmetic, Hanau

H.-U. PILLEKAMP, Nautik-Optik-Thermo, Hamburg

PULS Elektronik, Graz

PUMA-Werk Lauterjung & Sohn GmbH & Co. KG, Solingen

RAICHLE Sportschuh GmbH, Neuried

S. REITER GmbH, Augsburg

ROMIKA Industriewerke Lemm & Co. KG, Trier

SALEWA Bergsportartikel, München

SALEWA Bergsportartikel, Salzburg

E. SCHEURICH Pharmawerk GmbH, Appenweier

K. SCHMID, Sportartikel, Grafrath

W. SCHOENENBERGER Pflanzensaftwerk GmbH & Co., Magstadt

SIGG AG Haushaltsgeräte, Frauenfeld

SILVA Schweden AB, Sollentuna

SÜDFLEISCH GmbH, München

TRAK Sportartikel GmbH, Kiefersfelden

VAUDE Sport, Tettnang

VERSEIDAG-Industrietextilien GmbH, Kempen

VICTORINOX Edelstahlwaren, Ibach

WIELAND-Werk AG Metallwerke, Ulm

WUNDER GmbH, München

F. ZIENER GmbH & Co., Oberammergau

ZN-TECHNIK Elektronik GmbH, München

Unser Dank an Privatpersonen geht zuallerst an unsere Frauen, deren unermüdliche Unterstützung, physisch wie psychisch, nicht hoch genug einzuschätzen war und ist:

Ulla Miosga
Christl Obster
Hanni Schiller
Gudrun Vogeley

Namentlich bedanken wir uns bei den im Text zumeist anonym gebliebenen Freunden, Gönnern und Helfern, ohne deren tatkräftige Unterstützung die TGSE nicht so leicht zustande gekommen wäre:

Karl-Heinz Achinger, Robert Babl, Franz Berthan, Claus-Peter Conrad, Johann Deger, Dr. Hans Dinger, Elisabeth Doktor, Peter Doktor, Walter Duschl, Bärbel Franz, Walter Franz, Johannes Gertitschke, Dieter Hagg, Heinz Huber, Herbert Kalasch, Prof. Dr. Peter Kapustin, Günther Kell, Werner Kirsinger, Gisela Kölbl, Klaus Kopp, Karl Kowollik, Dr. Michael Krug, Peter Lechhard, Dietmar Lindinger, Dieter Muser, Franz Nauber, Christine Obster, Robert Peroni, Norbert Raab, Dr. Friedrich Reuß, Axel-Otto Roßmann, Hubert Sacher, Werner Schlosser, Pit Schubert, Werner Speckner, Ljubomir Stoynov, Thomas Strobl, Dr. Werner Theiß, Folkmar Ukena, Hans-Jürgen Vollmer, Dr. Fritz Weichen, Prof. Dr. Walter Welsch, Karl Welz, Michael C. Wieland, Antonie Wilken, Dr. Klaus Wolber, Klaus Zeitler, Degenhard Zeller, Hans Zollinger

Abbildungsnachweis

Fotos: Erich Wilts S. 10/11, 17, 18, 19, 20, 21, 24, 55, 113, 114/115, 116, 117 o., 122, 124, 125, 150/151; Helmut Heigl S. 164; übrige Fotos von den Autoren.

Karten und Zeichnungen: Bloch, Nansen, Rielsen S. 50, 56, 73, 74, 75, 84, 89, 93, 95, 106, 152, 153, 156; Dietrichson S. 15, 154/155; SAS S. 46/47; Holms S. 154; Technische Zeichnungen von den Autoren.